WOLTER

Seeschlachten als Wendepunkte der Geschichte

GUSTAV-ADOLF WOLTER

Seeschlachten

als Wendepunkte der Geschichte

KOEHLERS VERLAGSGESELLSCHAFT
HERFORD

ISBN 3 7822 0071 3

Umschlaggestaltung: Ernst A. Eberhard, Bad Salzuflen
Druck: Heinrich Brüggemann KG, Herford
Bucheinband: Bernhard Gehring, Bielefeld
Printed in Germany

Inhalt

Einführung 7

Die Seeschlachten

Salamis 12

Ägatische Inseln 21

Actium 31

Lepanto 42

Armada-Zug 53

Chinhai-Bai 65

La Hougue 75

Quiberon 86

Chesapeake-Bai 96

Trafalgar 107

Yalu-Mündung 118

Tsushima 129

Skagerrak 141

Midway 153

Literaturnachweis 166

Verzeichnis der Orts- und Personennamen 168

Einführung

Die Geschichte berichtet von nur wenigen Seeschlachten. Aber wo und wann sie geschlagen wurden, hinter den aufeinanderprallenden Flotten stand fast immer die gesamte Kraft eines Volkes, einer Lebens- und Gesellschaftsform oder eines Kulturkreises. Diese verkörperte sich in den Schiffen, den Seebefehlshabern und Kommandanten, die sie führten, und in den Besatzungen, die sie belebten und zu Kampfinstrumenten machten. Für die chinesischen Kriegsdschunken, die griechischen Trieren, die römischen Liburnen, die Galeeren des Mittelalters, die koreanischen Schildkrötenschiffe, die Segelschiffe in den großen Seekriegen der westeuropäischen Nationen galt das ebenso wie für die Dreadnoughts und es für U-Boote und Flugzeugträger unserer Zeit gilt.

Seeschlachten sind stets Höhepunkte der Seekriege gewesen. Aber sie waren nur Mittel zum Zweck einer Strategie, bei der es um die Seeherrschaft ging und mit deren Ausübung ein Staat dem anderen seinen Willen aufzwang. Als nach der Schlacht bei Midway die Seeherrschaft mehr und mehr an die Amerikaner überging, konnten sich diese durch „Inselspringen“ an die Festung Japan heranarbeiten und sie zu Fall bringen; der Besitz der Seeherrschaft nach gewonnenen Schlachten erlaubte es England, den Rivalen Frankreich auszuschalten und sich große Teile von dessen Kolonialreich anzueignen. Und als der Perserkönig Xerxes bei Salamis den Hauptteil seiner Flotte verlor und die Griechen seine Nachschublinien bedrohten, gab er Griechenland auf, ähnlich wie zweieinhalbtausend Jahre später China nach der Schlacht an der Yalu-Mündung die Halbinsel Korea aufgeben mußte.

Die Ideen, die um Geltung in der Welt rangen, die Kräfte der Völker, die nach Ausbreitung strebten, sind oft auf den Meeren zusammengeprallt. Der Politisch-Interessierte erfährt, daß die großen Linien der Weltgeschichte sich letzten Endes auf den Ozeanen geschnitten haben und daß in Seeschlachten Entscheidungen gefallen sind, die oft schmerzhafte Abschlüsse setzten oder neue Richtungen gaben. Das Studium dieser Schlachten und ihre Einbettung in den gesamthistorischen Verlauf vermitteln daher Einblicke in die entscheidenden weltbewegenden Kräfte und in Wendepunkte der Völkergeschichte.

Bei der Darstellung dieser Schlachten sind die Hauptbewegungen der Flotten nachgezeichnet, d. h. die Bewegungen der großen Schiffe, die den Ausschlag gaben, wenn auch die Schicksale einzelner kleinerer Schiffe die Öffentlichkeit häufig mehr interessiert haben, als ihre Bedeutung für den Schlachtablauf war. Nach einem alten Wort sind Schlachten auch eine Reihe von Fehlern; der Sieg fällt demjenigen zu, der die wenigsten macht. Von den Fähigkeiten des Flottenbefehlshabers, der in sich gleichsam alle Kraftanstrengung einer Nation verkörpert und der auf seinem Flaggschiff, mitten im Kampfgetümmel und auf sich allein gestellt, blitzschnelle Entscheidungen treffen muß, hängt häufig das Schicksal eines ganzen Volkes ab. In jeder Schlachtdarstellung wird mindestens ein Faktor — sei er politischer, militärischer oder seemännischer Art — für Erfolg oder Mißerfolg, für Sieg oder Niederlage sichtbar.

Von Napoleon ist der Ausspruch überliefert, daß seine erfolgreichsten Eingebungen auf dem Schlachtfeld aus der Erinnerung stammen. Seine Erfolge waren sicherlich mit in seiner Begabung begründet, für seine Entscheidungen seine umfangreichen Geschichtskenntnisse und Erfahrungen im rechten Augenblick mit den Gegebenheiten und Erfordernissen der vor ihm liegenden Situation zu verbinden.

Kaum ein Krieg ist mit den Mitteln und Methoden des vorhergehenden gewonnen worden. Napoleon wußte auch, daß Kenntnis der Vergangenheit auch in die Irre leiten kann. Im Hinblick auf neue Entwicklungen und Techniken war er daher ständig bemüht, überlieferte Lehren zu überprüfen und sie künftigen Erfordernissen anzupassen. Er durchdachte jede denkbare Konstellation auf der Grundlage der vielfachen Möglichkeiten menschlichen Verhaltens, deren Kenntnis die Geschichte übermittelt. Daß er schließlich gegenüber dem seeerfahrenen England unterlag, lag an seinem fehlenden „sentiment exact des difficultés de la marine" und dem Versagen der französischen Admirale, von denen ihn keiner kongenial beraten konnte.

Bei der Betrachtung der großen Seeschlachten, der Entwicklungen, die zu ihnen führten und der Folgen, die sie hatten, werden Probleme sichtbar, vor denen Staatsmänner und Politiker immer wieder stehen, die jedoch nach neuen Maßstäben gelöst werden müssen, wenn es nicht erneut zu kriegerischen Auseinandersetzungen kommen soll. Nicht wer den Krieg aus seinem Bewußtsein verdrängt, verhindert ihn; nach allen Erfahrungen wird er seinen Ausbruch nur beschleunigen. Solange Schiffe fahren, die an allen Küsten landen können und Millionen Tonnen von Gütern auf allen Meeren bewegen, spricht nichts dafür, daß sich nicht die uralten Probleme des Seekrieges und der menschlichen Gefährdung von See her immer wieder neu stellen. Geschichtliche Überlieferungen zu ignorieren, ist mehr als leichtfertig. Die Opfer von Tausenden von Seeleuten sollten vor Illusionen warnen.

Die Seeschlachten

„Ich müßte keine Schiffahrt kennen: Krieg, Handel und Piraterie. — Dreieinig sind sie, nicht zu trennen“ schreibt Goethe in seinem „Faust“.

Kämpfe im Küstenvorfeld oder auf See hat es bei der Natur des Menschen sicher vom gleichen Augenblick an gegeben, als die ersten Fischer den Mut fanden, sich von der heimatlichen Küste zu lösen und aufs Meer hinauszufahren, um draußen ihren Lebensunterhalt zu suchen, oder als wagemutige Kaufleute zum ersten Mal ihre Waren und Reichtümer Schiffen anvertrauten und diese auf die See schickten. Sie hatten erkannt, daß der Handel über See nicht nur die entlegensten Gebiete erreichen konnte, sondern auch billiger war als der Warentransport auf dem Lande.

Bald stellte sich heraus, daß der Seehandel einen höchst einträglichen Gewinn abwarf und daß mit der Anhäufung von Reichtümern in den Händen dieser Seekaufleute in gleichem Maße bei den Nachbarn der Neid und der Hang zu gewaltsamer Aneignung wuchsen. Daher baute ein Gemeinwesen, das an die See grenzte und dessen Kaufleute Seehandel trieben, sobald es sich staatlich gefestigt hatte, Schiffe zum Schutze mit besonders ausgebildeten Besatzungen, konnte doch die Schädigung des Handels oder gar sein Verlust das Gemeinwesen selbst in höchste Gefahr bringen. Einige Völker erkannten die Notwendigkeit, Vorkehrungen für die Sicherheit des überseeischen Handels zu treffen, schneller als andere.

Die ersten Kriegsflotten entstanden und auch die ersten Anfänge der Seestrategie, d. h. der Überlegungen, wie diese Kriegsflotten am zweckmäßigsten einzusetzen seien, waren die Mittel anfangs auch noch so einfach und die Entfernungen und die „Operationsgebiete“ noch so gering.

Ebenso erwies es sich bald als notwendig, die eigene Küste gegen räuberische Überfälle von See her zu schützen oder selbst Schiffe zu besitzen, mit denen feindliche Küsten bedroht werden konnten oder mit denen der Vormarsch des eigenen Heeres im fremden Land von der See her Hilfe und Nachschub erhielt. Die besten Methoden von Landungsunternehmungen oder zur Abwehr von Invasionen mögen schon früh von Seeleuten diskutiert worden sein.

Die erste Seeschlacht, von der wir — allerdings nur ungenau — Kunde haben, hat vor und in der Nilmündung stattgefunden. Von frühen Flottenkämpfen in den indischen, chinesischen und japanischen Gewässern ist uns nichts bekannt. Im zweiten Jahr der Regierung von *Ramses III.*, also im Jahre 1195 v. Chr., waren vor der ägyptischen Küste die sogenannten Nord- oder Seevölker erschienen. Sie hatten Griechenland überrannt, Kreta, die Ägäischen Inseln und Zypern besetzt, bis sie am Gegenufer des Mittelmeeres standen. Aus den Reliefs von Medinet Habu wissen wir, daß es in der Nilmündung zu einer Schlacht der Schiffe kam und daß die Eindringlinge zurückgewiesen wurden. Ramses' Sieg scheint ein vollständiger gewesen zu sein. Die Wandbilder lassen auch Einblicke zu, warum die Angreifer die Schlacht verloren: Ihre Schiffe bewegten sich nicht mit Riemen voran, sondern nur durch Segel. Da am Tag des Treffens Windstille herrschte, trieben sie manövrierunfähig vor dem Delta, aus dem die riemengetriebenen Schiffe der Ägypter in immer neuen Angriffen hervorbrachen und die Schiffe ihrer Gegner offenbar durch Haken, die in die aufgegeiten Segel geschleudert worden waren, zum Kentern brachten. Der Erfolg der Ägypter muß entscheidend gewesen sein, was aus der gegenüber anderen Darstellungen der damaligen Zeit ausführlicheren Berichterstattung vermutet wird. Die große Zeit Ägyptens wurde, wenn auch nur für kurze Zeit, noch einmal verlängert.

Salamis

480 v. Chr.

Die Schlacht zwischen griechischen und persischen Schiffen in der Meerenge zwischen der Insel Salamis und dem griechischen Festland, die in den letzten Septembertagen des Jahres 480 v. Chr. stattfand, ist das erste entscheidende Zusammentreffen von Kriegsflotten, das uns genauer überliefert worden ist. Wir gewinnen einen näheren Einblick in den Verlauf einer Seeschlacht und in die strategischen Überlegungen, die zu ihr führten. Der Ausgang hat die Geschichte Europas wesentlich bestimmt.

Wie war damals die „weltpolitische" Lage? Der Großstaat Persien stand auf der Höhe seiner Macht. Eine zuchtvolle Führungsschicht, die am Hofe des Großkönigs eine sorgfältige Erziehung genossen hatte, befehligte in einer straff gelenkten staatlichen und militärischen Organisation die Massen der unterworfenen Stämme und Völkerschaften. Eine große Reichsflotte war vorhanden. Nach Osten hatte sich das Reich bis zum Indus, nach Norden zeitweise bis zum Aralsee ausgedehnt, nach Süden bis zu den Küsten des Persischen Golfes und des Arabischen Meeres. Im Westen war das Lydische Reich mit den kleinasiatischen griechischen Küstenstädten unterworfen worden und in Afrika weite Teile Ägyptens. Als nun die Perser auch auf einer von ihnen gebauten Brücke, die damals als ein Wunderwerk der Technik galt, über die fast einen Kilometer breite Meeresenge des Bosporus in Thrakien einfielen und bis Makedonien vorstießen, waren die Länder der Ägäis von Norden, Osten und Süden umklammert. Die persischen Herrscher erwogen Pläne, Griechenland ihrem Weltreich einzuverleiben, da ihnen daran lag, die Kultur und die Wissenschaften dieses Landes, die sie bewunderten, für ihr Weltreich nutzbar zu machen.

Ganz Griechenland spürte die drohende Gefährdung seiner politischen Existenz.

Die Aussicht der Griechen, ihre Selbständigkeit zu erhalten, war überaus schlecht: geringe Volkszahl, Kleinräumigkeit und Zersplitterung, Neid der Stadtstaaten untereinander standen gegen ein Riesenreich mit einer gewaltigen Bevölkerungsmasse unter einer exakt funktionierenden

Regierungsmaschinerie, deren Dynamik und Wucht nur dadurch behindert war, daß wegen der Länge der persischen Grenze, der Unruhe der Nachbarn im Norden und Osten und wegen der weiten Verkehrslinien der König seine gesamte Macht nicht an einem Punkt einsetzen konnte.

Für Griechenland sprach der unbändige Freiheitswille seiner Menschen, der sich nicht blutleer in Deklamationen erschöpfte, besaßen sie doch die Fähigkeiten und den Willen, schärfere Waffen und bessere Schiffe zu bauen als die anderen Völker; dazu hatten sie Erfahrungen auf dem Gebiet der Seefahrt wie kein anderes Volk ihrer Zeit.

Die große Auseinandersetzung begann mit der Erhebung der asiatischen Griechenstädte an der ägäischen Küste Kleinasiens; sie endete mit der Zerstörung einer persischen Flotte am Vorgebirge *Mykale.* Den Höhepunkt des Kampfes bildete die Schlacht bei *Salamis.*

Es bedurfte von Seiten der Perser einige Anstrengungen, den jonischen Aufstand niederzuschlagen. Komplikationen nach außen wären nicht erforderlich gewesen. Aber *Athen,* so hieß es, habe den Großkönig beleidigt, weil es den aufständischen Städten mit einigen Schiffen Hilfe geleistet hatte. Nach dem strategischen Prinzip von der Gefährdung durch die Gegenküste in der Hand eines starken Nachbarn mußte die Stadt es verhindern, daß an der gegenüberliegenden Küste eine übermächtige Macht, das Perserreich, dominierenden Einfluß gewann.

Als Erwiderung auf die Hilfeleistung befahl der Perserkönig eine Strafexpedition gegen Athen. Im Jahre 490 erschien in der Ägäis eine persische Flotte mit einem Landungsheer, das bei *Marathon* attischen Boden betrat, wo es zum Erstaunen der „Welt" von einer kleinen athenischen Streitmacht unter Führung des *Miltiades* geschlagen wurde. Die Perser hatten einen schweren Fehler begangen, indem sie, um das Heer näher nach Athen auf dem Seeweg heranzubringen, mit der Einschiffung ihrer Reiterei begonnen hatten. Diese war aber gerade die Truppe, mit der die Perser den Griechen überlegen waren. Diesen Umstand im Augenblick der persischen Schwäche hatte Miltiades genutzt und den restlichen Teil des Heeres angegriffen. Griechenland blieb vorläufig frei, da die Perser von weiteren Landungen absahen und die Heimfahrt antraten.

Zehn Jahre vergingen, bis die Perser genügend aufgerüstet hatten und die entscheidende Bewährunsprobe für die Griechen kam. Diesmal führte der Perserkönig *Xerxes* selbst eine gewaltige Streitmacht zu Wasser und zu Lande. Galt es doch, das bei Marathon verlorene Ansehen wiederzugewinnen. So von seinem Ziel besessen war der Großkönig, daß er, wie die Sage berichtet, das Meer zur Strafe mit Ruten habe peitschen lassen, als hoher Wellengang eine über den Hellespont errichtete Schiffsbrücke zum Einsturz brachte. Die Griechen sollen in dieser Tat eine Hybris gesehen haben, die die Götter furchtbar strafen würden. Dafür schien aber vorläufig keine Aussicht zu bestehen. Denn auf einer neuen Brücke überschritt das Perserheer den Hellespont und brach in Griechenland ein. Zugleich bildeten die Perser im Rücken der griechischen Streitkräfte Brückenköpfe, um deren Reserven zu binden und deren Aufmarschplan durcheinanderzubringen. Die Flotte hatte so die Aufgabe, den Vormarsch des Heeres von der Seeseite zu unterstützen. Zugleich sollte sie den Nachschub an Proviant und Ausrüstung, der wegen der langen und beschwerlichen Landwege leichter über See herbeizuschaffen war, sicherstellen. Das Zusammenwirken von Heer und Flotte bewährte sich glänzend, obwohl die persische Flotte durch schwere Schiffsverluste in den unbekannten Gewässern nahezu um die Hälfte reduziert wurde. Der Engpaß der *Thermopylen* war von den Griechen nicht zu halten. Das Land schien verloren, obgleich Athen nun nicht mehr allein stand und sich eine Reihe von Griechenstädten unter der Führung *Spartas* zu einem Abwehrbündnis zusammengeschlossen hatten. Die Lage war verzweifelt.

In diesem Augenblick bewährte sich der Weitblick eines einzelnen Mannes, des Atheners *Themistokles.* Er hatte seit langem den persischen Großangriff vorausgesehen. Obgleich er nicht zu den führenden Familien gehörte, war es ihm auf Grund der überzeugenden Kraft seiner Persönlichkeit gelungen, seine Mitbürger von der Notwendigkeit einer starken Flotte zur Abwehr der drohenden Gefahr zu überzeugen. Schon nach der Schlacht bei Marathon war es ihm klar geworden, daß Athen nur als Seemacht dem Ansturm gewachsen sein könnte. Auch hatte er erkannt, daß die Achillesferse der Perser der Nachschub war und daß mit der Vernichtung der persischen Flotte der Angriff zum mindesten zum Stehen gebracht werden konnte.

Ein glücklicher Zufall kam ihm bei seiner Planung, die den Bau von 200 Trieren vorsah, zur Hilfe. Größere Silbervorkommen waren an der Südküste Attikas entdeckt worden; es gelang ihm, seine Landsleute zu bewegen, diese Schätze für den Bau der Schiffe zu verwenden. *Plutarch* bemerkt dazu: „Von jetzt ab führte Themistokles Athen Schritt für Schritt aufs Meer. Er ließ sich dabei von der Überzeugung leiten, daß das Landheer nicht einmal den Grenznachbarn gewachsen sei, während Athen mit einer Seemacht die Barbaren in Schach halten und die Herrschaft über ganz Griechenland gewinnen könnte ..., daß aber das Meer den Griechen die Rettung bringen und die Trieren Athen aus Schutt und Asche wieder aufrichten würden." Die Athener waren gut beraten, als sie Themistokles zum Befehlshaber der neuen Flotte wählten.

Nach dem Fall der Thermopylen waren die Perser gegen Athen vorgestoßen. Nur mit Mühe hatte Themistokles die Athener bewegen können, ihre Stadt zu verlassen und auf die nahe Insel *Salamis* zu gehen. Über den Propagandatrick, den er dabei anwendete, schreibt Plutarch: „Da

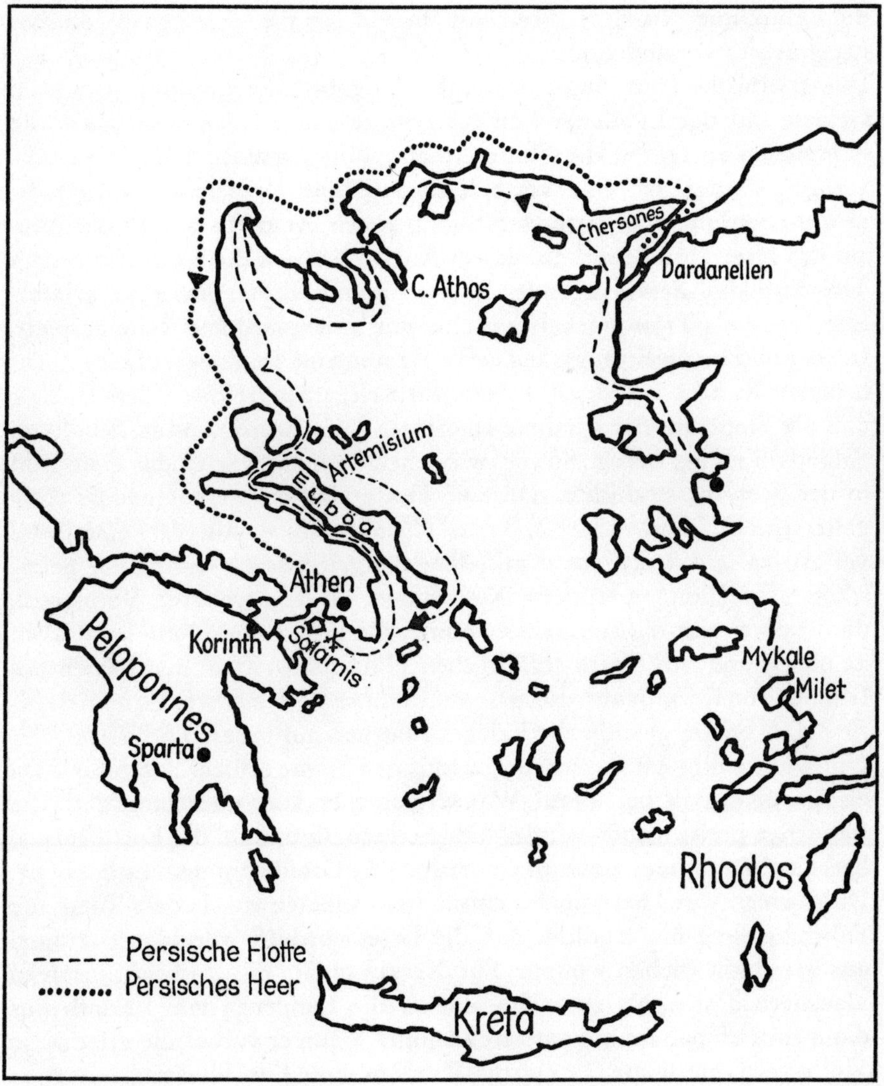

Themistokles keine Möglichkeit mehr sah, die Athener mit menschlichen Gründen zu überzeugen, versuchte er, sein Ziel durch Götterzeichen und Orakelsprüche zu erreichen. Er machte öffentlich kund, daß die heilige Schlange aus der Akropolis verschwunden sei, die Priester verkündeten in seinem Auftrag, daß die Göttin die Stadt verlassen habe, um zum Meer zu gehen; die Athener sollten ihr folgen. Auch erinnerte er das Volk an den alten Orakelspruch, daß mit den „hölzernen Mauern", die ihnen Schutz gewähren sollten, die Schiffe gemeint seien und daß Salamis die „glückliche" Insel sei, weil mit ihr ein für die Griechen glückliches Ereignis sich verbinden werde."

Das griechische Heer hatte sich unter Aufgabe aller nördlich gelegenen Gebiete auf der Landenge von *Korinth* gesammelt, um wenigstens die Peloponnes zu retten; die Flotte Athens sollte ebenfalls dorthin zurückgezogen werden, um eine Verteidigungsstellung zu beziehen und gleichsam als verlängerter Arm der Landtruppen Angriffe der Perserflotte auf das Heer abzuweisen. In diesem Augenblick bewährte sich von neuem Thermistokles' hervorragendes Seeverständnis. Bisher hatte die griechische Flotte als Transporthelferin eine nur untergeordnete Rolle gespielt. In ebensolcher Zweitrangigkeit sollte sie nun eine Deckungsaufgabe übernehmen. Es kam jedoch nicht dazu. Im Kriegsrat erreichte Themistokles, daß die Flotte aus der Bindung zum Heer gelöst wurde und im Sund von Salamis Stellung bezog. Soweit wir sehen können, war es das erste Mal in der Seekriegsgeschichte, daß eine Flotte eine ihr wesensgemäße Aufgabe erhielt. Denn nicht nur band Themistokles damit die Perserflotte vor Attika und deckte somit mittelbar die griechischen Küsten vor persischen Überfällen, er hinderte Xerxes auch an dem weiteren Vormarsch, da dieser es sich nicht erlauben konnte, die griechische Flotte im Rücken zu haben und sich einem gefährlichen Flankenangriff in den Pässen des Isthmus von Korinth auszusetzen. Mit Recht sagte Themistokles im Kriegsrat: „Das Schwergewicht des Krieges ruht nun auf unseren Schiffen."

Nur widerwillig hatten sich die griechischen Städte seinem Rat gefügt. Da er fürchtete, daß bei ihrem Wankelmut über kurz oder lang doch die Landenge preisgegeben würde, suchte er, möglichst bald die Entscheidung herbeizuführen, und zwar an einem für den Großkönig ungünstigen Ort. Durch einen von Themistokles entsandten Agenten wurde dem König die Falschmeldung hinterbracht, daß die Griechenschiffe vor Morgengrauen aus der Bucht fliehen wollten. Für Xerxes mußte die Nachricht insofern alarmierend sein, als er wußte, daß er die Landenge von Korinth nur dann zur Peloponnes hin passieren konnte, wenn er vorher die griechische Flotte vernichtet hatte. Er entschloß sich zu ihrer Einschließung.

Schon die Zeitgenossen sind sich darin einig gewesen, daß Themistokles Ort und Zeit gut gewählt hatte. In den Morgenstunden eines Tages Ende September 480 wehte wie stets eine frische Brise in die Enge hinein, was zur Folge hatte, daß, im Gegensatz zu den flachen griechischen Trieren, die schwerfälligen persischen Schiffe mit ihren hohen Aufbauten vom Winde abgedreht wurden und sie bald quer vor die leicht beweglichen der Griechen zu liegen kamen, damit die Zufahrt für ihre eigenen nachfolgenden Schiffe versperrend. Der persischen Flotte war es daher nicht möglich, ihre zahlenmäßige Überlegenheit zur Geltung zu bringen, abgesehen davon, daß sich in der Enge der Sundeinfahrt viele Schiffe am Manövrieren hinderten oder sich untereinander rammten. Die meisten aber wurden Opfer der Rammsporne, welche die griechischen Trieren an ihrem Bug trugen. In einem wilden Schiffsgewirr zog sich der Kampf bis zum Abend hin; er endete mit der vernichtenden Niederlage der persischen Flotte. Fast alle ihre Einheiten wurden vernichtet oder gekapert, während die Griechen nur 40 Schiffe verloren. Der Bericht des *Aischylos* in den „Persern“ ist in seiner Anschaulichkeit unübertroffen:

„... und ringsumher
Erscholl zugleich der Ruf: „Ihr Söhne Griechenlands,
Befreiet euer Vaterland, befreiet Weib und Kind,
Befreit der Heimat Götter heil'ger Sitz,
Der Ahnen Gräber! Jetzt um alles geht der Kampf!“
Nun brauste auch aus unsern Reih'n der persische
Schlachtruf hinüber, nicht zu zögern war mehr Zeit.
Sogleich ward Schiff von Schiff mit ehernem Sporn gerammt.
Ein Schiff der Griechen war es, das als erstes stieß
Und einem Tyrerschiff den Schmuck des Vorderteils
Herunterriß. Dann fuhr ein Schiff aufs andre los.
Im Anfang hielt der Perserflotte Masse stand.
Doch als der Schiffe Menge in dem engen Sund
Sich drängte, konnte keins dem andern helfen mehr.
Von ihrer eignen Schiffe Schnäbeln wurden sie
Getroffen, brachen alles Ruderwerk sich ab,
Indessen der Hellenen Schiffe wohlbedacht
Im Kreise rings andrängten. Unsre Schiffe schlugen um,
So daß das Meer nicht mehr zu sehen war, bedeckt
Von Trümmern, Schiffsgerät und von Erschlagenen.
Die Leichen türmten sich auf Klippen und am Strand,
Und was an Schiffen übrig war vom Perser Heer,
In wilder Flucht und Eile rudert' es davon.“

Am Schluß des Berichtes läßt Aischylos den Boten, der die Unglücksmeldung in die persische Hauptstadt bringt, sagen:

„Als Xerxes solches Leid erblickte, stöhnt' er auf —
Von seinem Sitz auf einem Hügel nah dem Strand
Konnt' weithin überschauen er das ganze Heer —
Und sein Gewand zerreißend, jammerte er laut.
Dann gab er seiner Landmacht aufzubrechen flugs Befehl
und stürmte fort in wilder Flucht."

Xerxes hatte allen Mut verloren. Zwar war seine Flotte nicht gänzlich vernichtet; aber Kampfmoral und Siegeszuversicht waren so angeschlagen, daß von nun ab die Griechen in der westlichen Ägäis die absolute Seeüberlegenheit besaßen. Xerxes räumte nicht nur Attika, auch Mittelgriechenland gab er auf und zog sein Heer bis nach Thessalien zurück. Er selbst ging nach Asien. Die Verbindung zwischen Heer und Flotte war zerrissen, das Heer hatte größte Nachschubschwierigkeiten, da die siegreiche Flotte die Verbindungswege erheblich störte. Mit vollem Recht heißt es in den „Persern": „Die Niederlage der Flotte riß das Landheer mit ins Verderben."

Tapfer und bereit zur letzten Hingabe hatten die attischen Seeleute gefochten. Aber ohne die Klugheit und die Scharfsicht des Themistokles wäre Griechenland verloren gewesen. Sein Verdienst würdigt H. E. Busch in der Marine-Rundschau 1969: „Salamis war nicht nur der Sieg des Strategen und Taktikers, sondern vor allem des Staatsmannes, der als erster in der Geschichte die Seestrategie als ein Element der Gesamtpolitik erkannt, die für ihre Realisierung notwendigen Maßnahmen durchgesetzt und die Kriegsflotte als strategisch selbständig handelnde Teilstreitkraft eingesetzt hat."

Hellas war gerettet, wenn auch die Griechen ihren Sieg strategisch nicht ausnutzten, wie Themistokles es wollte. Er plante, durch einen Vorstoß zu den *Dardanellen* auch die Nachschubwege der Perser, die durch Thrakien und Makedonien liefen, gänzlich zu zerschneiden. Die Lauheit der Athener, nachdem die unmittelbare Gefahr beseitigt war, und das Unverständnis der spartanischen Heerführer für maritime Operationen ließen Themistokles' Plan scheitern. Die Griechen mußten daher im nächsten Jahr wieder zu den Waffen greifen; sie hatten wiederum Glück. In Babylon war ein Aufstand gegen die Perserherrschaft ausgebrochen. Der Großkönig, der immer noch unter dem Eindruck der Niederlage bei Salamis stand, ließ die europäische Position nur schwach verteidigen. Es war ihm nicht möglich — auch damals schon nahm die Bauzeit von Kriegsschiffen verhältnismäßig viel Zeit in Anspruch — bei den wenigen ihm zur Verfügung stehenden Hafenplätzen und Werften eine genügende Anzahl von Schiffen auf Kiel zu legen. In Bälde war an eine Seeschlacht nicht zu denken; auch fehlte genügend geschultes Personal, dessen Ausbildung für den Schiffsdienst langwierig und schwierig war. Durch die Zerschlagung der Flotte war die Offensivkraft der Perser nach Westen hin für lange Zeit gebrochen. So konnte eines ihrer Heere bei *Platäa* in Böotien vernichtet werden; etwa um die gleiche Zeit zerstörte eine griechische Flotte beim Vorgebirge *Mykale* den Rest der Perserschiffe. Bald mußten die Perser Griechenland ganz räumen. Ihre Angriffe hörten damit auf.

Die Frage ist oft diskutiert worden, was geschehen wäre, welche politischen und geistigen Folgen eingetreten wären, wenn 480 die Perser Griechenland unterworfen hätten. Aber Fragen nach dem „Wenn" und „Aber" in der Geschichte sind müßig. Zuviele Unwägbarkeiten und zuviel Unvorhergesehenes lassen keine klare Antwort zu. Fest steht, daß nach Salamis Persien den Plan der Weltherrschaft aufgegeben hat und daß der Orient auf Asien beschränkt blieb. Fest steht auch, daß „Salamis die Geburtsstunde des Perikleischen Zeitalters geworden ist." Durch das Erleben einer Zeit der Gefährdung der staatlichen und geistigen Existenz und durch das Bewußtwerden von der Bewährung und der Kraft der Freiheitsidee sind viele gestaltende Kräfte im Griechenvolk zum Durchbruch gekommen. Diese waren es, die die griechische Kultur zu der Höhe führten, die Jahrtausende hindurch bis in unsre Zeit immer wieder die Bewunderung der Welt gefunden haben und noch finden. Zum ersten Mal hatte der Ausgang einer Seeschlacht Weltgeschichte gemacht.

Das griechische Volk hat dem großen Mann nicht gedankt. Nur die äußerste Not hatte die Griechen zusammengeführt und bewirkt, daß sie sich unter den Willen einer überragenden Persönlichkeit beugten. Nachdem die Gefahr überwunden und der Sieg erkämpft worden war, brachen die inneren Zwistigkeiten und der Neid der Stadtstaaten untereinander wieder aus; sie vergaßen nur zu schnell und nur zu gerne, was sie Themistokles zu verdanken hatten. Bald wurde er ihnen nur noch lästig. Vertraut mit der See und den ihr innewohnenden eigenen Bedingungen und Gesetzen, sah und dachte Themistokles über den Horizont des Parteihaders der inneren Machtkämpfe weit hinaus. So forderte er nach den Erfahrungen des vergangenen Krieges, Athen zu einer starken Seefestung zu machen und die Flotte nicht nur in ihrem Umfang zu erhalten, sondern verstärkt auszubauen. Den Persern sollte jede Möglichkeit eines neuen Angriffs genommen werden. Er sah auch den späteren Zusammenstoß zwischen Athen und Sparta kommen, wie er ebenso erkannte, daß die Verfassung Athens einer solchen Belastungsprobe nicht gewachsen sein würde. Er erfuhr das Schicksal vieler weitdenkender Männer. Durch das berüchtigte Scherbengericht, das nach Plutarch dazu diente, „dem Neid der Mitbürger freien Lauf zu lassen; denn der Neid reißt stets und mit Eifer große Männer herab, und haßerfüllt beraubt er sie der Ehre“, wurde er aus seiner Heimatstadt verbannt. Von allen Griechenstädten gehetzt, schlug er sich schließlich zum Perserkönig durch. Dieser gewährte ihm Schutz. In königlich-persischem Dienst ist er als Statthalter gestorben.

Ägatische Inseln

241 v. Chr.

In der Mitte der sechziger Jahre des zweiten vorchristlichen Jahrhunderts stand Rom vor einer schweren Entscheidung. Der Stadtstaat hatte sich in harten Kämpfen gegen die Etrusker und Kelten behaupten können, er hatte sich seine Nachbarn auf der Apennin-Halbinsel botmäßig gemacht; durch den letzten dieser Unterwerfungskriege, den Tarentinischen Krieg, war ganz Unteritalien unter die römische Herrschaft gekommen. Bei dieser Ausbreitungsbewegung hatte es die Stadt stets verstanden, die unterworfenen italischen Völkerschaften an sich zu binden und sie zu einer römisch-italischen Wehrgemeinschaft unter der Führung Roms zusammenzufassen und zu organisieren.

Damit waren die Energien der Stadt keineswegs erschöpft, im Gegenteil, sie waren nur noch gewachsen. Mit der Ausweitung der römischen Machtsphäre bis an die Straße von Messana erhob sich für Rom die Frage, ob es seine expansive Kraft nach Norden, wo eine offene Grenze war und die Keltengefahr durchaus noch bestand, wenden sollte oder ob es der römischen Machtposition mehr dienen würde, den Sprung über das Wasser zur Insel *Sizilien* hin zu wagen.

Entstanden war die Frage aus Anlaß des Hilferufs der Mamertiner an den römischen Senat. Die Mamertiner waren brotlos gewordene Söldner, die bei den inneren Kämpfen in *Syrakus* eine Rolle gespielt hatten; sie nannten sich die „Marsmänner", womit sie ihren kriegerischen Mut nach außen ausweisen wollten. Nach ihrer Entlassung hatten sie in *Messana* eine Art Genossenschaft gegründet, die vornehmlich von Räuberei lebte; ihre Stellung mußte auf der Insel unhaltbar werden. Ein Teil von ihnen rief aus Besorgnis die Römer um Hilfe, ein andrer Teil die Karthager. Folgten die Römer dem Hilferuf nicht, so fiel in absehbarer Zeit die Stadt und damit die Straße von Messana in die Hand der Karthager, was erheblich Roms Lebensinteressen berührte. Denn nicht nur konnten die Karthager die römische Schiffahrt stören, Rom mußte auch damit rechnen, daß über den Meeresarm hinweg eines Tages ein karthagisches Heer in

Unteritalien leicht landen würde. Folgte Rom hingegen dem Ruf, so mußte das den Krieg mit Karthago nach sich ziehen. Denn Karthago betrachtete Sizilien als sein Einflußgebiet und meinte, im Interesse seiner Schiffahrt nicht dulden zu dürfen, daß an beiden Ufern der Meerenge die Römer saßen. Wirkliche und vermeintliche Interessen standen sich gegenüber, wirkliche oder vermeintliche Bedrohungen trieben zur Entladung. Die Landmacht des geeinten Italiens mit der Kraft seines Staatsdenkens und seiner sieggewohnten Legionäre stand der See- und Handelsmacht des westlichen Mittelmeers gegenüber.

Die Meinungen im römischen Senat, wie auf den Ruf der Mamertiner reagiert werden sollte, waren geteilt. Die eine Partei wollte Rom stark als Landmacht entsprechend der Tradition der Stadt, unter der sie groß geworden war, und entsprechend ihrer Lage als Mittelpunkt der Apennin-Halbinsel. Auch widerspräche es — das war ihre Meinung — der politischen Klugheit im zwischenstaatlichen Verkehr, für einen Räuberstaat, den die Mamertiner gebildet hatten, die Waffen zu ergreifen und sich auf die Seite von Rechtsbrechern zu stellen. Die andre Partei sah in dem als sicher vorauszusehenden Konflikt eine günstige Gelegenheit für Rom, aus der festländischen Begrenzung herauszutreten und zum ersten Mal Seepolitik zu machen, wozu die Römer über kurz oder lang doch gezwungen werden würden. Mußte nicht damit gerechnet werden, daß es eines Tages mit Karthago, mit dem man bisher allerdings gute Beziehungen unterhalten hatte, zum Konflikt kommen würde, da karthagische Schiffe von ihren Stützpunkten auf Sizilien, Sardinien und Korsika das Tyrrhenische Meer für die römische Schiffahrt blockieren würden, wenn den Karthagern Rom zu mächtig wurde?

Die Verhandlungen mit den Mamertinern und die Beratungen des Senats entschieden nicht nur über Krieg und Frieden; sie gingen über die bisher gewohnten Dimensionen politischer Beratungen weit hinaus, indem in ihnen eine neue Gesamthaltung und Richtung der römischen Politik festgelegt werden sollte. Die Entscheidung wurde als so schwerwiegend und grundlegend empfunden, daß der Senat die römische Bürgerschaft anrief, um nach deren Willen zu verfahren. Als sich diese im Jahre 264 für die Unterstützung der Mamertiner aussprach, war eine Entscheidung von allergrößter Tragweite gefallen. Mommsen urteilt in seiner „Römischen Geschichte" darüber: „Aber wichtiger war es, daß man mit dem Überschreiten der See abwich von der bisher rein italischen und rein kontinentalen Politik; man gab das System auf, durch welches die Väter Roms Größe gegründet hatten, um ein anderes zu erwählen, dessen Ergebnisse vorauszusagen niemand vermochte. Es war einer der Augenblicke, wo die Berechnung aufhört und wo der Glaube an den eigenen Stern und an den Stern des Vaterlandes allein den Mut gibt, die Hand zu fassen, die aus dem Dunkel der Zukunft winkt, und ihr zu folgen, es weiß keiner wohin."

In Rom wußte man, daß der Krieg gegen einen Seestaat lange dauern würde; denn aus dem Studium aller Auseinandersetzungen, die Karthago bisher geführt hatte, ging hervor, daß eine schnelle Entscheidung, wie Landkriege sie meistens zuließen, nicht möglich war; außerdem war man sich in Rom klar, daß Karthago nur in seinem eigenen Element, dem Meer, auf dessen Beherrschung seine Machtstellung und sein Reichtum begründet waren, bezwungen werden konnte. Rom mußte möglichst schnell eine starke Flotte aufbauen. War doch gleich nach Kriegsausbruch mit karthagischen Landungsunternehmen zu rechnen, zu denen die langgestreckte italische Küste geradezu einlud, wie auch mit der Blockade des gesamten römischen Küstenhandels. Mit der Energie und Zähigkeit, die Rom immer dann bewies, wenn es einen Entschluß gefaßt hatte, hat es sich auf die neue Wendung seiner Politik eingestellt.

Es ist oft behauptet worden, daß Rom bis zu diesem Zeitpunkt keine maritimen Machtmittel zur Durchsetzung seiner ausschließlich auf das Festland bezogenen Politik besessen habe. Das ist nur bedingt richtig; denn Schiffe der Etrusker und der Griechen standen ihm seit langem zur Verfügung. Neu war jetzt, daß Rom sich nicht mehr auf seine seefahrenden Bundesgenossen allein verließ, sondern selbst eine Flotte baute und bemannte, und neu war auch, daß diese Flotte nicht mehr aus Küstenschiffen und Kleinfahrzeugen bestand, sondern daß sie den neuesten Stand der Schiffbaukunst und der Waffentechnik präsentierte.

Ein glücklicher Zufall kam den römischen Plänen entgegen. Eine karthagische Pentere (Fünfreiher), das Großkampfschiff der damaligen Zeit, war an der italischen Küste gestrandet. Sie diente den römischen Schiffbaumeistern als Muster. In allen Hafenstädten und auf allen Werften entfachte sich eine eine rege Bautätigkeit; italische und sizilianische Griechen, die im Schiffbau über lange Erfahrung verfügten, halfen. Bis zum Jahre 260, also vier Jahre nach Ausbruch des Krieges, stand eine Flotte von 100 Penteren und 20—40 Trieren bereit. Natürlich konnte sie nicht gleich als ebenbürtig mit der karthagischen angesehen werden. Noch fehlte der politischen Führung das seestrategische Denken, auch mangelte es an seegeübten Mannschaften und Offizieren, die nicht nur den Unbilden des Meeres gewachsen waren, sondern die auch die notwendige Geschicklichkeit und Schnelligkeit im Manövrieren der Schiffe besaßen. Gerade dieser Mangel konnte sich gefahrvoll auswirken. Denn die Seetaktik bestand in erster Linie in der Anbringung des Rammstoßes mit dem schweren Eisensporn, der am Bug der Schiffe in der Höhe der Wasserlinie saß. Die kämpfenden Schiffe umkreisten sich so lange, bis es einem jeweils gelang, seinem Gegner den gefürchteten Stoß zu versetzen. Dieser wirkte bei der verhältnismäßig leichten Bauart der Schiffe meistens vernichtend.

Es ist noch heute imponierend, zu sehen, mit welchem Weitblick und mit welcher schonungslosen Nüchternheit die römische Staatsführung nicht nur die schwache Stelle der jungen Flotte erkannte und mit welcher Konsequenz sie parallel zu dem Flottenbau von den Besatzungen und Kommandanten härteste Ausbildung forderte, sondern wie sehr sie auch darauf sann, die kriegerische Überlegenheit und Tüchtigkeit des römischen Landsoldaten auf See zur Geltung zu bringen. Das Ergebnis dieser Bestrebungen war eine Geheimwaffe, die Enterbrücke. Diese war wie eine Fallbrücke hochzuziehen und herabzulassen. Ihre Länge betrug sechs bis acht Meter, ihre Breite etwa 1,2 Meter. An jeder Seite war sie durch Brustwehre geschützt. Sie stand auf dem Vorderteil des Schiffes, und zwar beweglich schwebend, so daß sie sowohl nach vorne wie nach den Seiten heruntergelassen werden konnte. An der vorderen Unterseite waren einige schnabelartige Haken angebracht, die sich beim Aufschlagen der Brücke auf das Deck des feindlichen Schiffes tief einbohrten und so eine unmittelbare Verbindung von Schiff zu Schiff herstellten. Über sie konnten dann die kampferprobten römischen Soldaten auf das feindliche Schiff stürzen und die Seeschlacht gleichsam in einen ihnen vertrauten Landkampf verwandeln.

Bei *Mylae* an der Nordküste Siziliens trafen noch im gleichen Jahre zum ersten Mal die beiden Flotten aufeinander; auf der römischen Seite fochten 103 Schiffe, auf der karthagischen 130. Über die Schlacht berichtet Mommsen: „Die Karthager, in den schlecht segelnden und unbehilflichen römischen Schiffen eine leichte Beute erblickend, stürzten sich in aufgelöster Linie auf dieselben; aber die neuerfundenen Enterbrücken bewährten sich vollkommen. Die römischen Schiffe fesselten und stürmten die feindlichen, wie sie einzeln heransegelten; es war ihnen weder von vorn noch von den Seiten beizukommen, ohne daß die gefährliche Brücke sich niedersenkte auf das feindliche Deck. Als die Schlacht zu Ende war, waren gegen 50 karthagische Schiffe von den Römern versenkt oder genommen ... Der Gewinn war groß; noch größer der moralische Eindruck. Rom war plötzlich eine Seemacht geworden und hatte das Mittel in der Hand, den Krieg, der endlos sich hinauszuspinnen und dem italischen Handel den Ruin zu drohen schien, energisch zu Ende zu führen."

Karthago aber büßet zum ersten Mal in seiner Geschichte einen großen Teil seines Nimbus ein, die alleinbeherrschende Seemacht im Mittelmeer zu sein. Rom faßte zur neuen Waffe Zutrauen und begann, sich aus dem Küstenvorfeld zu lösen. Das führte in den weiteren Punischen Kriegen schließlich zur Vernichtung Karthagos. Zu Recht hat man daher die Schlacht von Mylae als den Marsch Roms über die Enterbrücken in sein kommendes Weltreich genannt.

Unter dem Gesichtspunkt der waffentechnischen Entwicklung und der Bedeutung der richtigen und rechtzeitigen Anwendung von Erfindungen zeigte sich, fast als Musterbeispiel, bei Mylae, was sich in der Marinegeschichte oft wiederholt hat: neue Angriffswaffen in den Händen der schwächeren Partei können die Niederlage des an sich überlegenen Gegners zur Folge haben. Voraussetzung ist allerdings, daß sie lange genug geheim bleiben, daß sie beim ersten Einsatz in ausreichender Zahl vorhanden sind und daß die Staatsführung genügend Geduld hat, die Geheimwaffe nicht „kleckerweise" einzusetzen, so daß sich der Gegner nicht auf ihre Abwehr einstellen kann. Alle drei Bedingungen hatten die Römer bei Mylae beachtet.

Strategisch hat die Schlacht keine Auswirkung gehabt; denn sie brachte keine Kriegsentscheidung. Der Krieg zog sich noch zwei Jahrzehnte hin. Die Römer hatten richtig geplant, als sie sich auf eine lange Dauer einrichteten. Siege und Niederlagen wechselten. Es gab für die Römer zeitweise so viele Rückschläge, daß sie mehr als einmal an der Grenze ihrer Leistungsfähigkeit standen. Überaus schädlich wirkten sich häufiger Wechsel im Oberkommando, Intrigen, Reibereien und Kompetenzstreitigkeiten in der militärischen Spitze aus. Politische Gruppen im Senat versuchten ständig, Einfluß auf die militärische Stellenbesetzung zu nehmen, was eine energische und planende Kriegführung erschweren mußte bzw. unmöglich machte. Nur die äußerste Anspannung der Kräfte der Bürger, die für die parteipolitischen Streitereien mit größten Opfern zahlen mußten, verhinderte das Schlimmste. Bedrohlich wirkte sich auch der Umstand aus, daß sich die Karthager allmählich an die Enterbrücken gewöhnten und lernten, diese durch geschickte Schiffsführung auszumanövrieren. Die

Römer selbst litten immer noch unter dem Mangel an genügender Seeerfahrung. Trotz aller Anstrengung erfuhren sie, wie später noch viele andere nach ihnen, wie schwierig und langwierig es ist, eine kampfkräftige Flotte aufzubauen und tüchtige Seeleute heranzubilden.

So gingen in den folgenden Jahren unter dem Befehl von „politischen" Admiralen viermal römische Flotten verloren. Einmal waren es mit einem Schlag mehr als hundert Kampfschiffe mit ihren Besatzungen, die vernichtet wurden, dazu die von ihnen begleiteten Truppentransporter. Wie hoch sich die Verluste an Menschenleben durch die unglückliche Seeführung beliefen, ist aus den jährlich in Rom aufgestellten Bürgerrollen ersichtlich. Danach sank die Bevölkerung der Stadt bis zum Jahre 247 um ein Sechstel. Volk und Führung verloren das Vertrauen zur Flotte und zur Seekriegführung überhaupt. Die Folge war, daß die Karthager unter dem Kommando von *Hamilkar Barkas,* dem berühmten Vater des noch berühmteren Feldherren des 2. Punischen Krieges, *Hannibal,* auf Sizilien die Oberhand gewannen, daß karthagische Schiffe italische Küstenstädte brandschatzten und jeden Küstenverkehr der Römer lahmlegten. Es schien nur noch eine Frage der Zeit, wann die Karthager zu einer großen Invasion auf das Festland ansetzten. Da bei der Lage der Dinge an einen Sieg über Karthago nicht zu denken war, gewann im römischen Senat die „kontinentale" Partei, die das sizilianische Abenteuer stets abgelehnt hatte, die Überhand.

In diesem Augenblick, in dem vielleicht die Existenz Roms auf dem Spiele stand, fand sich eine Anzahl weitsichtiger und entschlossener Männer zusammen, die durch persönliche Opfer und Spenden eine Flotte aufstellten, wie Rom sie an Zahl der Schiffe und an schiffbautechnischer Güte bisher noch nicht besessen hatte — eine Tat privater Initiative und Opferbereitschaft, die einmalig in der Geschichte ist. Die widerstrebenden Senatoren wurden mitgerissen; im Jahre 242 standen 200 Kriegsschiffe mit 60 000 Mann bereit. Den Kern der Besatzungen bildeten Fischer und Seeleute, die in langjährigen Kaperfahrten ihre Erfahrung gesammelt hatten. Zum Befehlshaber wurde, frei von jeder parteipolitischen Einflußnahme, der Konsul *Gaius Lutatius Catulus* ernannt.

Als diese Flotte auf dem Meer erschien, waren die Karthager völlig überrascht. Sie hatten eine einmalig günstige Stunde verstreichen lassen. Froh, daß die römische Flotte vernichtet worden war, hatten sie die eigene verfallen lassen. Nur für den Transportdienst und für die Kaperei wurden einige Schiffe unterhalten. Die Führungsschicht in Karthago hatte sich stets nur lässig und schwach in ihren Maßnahmen erwiesen, wenn nicht ein leichter Gewinn winkte oder äußerste Not sie zwang. Anstatt sich zu einem großangelegten Unternehmen aufzuraffen, um den Feind zu vernichten, begnügte man sich mit dem „kleinen" Krieg der Nadelstiche und Verzettelung der Kräfte. Stevens und Westcott bemerken in ihrem Werk „A History of Sea Power" dazu: „In Rom gab es damals noch eine Gemeinsamkeit von Bürgerschaft und Senat, welche beide in kritischen Situationen wie auch in der energischen Verfolgung nationaler Ziele zusammenschweißte. Karthago dagegen war ganz anders. Es war eine Plutokratie, die auf Söldner angewiesen war und die den Luxus ihrer inneren Zwistigkeiten und Parteienkämpfe mit gefährlicher Schwäche nach außen bezahlen mußte; außerdem war sie stets geneigt, überragenden Männern in ihrer Mitte die Gefolgschaft aufzusagen und beim kleinsten Nachlassen des außenpolitischen Drucks ihre Wehrkraft zu vernachlässigen." Die Folgen dieses Versagens sollten sich bald zeigen.

Nachschubhäfen und Hauptstützpunkte für die auf Sizilien kämpfenden karthagischen Truppen waren *Lilybaeum* und *Drepanum* an der Westküste der Insel. Gelang es der römischen Flotte, diese zu erobern oder sie durch Blockade von der See abzuschnüren, dann mußte nach kurzer Zeit die Lage der Karthager auf Sizilien aussichtslos werden. Jetzt erkannte Karthago die Gefahr. Eilig versuchte es, die Flotte wieder instandzusetzen.

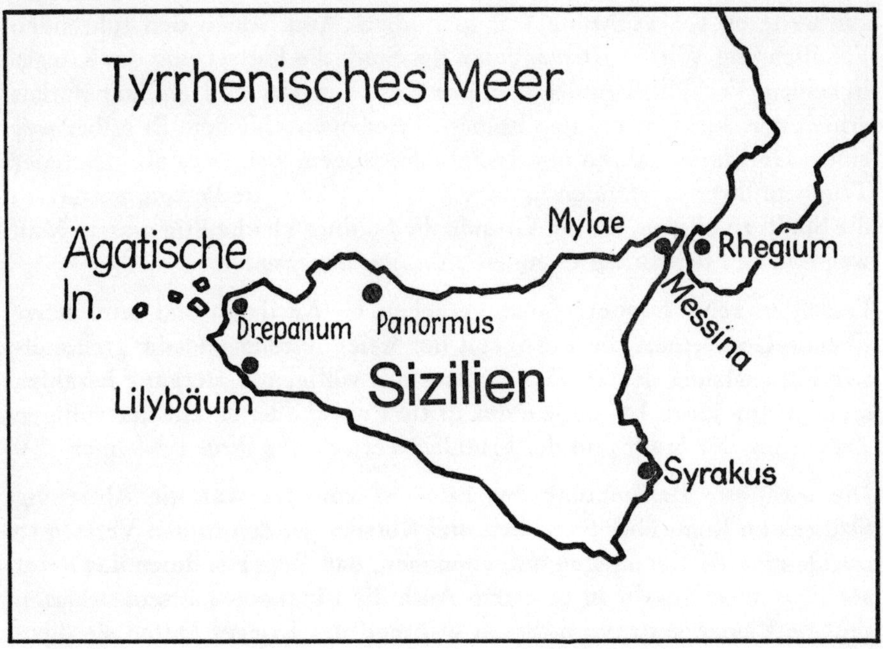

Aber verwahrlost wie sie war, war das ein Unterfangen, das viel zu viel Zeit in Anspruch nahm. Was endlich an Schiffen und Besatzungen zusammenkam, um die römische Blockade der beiden Seehäfen zu brechen, waren schlecht bewaffnete und unzulänglich bemannte Hilfs- und Transportschiffe, aber keine kampfkräftige Flotte. Als die beiden Flotten 241 bei *Ägusa,* der größten der Ägatischen Inseln, aufeinanderstießen, war der Ausgang der Schlacht nicht zweifelhaft, zumal die Römer inzwischen manövrieren gelernt hatten und sie die Taktik des Durchbruchs, des Umkreisens und des Rammstoßes beherrschten. 50 karthagische Schiffe wurden versenkt, 70 fielen in die Hände der Römer; Karthago sah sich außerstande, Sizilien zu halten. Die Entscheidung, um die 23 Jahre gekämpft worden war, war gefallen. Opferbereitschaft und Verantwortungsbewußtsein römischer Bürger, richtige seestrategische Planung und geübtes seetaktisches Verhalten hatten den Erfolg errungen.

Um das Versagen der politischen Führung in Karthago zu vertuschen, wurde der Zorn des Pöbels gegen den unglücklichen Admiral, der die miserable Flotte hatte befehlen müssen, entfacht. Er wurde vor ein Gericht gestellt, und wie oft in solchen Fällen fanden sich auch die Richter, die ihn zum Tode verurteilten. Das änderte jedoch an der machtpolitischen Entscheidung von Ägusa nichts. Der Wille der Karthager zur weiteren Kriegführung war gebrochen. Auch schien den führenden Familien und Wirtschaftsmagnaten der Stadt die Fortsetzung des Krieges in keinem Verhältnis zu den weiteren Kosten zu stehen. Hamilkar Barkas erhielt den Auftrag, mit den Römern Frieden zu schließen. Er selber war einem Gerichtsverfahren nur deshalb entgangen, weil er es als geborener Truppenführer verstanden hatte, die Söldner an seine Person, anstatt an die Stadt, zu binden, der im Grunde die Söldner gleichgültig waren. Man wagte in den politischen Gremien nicht, ihn anzugreifen.

Es sollten keine hundert Jahre vergehen, bis Karthago und seine herrschende Gesellschaft die Lässigkeit der Kriegführung und die gleichgültige Einschätzung des Wehrgedankens mit völligem Untergang bezahlen mußten. Im Jahre 146 endete der dritte Punische Krieg mit der völligen Zerstörung der Stadt und der brutalen Vertreibung ihrer Bewohner.

Die wichtigste Bestimmung des Friedens von 241 war die Abtretung Siziliens an Rom; über Sardinien und Korsika wurden in den Vertrag so zweideutige Bestimmungen aufgenommen, daß Rom aus ihnen das Recht ableitete, diese Inseln zu besetzen. Auch die Liparischen Inseln sicherten sich die Römer vertraglich. Schon während des Krieges hatten sie diese

besetzt in der seestrategisch richtigen Erkenntnis, daß deren Besitz ihnen Rückenfreiheit für ihren über See gehenden Nachschub sichern würde.
Es ist erstaunlich zu sehen, wie verhältnismäßig schnell sich die Römer in diesem Krieg mit den „Gesetzen" der See und der Eigenart der Seekriegführung vertraut gemacht haben und welche organisatorischen Leistungen sie vollbrachten, um auf dem bisher für sie fremden Element zu bestehen. Was Napoleon nicht erreicht hatte, nämlich neben den Landstreitkräften eine gleichwertige Streitmacht zur See zu schaffen, war den Römern, wenn auch mit Hilfe ihrer Bundesgenossen, gelungen.

Der Gebietsgewinn war im Verhältnis zu den großen Anstrengungen der römischen Bürgerschaft gering. Aber die Hinwendung zur See, zu der der Kriegsverlauf die Römer gezwungen hatte, und deren Einbeziehung in die politischen und militärischen Planungen wurden von größter Tragweite für die weitere Entwicklung Roms. Die Römer hatten nun auch zur See eine machtvolle Streitmacht; sie hatten sich durch den Erwerb von günstigen seestrategischen Positionen, die weit in das karthagische Handelsreich hineinragten, eine glückliche geographische Ausgangsstellung geschaffen*. Karthago war nicht mehr in der Lage, seine See- und Handelspolitik, die es bis zu diesem Zeitpunkt im westlichen Mittelmeer ungehindert betrieben hatte, ohne Rücksicht auf Rom fortzuführen. Die großen Anrainerstaaten der hellenistischen Welt im Osten hatten ihre eigenen Sorgen, sie hatten von den Ereignissen in Sizilien kaum Kenntnis genommen. Der Weg lag von nun an für Roms mittelmeerische Machtentfaltung frei.

Wohin der Weg letztlich gehen würde, das wußte damals noch niemand zu sagen. Wie der Verlauf der Geschichte ausweist, waren fortan Roms weiterer Aufstieg, sein Weg zur Weltherrschaft und die Höhepunkte seines Imperiums mit der Anwendung maritimer Machtmittel zur Beherrschung des Mittelmeeres, das die Verbindungswege zu den entferntesten Gebieten bot, eng verknüpft. Mochte auch in der langen Geschichte des römischen Reiches zeitweise vom Senat und später von den Kaisern eine lässige Marinepolitik betrieben worden sein, neue Flotten erwiesen sich immer wieder als wesentliches Element römischer Macht und römischer Sicherheitspolitik.

* Ein eingehendes Studium des ersten Punischen Krieges an Hand von Spezialliteratur zeigt schon alle Elemente seebezogenen Denkens und Handelns: Marinepolitik und Flottenbau, Seemacht als Flottenmacht mit geographisch günstiger Position, enge Verbindung von Seemacht und Außenpolitik, Seeherrschaft und Methoden ihrer Anwendung.

Die entscheidende Wende zu Roms Aufstieg war von der See ausgegangen. Auch sein Abstieg und sein Untergang stehen in enger Beziehung zur See. Die oströmische Hauptstadt *Byzanz* fiel 1453, als ihre Flotte nicht mehr dem Ansturm der Türken, die sich eine Seemacht aufgebaut hatten, gewachsen war. Westrom ging unter, als der Vandalenkönig *Geiserich* 467 n. Chr. die weströmische Flotte am Vorgebirge des Merkur, dem heutigen *Kap Bon* in der Nähe des alten Karthago, schlug und sich mit diesem Sieg Nordafrika und Sizilien, die die beiden Hauptернährungsbasen Roms waren, aneignen konnte. Als 476 der germanische Söldnerführer *Odoaker* den weströmischen Kaiser *Romulus Augustulus* absetzte, vollzog er nur ein Urteil, das schon neun Jahre vorher gefällt worden war. *Priskos,* ein byzantinischer Diplomat und Historiker des fünften nachchristlichen Jahrhunderts, urteilte über den Zusammenbruch: „Am meisten hat zur Auflösung des weströmischen Staates der Mangel an Schiffen beigetragen.“

Actium

31 v. Chr.

Das politische Leben in Rom war während des letzten vorchristlichen Jahrhunderts voller Unruhe und explosiver Spannung. Die Eroberung neuer Gebiete war gegenüber den Problemen der inneren Politik und der staatlichen Reformen zurückgetreten. Es war gelungen, aus der häufig zufälligen Anhäufung von Völkerschaften und Ländern ein abgerundetes Staatsgebiet zu formen. Im Innern jedoch hatten sich im Zusammenhang mit der Politik der Unterwerfung Mißstände ergeben, die den Zusammenhalt des Reiches gefährdeten.

Welteroberung fördert stets Weltverkehr, und dieser ändert viele überkommene soziale Verhältnisse, schafft neue Verteilung von Reichtum und Wohlstand, stellt alte Vorstellungen in Frage und macht neue politische Einrichtungen und Organisationsformen notwendig. Die Kämpfe um sie, die mit dem Auftreten der beiden *Gracchen-Brüder* begannen, haben Rom über ein Jahrhundert in blutige Bürgerkriege gestürzt und den Bestand des Reiches mehr als einmal aufs schwerste gefährdet. Zwei große Parteien, die Optimaten und die Popularen, standen sich gegenüber, berühmt-berüchtigte Namen, wie *Marius* und *Sulla,* tauchten auf. Am Abschluß dieser Kämpfe stand schließlich die Herrschaft eines jungen Mannes mit Namen *Octavian;* er wurde der spätere Kaiser Augustus. Das markanteste Ereignis war das Auftreten von *G. Julius Cäsar,* das verheerendste Cäsars Ermordung an den Ideen des Märzes (15. März) im Jahre 44 v. Chr.

Es gehört nicht zu den Aufgaben dieses Buches, die Verhältnisse, die zu Cäsars Ermordung führten, zu untersuchen; Goethe hat den Mord die abgeschmackteste Tat genannt, die je begangen wurde. Es können auch nicht die Ereignisse im einzelnen dargestellt werden, die sich aus den Kämpfen um die Nachfolge Cäsars ergaben: der neue Ausbruch der alten Parteienkämpfe, die Rivalität um die Gunst und die Zustimmung des Volkes und die grausame Ausschaltung politischer Gegner. Das Jahrzehnt nach seinem Tod ist eines der verworrensten in der römischen Geschichte.

Die Verschworenen und die Freunde der republikanischen Staatsform hatten gejubelt, als der Anschlag auf den großen Cäsar gelungen war, hatten sie doch in Cäsar nicht das schicksalhafte Ereignis aus den vorhergehenden Jahren der Bürgerkriege gesehen, sondern vordergründig und egozentrisch die Bedrohung ihrer Freiheiten. Mit dem Jubel erfaßte sie im gleichen Augenblick aber auch geheime Furcht. Würde der Bürgerkrieg neu entflammen mit dem Fanatismus, dem Terror, den Racheexzessen? Würde ein neuer Mann versuchen, die Macht an sich zu reißen? Würde dieser das menschliche und politische Format Cäsars besitzen?

Diese Fragen stellten sich auch die römischen Bürger. Die meisten von ihnen erkannten sehr bald, wenn ein nüchterner Blick sie nicht schon vorher hatte skeptisch werden lassen, daß die Parolen der Cäsarmörder nach Freiheit und Wiederherstellung der Republik nichts andres als tönende Phrasen waren, die niemals den Forderungen der politischen Situation gerecht wurden. Einige unter ihnen sahen auch voraus, daß der Tod Cäsars den Staat in eine neue Krise stürzen würde, und zwar von einem solchen Ausmaß, daß der Bestand des Reiches stark gefährdet war. Daß es aber zu der Gefahr des völligen Auseinanderfalls kommen sollte, das konnte niemand voraussehen. Die Seeschlacht bei *Actium* wandte diese Gefahr ab; nach ihr begann Roms Entwicklung zum Kaiserreich.

Nach Cäsars Ermordung zeigte sich sehr schnell, daß die Idee der Republik nicht mehr glaubhaft war. Niemand fand sich im Senat, der über genügend Autorität und Mut verfügte, die Zügel der Regierung im Sinne der republikanischen Staatsform in die Hand zu nehmen. Auch gab es kaum Männer mit genügend Erfahrung in der praktischen Politik. Soweit solche vorhanden gewesen waren, waren sie den Verfolgungen der Bürgerkriegszeit zum Opfer gefallen, oder sie hatten sich aus der politischen Arena zurückgezogen. Die Folge war, daß die Politik in die Hände „junger und bedenkenloser Aktivisten, welche die Zeit des Marius und Sulla nicht mehr gekannt hatten und denen der bürgerliche Frieden wenig galt“, fiel. (A. Heuss, Römische Geschichte.)

Nur ein Mann handelte schnell und energisch, *Marc Antonius,* Cäsars Mitkonsul und Kampfgefährte und ein in vielen Schlachten bewährter Truppenführer. Die berühmte Leichenrede, die Shakespeare ihn bei der vom Senat angeordneten Bestattung Cäsars halten läßt, ist eine von Plutarch angeregte Erfindung Shakespeares. Sicher ist, daß Antonius mit leidenschaftlicher Rhetorik und Demagogie Cäsars Veteranen und die Massen der städtischen Bevölkerung zu einer solchen Wut über die

Untat entflammte, daß die Mörder die Stadt verlassen mußten und der Senat, aus dem die Verschwörer kamen, Antonius um Schutz bat. „Antonius hielt bei Cäsars Leichenbegängnis, wie es hergebracht war, auf dem Marktplatz die Lobrede auf ihn, und als er spürte, daß das Volk leidenschaftlich mitging und erschüttert war, mischte er in seine Lobsprüche zugleich Ausdrücke der Anklage und Empörung über das Geschehene, und am Ende seiner Rede schüttelte er die blutgetränkten, von den Dolchen zerschlitzten Kleider des Ermordeten auseinander, nannte die Täter fluchbeladene Meuchelmörder und erregte damit eine solche Wut in den Menschen, daß sie Tische und Bänke zusammentrugen und den Leichnam Cäsars auf dem Markte einäscherten und zu den Häusern der Mörder rannten und in sie einzudringen suchten.“ (Plutarch.) In wenigen Wochen war Antonius Herr der Lage. Und durch mehrere Volksbeschlüsse wurde ihm eine solch ungewöhnlich große Machtfülle übertragen, daß schon jetzt nicht mehr an eine Erneuerung der Republik zu denken war.

Die wichtigste politische Reaktion auf den Mord ging aber nicht vom Senat, nicht von Marc Anton und nicht vom Volke aus; sie kam von einem jungen Mann, der bisher recht unbekannt gewesen war. Es war der achtzehn Jahre alte *Octavianus,* ein Enkel der Schwester Cäsars, sein Adoptivsohn und testamentarischer Erbe. Dem jungen Mann fehlte alles, was zu einer erfolgreichen Laufbahn in Rom notwendig war: politische Erfahrung, bekannter Name, gute Familie und finanzielle Mittel für Wahlbestechungen und für das Anwerben von Soldaten. Trotzdem wagte er den hoffnungslos scheinenden Kampf um die Macht mit dem einzigen Kapital, das er besaß, nämlich Adoptivsohn und Erbe des großen Cäsar zu sein. In erster Linie bedeutete das Kampf gegen den übermächtigen Antonius. Es ist von großem Reiz zu verfolgen, wie dieser Octavian unter Anwendung aller Mittel der Intrige, der Bestechung, der Überredung, der Dämagogie und der Grausamkeit seine Widersacher gegeneinander ausspielte oder kaltstellte und sich in kürzester Zeit in die vorderste Linie schob, so daß er bald gleichberechtigt neben Antonius stand. Die Cäsarmörder wurden vernichtet, die Anhänger der republikanischen Staatsform, darunter auch *Cicero,* fielen den gefürchteten Proskriptionen zum Opfer, dem Senat wurde jeder Einfluß genommen.

Vorerst waren aus diesen Machtkämpfen drei Persönlichkeiten emporgestiegen: Antonius, Octavian und Cäsars ehemaliger Reiteroberst, mit Namen *Lepidus.* Dieser war zuletzt Statthalter in Gallien gewesen, ein hervorragender Soldat; aber politische Begabung fehlte ihm gänzlich. Als diese Drei sich zur Neuordnung des Staates zusammenschlossen und das Reich unter sich in drei Einflußgebiete aufteilten, bedeutete dieser Vorgang endgültig den Untergang der alten republikanischen Staatsform. Bei dem Ehrgeiz der drei Männer, zum mindesten der beiden erstgenannten, konnte dieser Zustand kein dauernder sein. Lepidus wurde bald durch gemeinsames Vorgehen seiner beiden Rivalen ausgeschaltet, was verhältnismäßig leicht war; er erhielt als Ausgleich das damals schon politisch bedeutungslos gewordene Amt des pontifex maximus. Als drittes Mitglied im Triumvirat war er ein gewisser Puffer und ein Ausgleichsmoment zwischen Antonius und Octavian gewesen. Nach seiner Ausschaltung standen sich diese beiden allein gegenüber, was zur Verschärfung ihres Verhältnisses führen mußte. Zwar gab es eine persönliche Bindung zwischen ihnen, seitdem Antonius Octavians Schwester Octavia geheiratet hatte. Jeder schreckte noch vor der großen Auseinandersetzung zurück; aber jeder wußte, daß sie nicht zu umgehen war. Bis zum Ausbruch versuchten beide ihre Stellung soweit wie möglich auszubauen und zu festigen.

Oft ist behauptet worden, daß Antonius der ägyptischen Königin *Kleopatra* verfallen war und sich daher zu ihr nach Ägypten begeben habe. Diese Behauptung mag zum Teil zutreffen. Doch Antonius als Römer verband mit seiner Leidenschaft auch ein gutes Stück politische Berechnung. Er brauchte den Wohlstand Ägyptens als Basis für seinen Kampf gegen Octavian, und Kleopatra ihrerseits erhoffte römische Rückendeckung gegen ihre Widersacher in Ägypten, die ihr die Herrschaft streitig zu machen suchten. Mit Kleopatra standen dem Antonius nahezu alle Hilfsquellen der östlichen Reichsteile zur Verfügung. Octavian stützte sich mit der alten Hauptstadt auf den Westen. Das Imperium Romanum war somit in zwei Teile zerfallen, und es war als sicher anzunehmen, daß bei einem Sieg des Antonius der Sitz der römischen Regierung das ägyptische *Alexandria* geworden wäre. Schwebte dem Antonius doch eine Erneuerung des Reiches Alexanders des Großen bis nach Persien vor. Bei diesem Lauf der Dinge hätte die europäische Geschichte sicher eine andere Wendung genommen. Die Entscheidung bei Actium hat das verhindert.

Der Krieg zwischen den beiden Rivalen mußte ausbrechen, als sich Antonius von Octavians Schwester trennte, sich öffentlich mit der ägyptischen Königin vermählte und als in Rom bekannt wurde, daß er ihren Kindern einen Teil der römischen Provinzen des Ostens vermacht hatte. Diese Verbindung mit Kleopatra hatte ganz sicher einen politischen Grund, er wollte seine wirtschaftliche und politische Stellung in Ägypten festigen. Die Römer in der Heimat waren aber natürlich empört. Diese Empörung stieg noch, als Octavian verbreiten ließ, Antonius habe in seinem Testament bestimmt, daß er für den Fall seines Todes nicht in Rom, sondern in Alexandria begraben sein wolle. Mit der Abstempelung des Antonius als Verräter an Rom und am Römertum und zum asiatischen Despoten konnte Octavian an die nationalen Gefühle der Römer appellieren. Auch ließ die Aussicht, vielleicht eines Tages ägyptische und asiatische Söldlinge auf dem Boden Italiens zu sehen, den alten Geist des Widerstandes aus der Zeit der Punischen Kriege wieder aufleben. Alle Parteien boten Octavian Unterstützung an, um für den Bestand des Reiches, für römische Art und gegen fremde Versklavung zu kämpfen. Die Ideologisierung der Rivalität war der Schlußstein in Octavians Kriegsvorbereitungen. Er hatte seine persönlichen Ziele zur Sache des Vaterlandes machen können. Im Jahre 32 v. Chr. begann der Krieg.

Da die beiden Machtzentren durch die See getrennt waren, fiel deren richtige Benutzung entscheidende Bedeutung zu. Was tat Antonius? Offensichtlich besaß er nicht mehr die Entschlossenheit und die Fähigkeit zur weiträumigen Planung, die er als Cäsars Feldherr oft gezeigt hatte. Er hätte sonst sofort mit seiner Flotte, die bei Ausbruch des Konflikts mit ungefähr 500 Schiffen der des Octavian weit überlegen war, in Italien landen müssen, um durch sein persönliches Eingreifen den Aufmarsch seines Gegners schon in der Heimat zu stören. Stattdessen schob er die Entscheidung auf und wich nach Griechenland in der Absicht aus, von dort im nächsten Jahr mit dem Heer nach Italien überzusetzen. Als feste Stellung hatten er und Kleopatra, die ihn begleitete, die Landschaft um den ambrakischen Golf (heute Golf von Arta) an der Jonischen See gewählt. Die Flotte lag an der Einfahrt zum *Golf von Actium.*

Während Antonius zauderte, den Sprung nach Italien zu machen, hatte Octavian bereits gehandelt. Unter dem Befehl von *Agrippa,* einem erfahrenen Seemann, der sich in vielen Kämpfen gegen die illyrischen Seeräuber bewährt hatte, eroberte seine Flotte Korinth, Patras und die Insel Leukas südlich von Actium. Bald darauf wurde Actium von der See her eingeschlossen, was zur Folge hatte, daß Antonius von seiner Zufuhr aus Ägypten abgeschnitten war. Auch ließ Agrippa einzelne Verbände in der Ägäis kreuzen, um den Nachschub, falls er über Griechenland geleitet werden sollte, schon auf See zu unterbinden. Für Antonius ergab sich damit eine ganz neue Lage. Er hatte sich in eine Situation hineinmanövriert, die ihm strategisch nur die Defensive ließ. Auch schwand seine zu Anfang bestehende zahlenmäßige Überlegenheit schnell dahin. Je länger er mit seinen Entscheidungen wartete, desto mehr wurde seine Streitmacht durch Kürzung der Verpflegung, durch Seuchen und Malaria geschwächt. Noch schlimmer wirkte sich der Vertrauensschwund in der Flotte und im Heer aus. Viele patriotisch gesinnte Römer, die in Antonius immer noch den großen Feldherrn und den Freund Cäsars gesehen und bis jetzt zu

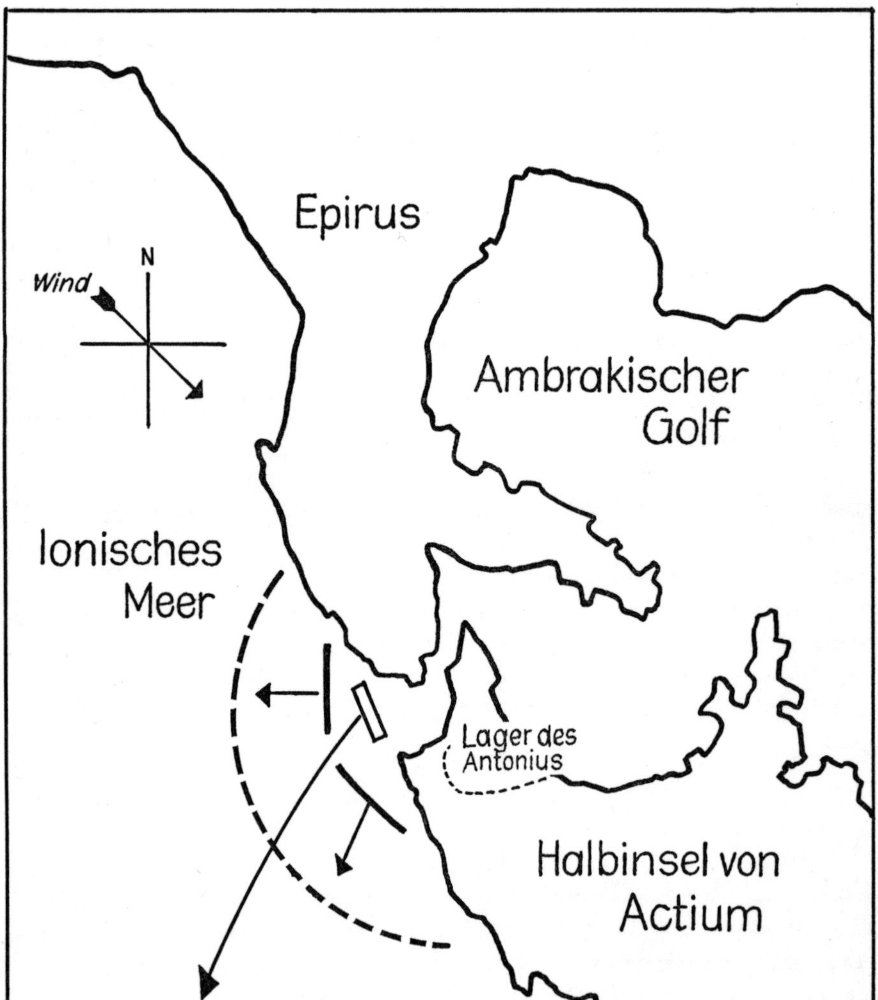

ihm gehalten hatten, desertierten, da es ihnen allmählich bewußt wurde, daß sie für eine fremde Sache kämpfen sollten. Das Auftreten der ägyptischen Königin im Lager und ihre orientalische Prachtentfaltung gab reichlich Anlaß zur Besinnung. Die größte Unzufriedenheit herrschte bei den Seeleuten. Im Wesen der Schiffe liegt Aktivität und Beweglichkeit; seit Monaten jedoch hatte Antonius sie im Eingang des Golfs ankern lassen und sie durch Ketten miteinander verbunden, so daß sie wie ein Festungswall entsprechend den Vorstellungen des Landkrieges lagen. Jedem Seemann war das zuwider.

Antonius mußte den Versuch des Ausbruchs aus der Umklammerung machen. An einen Sieg war bei dem Schwund innerhalb der Schiffsbesatzungen nicht mehr zu denken. Von seinen ursprünglich 500 Schiffen hatte er nur noch 250 bis 300 einsatzbereit. Die Quellen widersprechen sich, einige zählen nur 170 auf. Wie sehr alles für eine Flucht vorbereitet war, zeigt die Tatsache, daß alle Schiffe entgegen dem damaligen üblichen Brauch Masten gesetzt hatten, als sie sich zur Schlacht aufstellten. Normalerweise wurden vor jedem Gefecht die Masten niedergelegt, damit sie nicht bei den zu erwartenden Rammstößen über Bord gingen und Verwirrung im Schiff anrichteten.

Die Schlacht begann um die frühe Nachmittagsstunde des 2. Septembers, als sich von Norden her eine leichte Brise erhob und Antonius' Schiffe gegen den Blockadering des Agrippa vorrückten. Welche Unterschiede in den Schiffen und ihren Besatzungen! Antonius war, um seine Schiffe einigermaßen seeklar und gefechtsbereit zu machen, gezwungen gewesen, viele Soldaten des Heeres an Bord zu nehmen, denen das Bordleben und die Bedienung eines Schiffes gänzlich ungewohnt waren. Agrippa hatte dagegen in vielen Seeräuberkämpfen geschulte Seeleute. Während Antonius von Seekrieg, Seestrategie und Taktik zur See nur wenig verstand, hatte Agrippa viele Jahre eines harten Seemannslebens in wichtigen Kommandostellen hinter sich.

Unterschiedlich war auch die Zusammensetzung der beiderseitigen Flotten. Den Kern von Agrippas Flotte bildeten die kleinen, schnellen und gut zu manövrierenden Liburnen; A. hatte diesen Schiffstyp in seinen Kämpfen gegen die illyrischen Liburner kennengelernt. Es waren Ein- oder Zweireiher, die niedrig über Wasser lagen und schwer von den Schleudermaschinen hochbordiger Schiffe getroffen werden konnten. Agrippa hatte diesen Schiffstyp gewählt, weil er von ihrer Überlegenheit gegenüber den schweren und hochhinausragenden ägyptischen Schiffen, die Plutarch „mit ihren Türmen und hohen Decks wie sich bewegende Burgen oder befestigte Stadtmauern“ beschreibt, überzeugt war.

Sobald Antonius nach Passieren der Enge von Actium im tieferen Fahrwasser seine Flotte auseinanderziehen wollte, kam es mit den Liburnen, die aus dem Blockadegürtel hervorbrachen, zur ersten Gefechtsberührung. Sie umschwärmten mit ihren schnellen Bewegungen sogleich die schwerfälligen Großkampfschiffe. In Plutarchs Bericht heißt es darüber: „Als der Nahkampf begann, konnten die Schiffe des Antonius nicht zu Rammstößen ansetzen, weil sie wegen ihrer Schwerfälligkeit und ihrer Größe in dem engen Gewässer nicht genügend Fahrt hatten. Agrippas Liburnen dagegen hüteten sich, frontal gegen sie anzurennen oder ihrerseits Rammstöße von der Seite her zu führen; denn die Rammsporne brachen leicht, wenn sie gegen die überaus festen Schiffswände (sie waren mit Metallplatten bedeckt) stießen. Aber drei oder vier römische Schiffe hängten sich an eines des Gegners, und es wurde mit Schilden, kurzen und langen Spießen und mit Brandgeschossen gekämpft.“

Auch eine neue Waffe, die Harpune, die Agrippa erfunden haben soll, wurde eingesetzt. Sie wurde gegen das feindliche Schiff geschleudert, so daß sie sich an dessen Bordwand einkrallte. Harpunen, von mehreren Liburnen zugleich geworfen, nahmen einem getroffenen Schiff die Bewegungsfreiheit, auch konnte es dann mittels der Harpunentaue soweit herangezogen werden, daß die bewährten Enterbrücken der Römer in Funktion traten. Von diesem Augenblick an verwandelte sich der Seekampf in einen Landkampf, in dem die erprobten Legionäre des Westens denen des Ostens weit überlegen waren.

Wenn auch durch Agrippas Gefechtstaktik viele Großkampfschiffe des Antonius in schwere Bedrängnis gerieten, so ließ sich der Ausgang der Schlacht doch keineswegs voraussehen. Die entscheidende Wende trat erst ein, als der Wind unerwartet nach Nordwesten drehte. Auf ein Signal, gegeben vom Schiff der Kleopatra, setzten 60 Schiffe, die noch nicht ins Gefecht gekommen waren, die Segel, brachen in einer aus der Windänderung entstandenen Lücke durch Agrippas Linie und nahmen ihren Kurs nach Süden auf die Peloponnes. Antonius folgte der Königin im gleichen Augenblick mit einigen seiner schnellsten Schiffe. Agrippa sandte ihm fünf Liburnen nach, die ihn aber nicht mehr erreichten. In der Ferne war nur noch zu sehen, wie das Schiff der Königin Antonius an Bord nahm. Seine zurückgelassenen Schiffe aber kämpften bis zum Einbruch der Dunkelheit weiter, dann erst ergaben sie sich. Nur die größten hielten aus. Da sie wegen ihrer Langsamkeit den Liburnen nicht beikommen konnten, zogen sie sich während der Nacht in den Golf zurück. Doch kaum eine Woche später ergaben sie sich ebenso wie die Landverbände des Antonius, da sie auf verlorenem Posten standen. Plutarch berichtet abschließend über den Ausgang der Schlacht: „Die Flotte leistete noch lange Widerstand; endlich in der zehnten Stunde gab sie den Kampf auf. Verluste an Toten hatte sie ungefähr 5000 Mann; erbeutet wurden, wie Octavian selbst aufgezeichnet hat, fast 300 (?) Schiffe. Nicht viele hatten bemerkt, daß Antonius die Flucht ergriffen hatte. Und die, welche es hörten, wollten es nicht glauben, daß er neunzehn unbesiegte Legionen und zwölftausend Reiter im Stich gelassen habe, als ob er nicht viele Male in seinem Leben die wechselnden Launen des Schicksals erfahren und nicht in ungezählten Kämpfen und Schlachten dem Wandel des Glücks standgehalten hätte."

War Verrat im Spiel gewesen? Hatte Antonius sich als Jämmerling erwiesen, wie es Shakespeare den Scarus, einen Freund des Antonius, auf die Frage nach dem Stand der Schlacht sagen läßt?:

„Auf unsrer Seite wie gebeulte Pest,
Wo Tod gewiß. Die Schandmähr' aus Ägypten
— Der Aussatz treffe sie! — in Kampfes Mitte,
Als Vorteil wie ein Zwillingspaar erschien,
Hißt alle Segel auf und flieht! —
Sie hatt' kaum gewendet,
Als ihres Zaubers edles Wrack, Antonius,
Die Schwingen spreizend wie ein brünst'ger Entrich,
Auf ihrer Höh' die Schlacht läßt und ihr nachflieht.
Noch nie sah ich ein so beschämend Tun;
Erfahrung, Mannheit, Ehre hat noch nie
Sich selber so vernichtet!"

Ohne Zweifel mußte das Verhalten des Antonius und der Kleopatra alle Beobachter mit Erstaunen und Abscheu erfüllen. Wie konnte ein bewährter Feldherr mitten in der Schlacht seine Soldaten verlassen, nur um sein Leben zu retten, um vielleicht das Wohlleben in Ägypten am Gängelband einer Frau fortzusetzen? Aber die Berichte über den Verlauf der Schlacht und über die Entschlüsse der Führung sind sehr ungenau; auch ist deutlich zu merken, daß sie im Interesse der Sache des Octavian tendenziös gefärbt sind, um Antonius im Ansehen der Römer noch weiter herabzusetzen. Als sicher ist anzunehmen, daß Actium keine Angriffsschlacht des Agrippa war, sondern eine Durchbruchsschlacht des Antonius. Dieser hatte bei der Ausweglosigkeit seiner Lage keine andere Wahl, wenn er sich überhaupt noch behaupten wollte. Das war nur möglich, wenn es ihm und Kleopatra gelang, nach Ägypten zu entkommen und von dort eine neue Front aufzubauen.

Strategisch ist der Entschluß zum Durchbruch zu begreifen. In ähnlicher Lage hat Bonaparte seine in Ägypten kämpfenden Soldaten verlassen, nachdem seine Flotte, die allein die Verbindung zur Heimat gewährleisten konnte, bei Abukir von Nelson vernichtet worden war. Aber Bonaparte Napoleon hatte mehr Fortune als Antonius. Dessen Verhalten hatte psychologisch katastrophale Folgen. Sein monatelanges Zögern im Golf von Arta, seine Entschlußlosigkeit in der Schlacht, in der er Kleopatra die Initiative überließ, ließen jedermann erkennen, daß er nicht mehr der alte Antonius war, auf den man bisher gesetzt hatte. Der Aufbau der ägyptischen Front mußte mißlingen. Auf die Nachricht von der Niederlage von Actium hin schwand im Balkan und im ganzen vorderen Orient das Vertrauen zu Antonius. Seine Machtstellung, die er noch hatte, brach schnell zusammen. Nur noch letzte Verzweiflungskämpfe folgten in Ägypten mit dem Ergebnis, daß im Sommer des Jahres 30 Octavian als Sieger in Alexandria einzog. Antonius und Kleopatra hatten sich vorher selbst den Tod gegeben. Octavian konnte von nun an, ungehindert durch ernst zu nehmende Gegner, seinen Weg zum Alleinherrscher im gesamten römischen Staatsgebiet fortsetzen. Als *Cäsar Augustus Imperator* wurde er einige Jahre später der erste römische Kaiser.

Schon die Zeitgenossen haben die weitreichende Bedeutung der Schlacht bei Actium erkannt. Über ein Jahrhundert feierte man jährlich in einer gewaltigen „Naumachie" in der Hauptstadt den Sieg. In riesigen, ausgebaggerten Bassins, in die man aus dem Tiber Wasser abgeleitet hatte, wurden mit nachgebauten römischen Liburnen und ägyptischen Großkampfschiffen die wichtigsten Schiffsbewegungen während der Schlacht unter den Augen einer vieltausendköpfigen Zuschauermenge vorgeführt. Jahr für Jahr erinnerte sich die römische Bürgerschaft an die Entscheidung, die bei Actium gefallen war: Rom hatte sich als Weltstadt behauptet, die römische Nationalidee hatte gesiegt, die Einheit des Reiches war gerettet worden und der Friede im Innern nach einem Jahrhundert blutiger Bürgerkriege endlich gesichert.

Auch an den Reichsgrenzen hatte die allgemeine Friedenssehnsucht ihre Erfüllung gefunden. Eine Flotte von beachtlicher Stärke schützte die Küsten des Reiches und machte das Mittelmeer für vier Jahrhunderte zum

„Mare Nostrum“, wie die Römer sagten, und zur großen Brücke, über die in alle Hauptteile des Reiches römischer Herrscher- und Organisationswille drangen. Im Schutz der „Pax Romana“ entwickelten sich in diesem Meer Handel und Wohlfahrt und breiteten sich die Kulturen der Anrainer im Geben und Nehmen aus. Zum ersten Mal nach Jahrhunderten wurde in Rom der Janustempel, der nach altem Brauch in Kriegszeiten stets geöffnet war, geschlossen. An seine Stelle konnte der monumentale Friedensaltar des Kaisers Augustus treten.

Lepanto

1571

Am 16. September des Jahres 1571 verließ eine gewaltige Flotte den Hafen von *Messina.* Es waren die Schiffe der „Heiligen Liga“, die mit nordöstlichem Kurs die Insel Korfu ansteuerten, 300 an der Zahl. Etwas mehr als 200 der Schiffe waren Galeeren, der gebräuchliche Kriegsschiffstyp des Mittelalters im Mittelmeer, und sechs Galeassen, die neuen Großkampfschiffe des 16. Jahrhunderts. Der Rest bestand aus Transportern. Gesamt befanden sich auf dem Marsch durch das Jonische Meer ungefähr 13 000 Seeleute, 43 000 Ruderer und 29 000 Fußsoldaten, die aus Spanien, Venedig und dem Kirchenstaat gekommen waren. Auf einer der Galeeren, die der Pabst gestellt hatte, tat *Miguel de Cervantes,* der spätere Dichter des „Don Quichote“ Dienst. Was wollte diese große Armada? Was war geschehen, daß eine solche Ansammlung von maritimen Machtmitteln hier zustande gekommen war?
Es wird zuweilen behauptet, daß Europa gegenüber Asien eine viel agressivere Haltung angenommen habe als Asien gegenüber unserem Erdteil. Diese Behauptung trifft nicht zu. Einfälle aus dem asiatischen Raum nach Europa haben sich sehr viel häufiger ereignet als europäische nach Asien. Hunnen, Araber, Awaren, Ungarn, Mongolen hatten Europa bedroht. Zuletzt waren die Türken oder Osmanen gekommen, sie waren die Nachkommen eines Nomadenstammes aus dem Innern Asiens. In der ersten Hälfte des 14. Jahrhunderts waren sie in Kleinasien eingefallen, 1353 hatten sie den Fuß bereits auf europäischen Boden gesetzt. Lange Zeit hatte das Oströmische Reich Widerstand geleistet. Als 1453 der Sultan *Mohammed II. Konstantinopel* in einer großangelegten amphibischen Operation eroberte, war nicht nur die Hauptstadt Ostroms gefallen, das Reich selbst hatte aufgehört zu bestehen.

Die Türkenflut nach Westen war nicht aufzuhalten. Belgrad fiel, die Streitmacht des ungarischen Staates wurde vernichtet und der größte Teil Ungarns dem türkischen Reich einverleibt. 1529 standen die Türken schon vor den Toren Wiens. Wenn es auch einem deutschen Ersatzheer gelungen war, die Stadt zu befreien, so behielten die Türken auf dem Balkan doch eine feste Position. Diese wurde noch dadurch verstärkt, daß sie auch über

See Raum gewonnen hatten. Die Ägäis war erobert und das östliche Mittelmeer zur türkischen See gemacht worden. Als auch Ägypten genommen war und als sich 1519 der berühmte Pirat *Chaireddin-Barbarossa,* ein türkisierter Grieche aus Lesbos, der in Algerien einen Seeräuberstaat errichtet hatte, dem Sultan unterstellte, wurde die ganze Nordküste Afrikas, mit Ausnahme von Marokko, türkisches Gebiet. Chaireddin wurde zum Admiral ernannt und mit seiner Hilfe beherrschte *Suleiman der Prächtige,* der als der mächtigste der Sultane in die türkische Geschichte eingegangen ist, bald darauf das ganze Mittelmeer.

Diese erstaunlichen Erfolge waren möglich geworden in erster Linie wegen der Uneinigkeit und sogar Feindschaft der christlichen Staaten untereinander, wegen des Zerfalls der alten Gesellschaftsformen in Europa und wegen des aufgekommenen rigorosen Individualismus, der sich auf die Politik der Staatenwelt übertragen hatte. Auch teilte religiöser Zwiespalt den Kontinent in zwei feindliche Lager. Dynastisches Macht- und Geltungsstreben, hauptsächlich zwischen den Häusern Habsburg und Bourbon, bestimmte die Politik der höfischen Kanzleien und trug zur weiteren Spaltung bei. Die Gegnerschaft ging so weit, daß französische Könige mit dem Sultan Bündnisse schlossen, um sich gegen das starke Habsburg Rückendeckung zu verschaffen. Französische Mittelmeerhäfen standen so Chaireddin-Barbarossa für seine Geschwader als Stützpunkte zur Verfügung; von ihnen aus konnte er leicht seine gefährlichen und überraschenden Überfälle auf die habsburgischen Besitzungen in Italien und Spanien machen.

Auch der Kampf um die neuentdeckten Länder jenseits der Meere, welcher der Politik der Großmächte eine bisher nicht gekannte Note gab, spaltete alte Freundschaften und ließ neue Feindschaften entstehen. Eifersüchtig schauten Madrid und Lissabon aufeinander, und die Niederlande und England schickten sich an, sich von der spanischen Bevormundung auf See und von dem Handelsmonopol, das die Spanier seit der Entdeckung der Neuen Welt dort in Anspruch nahmen, zu befreien.

Dem religiös und politisch zersplitterten Europa stand in dem türkischen Reich ein militärisch verwaltetes und geordnetes Machtwesen gegenüber, das ein ausgesprochen einheitsstaatliches Bewußtsein mit einer eigenständigen Kultur besaß. Überall befanden sich die europäischen Staaten im Rückzug vor dem türkischen Expansionsstreben, das von einem fanatischen Missionseifer, den mohammedanischen Glauben auszubreiten, beflügelt wurde. Türkische Schiffe brandschatzten im Bunde mit den Piraten aus Algier und Tunis Jahr für Jahr die europäischen Küsten des

Mittelmeeres und entführten die Bewohner, um sie auf den Märkten des Orients als Sklaven zu verkaufen oder sie als Ruderer auf den türkischen Galeeren anzuschmieden.

Wie häufig in der Geschichte war es eine weitsichtige und starke Persönlichkeit, die die Initiative ergriff und sich der gefährlichen Bedrohung entgegenstellte. Im Jahre 1566 wurde *Pius* V. Papst. Sein erklärtes Lebensziel war es, die christlichen europäischen Mächte zusammenzubringen, um dem Vordringen der Osmanen Einhalt zu gebieten. Der deutsche Kaiser war wegen der konfessionellen Gegensätze in seinem Reich zum energischen Handeln nicht fähig. Der König von Frankreich hatte mit dem Sultan ein Bündnis geschlossen; England war damals noch wenig an der Entwicklung im Mittelmeer interessiert, außerdem begrüßte es jede Schwächung der spanischen Macht, in welchem Meeresraum das auch immer geschah. Für Pius' Pläne zur Frontbildung gegen das Osmanenreich blieben nur noch Spanien mit dem glaubenseifrigen König *Philipp II.* und die italienischen Seestädte, vor allem *Venedig,* dessen Handelsinteressen durch das türkische Vordringen empfindlich geschädigt worden waren. Zwar galt Venedigs Politik als unzuverlässig und schon damals wegen der Verlagerung des wirtschaftlichen Schwerpunktes an die Atlantikküste im Gefolge der großen Entdeckungen als schwächlich. War doch die Stadt, so demütigend die Bedingungen auch sein mochten, stets zu Abmachungen mit den Türken bereit gewesen, nur um ihre Handelsgeschäfte fortführen zu können. Die sonst so klugen Herren der Signoria schienen nicht zu merken, daß sie Konzessionen ohne Ende machten, ohne zuverlässige Gegenleistungen einzuhandeln.
Erst die Eroberung des venezianischen *Zypern* durch die Türken und die türkischen Greueltaten an den Besiegten bewogen die Venezianer, ihre Haltung zu ändern. Wie oft in der Geschichte bedurfte es erst eines weithin auffallenden Ereignisses, wie des genannten, um die Gefahr, die schon längst bestand, vor aller Augen sichtbar werden zu lassen. Venedig wandte sich, Hilfe suchend, an den Papst; es wollte ein Drittel der Kriegslasten tragen. Spanien verpflichtete sich, die Hälfte zu übernehmen, der Papst gab den Rest. Das Ziel, die osmanische Macht in ihre Schranken zu verweisen, konnte, das wußten alle, nur mit einer starken Flotte erreicht werden. Die Schiffe, die aufgestellt worden waren, hatten sich in Messina getroffen. Das war die Situation, als am 16. September 1571 die vereinigte Flotte in See ging.
Gemäß dem Anteil fiel Spanien die Führung zu. Philipp wählte als Oberbefehlshaber seinen Halbbruder *Don Juan d'Austria.* Dieser galt als un-

erschrockener Soldat. Als Führer größerer Verbände der spanischen Flotte hatte er sich ein hohes Maß an seemännischer Erfahrung angeeignet. Wie sehr er seestrategisch zu denken vermochte, zeigte sein Entschluß, in der türkischen Flotte das Angriffsziel zu sehen, anstatt, wie es der Kriegsrat ursprünglich wollte, türkische Außenposten, also Nebenziele, anzugreifen.

Die Flotte fuhr in einer Formation, die sie bis zum Zusammentreffen mit dem Gegner beibehielt. Zur Aufklärung ruderten acht Galeeren, fächerförmig auseinandergezogen, voran; danach folgten die sechs Galeassen. Letztere galten als besonders kampfkräftig, da ihre Feuerkraft mit mindestens 50 Geschützen, die z. T. sogar drehbar waren, die einer normalen Kriegsgaleere weit übertraf. Ihre Schwäche lag in der geringeren Beweglichkeit. Denn im Gegensatz zu den Galeeren wurden sie nur durch mächtige Segel fortbewegt, die äußerst schwer zu handhaben waren. Nach ihnen kam in Dwarsformation der Hauptteil der Flotte, befehligt in der Mitte von Don Juan d'Austria, die beiden Flügel unter dem Kommando des Venetianers *Barbarigo* und des Genuesen *Andrea Doria.* Als Nachhut bzw. als Reserve fuhren 31 Galeeren. Um die Verantwortung gleichmäßig zu verteilen und um bei der Eifersucht und Empfindlichkeit der Befehlshaber und Kommandanten möglichen Verrat zu unterbinden, hatte Don Juan d'Austria die drei Teilverbände aus spanischen, venetianischen und päpstlichen Schiffen gemischt. Sein Flaggschiff, das in der Mitte fuhr, war die „Reale", eine Galeere, die mit 60 Riemen und 300 Ruderern sehr schnell war. An Bord befanden sich 400 Soldaten der gefürchteten spanischen Infanterie.

Die türkische Flotte hatte sich auf die Nachricht von der Annäherung des Gegners auf die Reede von *Lepanto* zurückgezogen. Der Ort liegt im Innern des Golfes von Korinth, in dem gleichen Seegebiet, in dem bei Actium schon einmal West und Ost zusammengestoßen waren. Den Oberbefehl hatte *Ali Pascha,* ein Günstling des Sultans. Seine Admirale, die die Flügel befehligten, waren *Mohammed Sirocco* und *Uluch Ali;* sie waren christliche Renegaten, die ein langes Seeräuberdasein hinter sich hatten, bevor sie in türkische Dienste getreten waren. Sie galten als hervorragende Seeleute; außerdem verfügten sie über sehr viel bessere Ortskenntnisse der Gewässer, in welchem die Entscheidung fallen sollte, als die Admirale der Gegenseite.

In der Zahl der Schiffe waren sich die Gegner annähernd gleich. Allerdings schossen die Türken noch mit Pfeil und Bogen, während die Verbündeten schon die modernen Arkebusen benutzten. Was die Pfeile überaus gefährlich machte, war das Gift an ihrer Spitze; es machte die Getroffenen durch schnell eintretende Lähmung so kampfunfähig, daß sie leicht von den nachstürmenden Soldaten niedergemetzelt werden konnten.

Bedeutsam für die Schlacht wurde eine Anordnung, die Don Juan noch während des Anmarsches getroffen hatte. Auf allen Galeeren ließ er die hohen Holzaufbauten über dem Bug entfernen, um für das Rammen und Entern des Gegners besseres Sichtfeld zu gewinnen und um den Arkebusiern ein freieres Schußfeld zu ermöglichen. Im Zusammenhang mit dieser Anordnung ließ er auch die Geschütze auf den vorderen Decks tiefer stellen. Dadurch wurde die Treffsicherheit wesentlich erhöht, zugleich auch die Wirksamkeit der Geschosse, da die Geschütze in dieser Aufstellung sich direkt gegen die Wände der feindlichen Schiffe richteten. Außerdem gab Don Juan den Soldaten die strikte Anweisung, nicht eher zu feuern, als bis sie so nahe an den Gegner herangekommen seien, daß „sie von dessen Blut bespritzt würden". Bei dieser Anordnung vertraute er fest auf die Zuverlässigkeit und kämpferische Überlegenheit der spanischen Soldaten. Die Armada-Schlacht zwischen den Engländern und Spaniern im Kanal war noch nicht geschlagen worden, ihre umwälzenden Lehren für eine Seeschlacht waren noch nicht bekannt. Der Kampf gegen die Türken sollte auch diesmal wieder, wie seit Mylae und den Ägatischen Inseln, nach den Gepflogenheiten des Landkrieges ausgefochten werden. Die Seeleute hatten die Schiffe nur in die für den Angriff der Landsoldaten günstige Stellung zu bringen. Nach dem ersten Zusammenprall war das Manövrieren für die Galeeren dann kaum noch möglich. Mit den Rammstößen hatten sich die Schiffe ineinander verkrallt, und mittels der alten Enterbrücken wurden die Schiffsplanken, wie schon vor anderthalbtausend Jahren, der Kampfplatz für die Soldaten.

In der Frühe des 7. Oktobers sichteten sich die beiden Flotten beim ersten Morgengrauen. Während auf den christlichen Schiffen die letzten Vorbereitungen für den bevorstehenden Kampf getroffen wurden, fuhr Don Juan auf einem schnellen Fahrzeug noch einmal die ganze Front der Flotte ab, um den auf den Decks angetretenen Besatzungen in kurzen Ansprachen Mut zuzusprechen und sie in ihrer Glaubenskraft zu bestärken. Mehr noch als nationaler Stolz erfüllte religiöser Eifer die Herzen der Seeleute und der Soldaten. Gläubig wurden seine Worte aufgenommen: „Wir sind bereit zu sterben. Streitet im Namen unseres Herrn! Euer Ruhm wird unsterblich sein, gleichgültig ob Sieg oder Tod unser Los sein wird!“ Als er an Bord seines Flaggschiffes zurückkehrte, wurde nach dem verabredeten Signal eines Kanonenschusses ein für alle Besatzungsmitglieder sichtbares großes Kruzifix emporgehalten. Lautlose Stille breitete sich über die ganze Flotte aus. Von den türkischen Schiffen tönten indessen lautes Geschrei, Gongschlagen und Trompetenblasen, vermischt mit lärmenden Anrufen Allahs, herüber. Zwei Welten standen sich gegenüber, beide erfüllt von dem gleichen Opfermut ihres Glaubens und bewegt von der gleichen Kraft ihrer Religion.

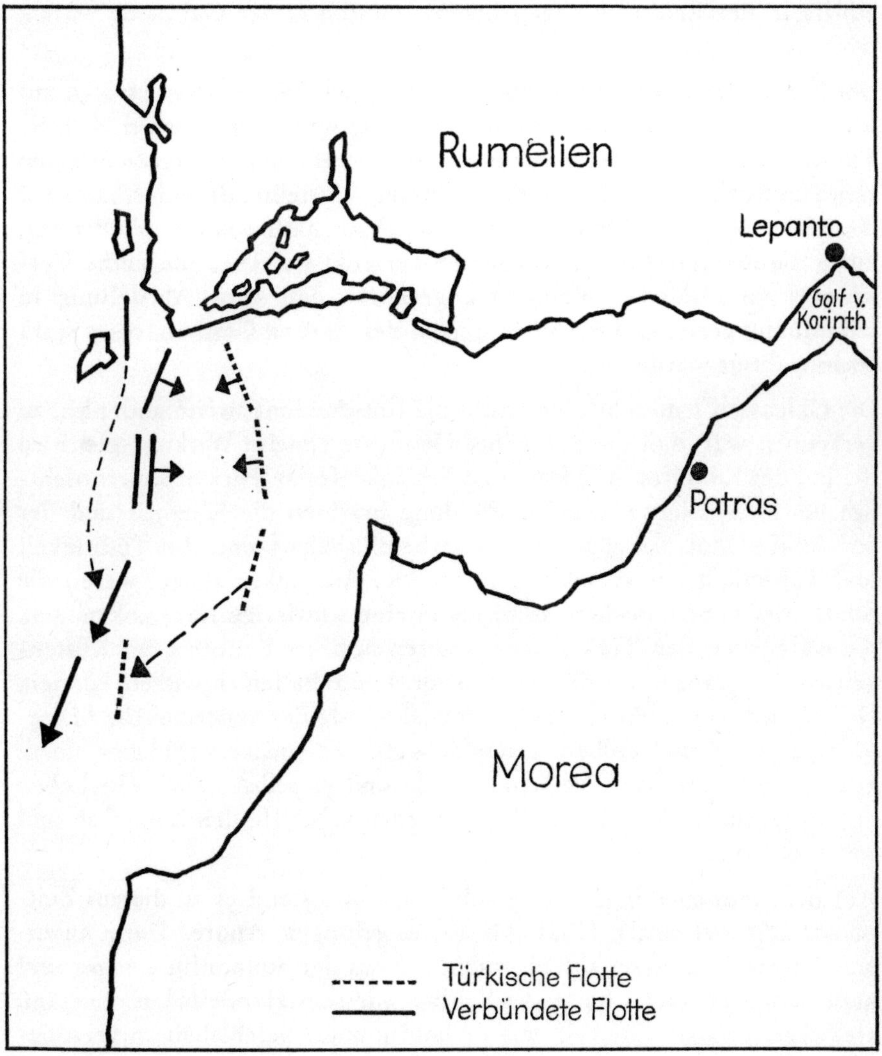

Die Schlacht begann um die Mittagszeit. Die türkische Flotte hatte sich in voller Breite in Dwarslinie vor die Einfahrt zum Golf gelegt. Mit dem linken und rechten Flügel hatte sie sich an die Küste angelehnt, um nicht von den Schiffen Don Juans flankiert zu werden. Dieser segelte von Westen heran, seine Aufstellung war ebenfalls die Dwarslinie. Sein Zentrum stand Ali Pascha gegenüber, dessen Schiff am Großmast die Flagge des Propheten, bedeckt mit Sprüchen aus dem Koran, führte. Barbarigo hatte Sirocco vor sich, Doria den Uluch Ali. Bei abflauendem Wind näherten sich die beiden Flotten langsam. Sobald die türkischen Schiffe in der Reichweite der schweren Geschütze der Galeassen waren, eröffneten diese das Feuer.

Der Erfolg der Kanonade war unerwartet groß. Die Geschosse trafen auf so weite Entfernung, ihre Einschlagswirkung war so verheerend, daß die Türken völlig überrascht waren und daß sich auf den getroffenen Schiffen gleich zu Beginn der Schlacht eine Lähmung einstellte, die sich schnell auf die nächststehenden Schiffe ausbreitete. Auch hatten einige Volltreffer, durch die mehrere türkische Galeeren versenkt wurden, eine solche Verwirrung im türkischen Verband angerichtet, daß seine Aufstellung in Unordnung geriet und die Wirksamkeit des eigenen Geschützfeuers stark beeinträchtigt wurde.

Die Galeassen jedoch brachten nicht die Entscheidung, wenn auch nicht zu verkennen war, daß die durch ihre Geschosse erzielte Wirkung gleich zu Beginn des Kampfes die Moral und Schlagkraft der Türken außerordentlich geschwächt hatte. Die Entscheidung brachten die Klugheit und der persönliche Mut des spanischen Oberbefehlshabers und die Tüchtigkeit und Tapferkeit der spanischen Infanterie. Am linken Flügel waren die Schiffe des venezianischen Admirals in eine schwierige Lage gekommen. Sie waren von den Türken wegen deren besserer Kenntnis der Küstengewässer umgangen worden, noch bevor sie sich hatten entwickeln können. Der Kampf wogte hin und her; zweimal wurde das venezianische Flaggschiff geentert und erobert, zweimal wurde es wieder zurückgewonnen. Erst als Siroccos Schiff versenkt wurde und er selbst dabei sein Leben verlor, brachen seine führungslos gewordenen Schiffe den Kampf ab und zogen sich zurück.

Auf dem rechten Flügel der christlichen Flotte stand es zu diesem Zeitpunkt nicht viel besser. Uluch Ali war es gelungen, Andrea Doria auszumanövrieren, da dieser sich eigenmächtig aus der Schlachtlinie gelöst und nach Süden abgesetzt hatte. Vielleicht war sein Handeln Ungehorsam, vielleicht verletzte Eitelkeit, wie sie häufig unter Befehlshabern verschie-

dener Nationalitäten auftritt, oder gar Verrat. Vielleicht auch wollte sich der Genuese in weiter Ausholbewegung nach Süden die Möglichkeit verschaffen, seinen Gegner zu umfassen. Wir wissen das nicht. Uluch Ali benutzte jedenfalls sogleich die entstandene Lücke, um in die Front der Christen einzudringen und ihre Mitte von hinten anzugreifen. Nur das sofortige Herannahen der Reserveflotte, dessen spanischer Befehlshaber *Santa Cruz* erkannt hatte, was auf dem Spiel stand, verhinderte Uluchs Plan. Dieser sah sich plötzlich zwischen zwei Fronten; er gab die Prisen, die er bereits gemacht hatte, auf und versuchte, sich freizukämpfen.
Die Entscheidung fiel in der Mitte. Dort hatte sich in blutigen Einzelkämpfen Schiff gegen Schiff mit Bordwand gegen Bordwand der Seekampf zum üblichen Landkampf auf Decksplanken entwickelt. Hier standen sich auch die beiden Oberbefehlshaber gegenüber, die sich mit ihren Flaggschiffen gerammt hatten. Hier zeigte sich auch am sichtbarsten, wie taktisch klug Don Juans Befehl gewesen war, ganz gegen die Gewohnheit die hohen Vorderkastelle abzunehmen und die Kanonen auf das niedrige vordere Deck zu stellen. Je näher sich die Schiffe kamen, desto häufiger feuerten die Türken von ihren hohen Kastellen in die Luft, während die Deckskanonen der Liga-Schiffe genau auf die Bordwände der türkischen Galeeren zielen konnten, sie trafen und durchschlugen. Die Verheerung und Verwirrung im Innern der getroffenen Schiffe war groß; überdies drang Wasser ein, wenn die Treffer in der Nähe der Wasserlinie lagen, so daß die Schiffe schnell zu sinken begannen. Bei den Deckskämpfen zeigte sich ebenfalls, wie klug Don Juan gehandelt hatte, als er die besten Vertreter des spanischen Adels, der sich in so vielen Kriegszügen bewährt hatte, und die ausgesuchtesten Büchsenschützen der spanischen Infanterie wie die glänzendsten Meister spanischer Degenfechtkunst auf die Schiffe verteilt hatte. Sie rissen alle mit, so daß ihnen die berühmten und gefürchteten Janitscharen nicht gewachsen waren.
Zwar war es Mitgliedern dieser türkischen Elitegruppe zeitweise gelungen, sogar auf der „Reale“ Fuß zu fassen, und Don Juan war gezungen, für Augenblicke die Führung seines Verbandes aufzugeben, um sich selbst mit gezogenem Degen den eingedrungenen Türken entgegenzuwerfen. Aber sie konnten wieder von Bord vertrieben werden. Ähnlich dramatisch wogte der Kampf auf vielen anderen Schiffen hin und her. Eine allgemeine Erschöpfung breitete sich mit Einbruch der Dunkelheit aus, und es entstand die Situation, in der es häufig nur eines kleinen Anstoßes bedarf, um die Waage des Sieges nach der einen oder anderen Seite zu senken. In diesem psychologisch entscheidenden Augenblick fiel der türkische Oberbefehlshaber. Es wird berichtet, daß er sich selbst den Tod gegeben habe,

als er bei einem letzten erfolgreichen Enterangriff der Spanier auf seinem Schiff gefangengenommen werden sollte. Wie erbittert gekämpft worden ist, geht aus der Tatsache hervor, daß von den 400 Mann Besatzung des türkischen Flaggschiffes nicht einer überlebte.

Als Don Juan die Türkenstandarte auf dem eroberten Admiralsschiff herunterholen ließ — sie befindet sich heute im Dogenpalast in Venedig — und die blau-weiße seidene Flagge der Liga als Zeichen des Sieges setzte, brachte das die Wende. Die Kampfmoral der Türken brach zusammen, während die Besatzungen der vereinigten Flotte ihre Anstrengungen verdoppelten. Nicht mehr lange dauerten die Einzelkämpfe. Die Türken gaben mit orientalischem Fatalismus auf; Allah hatte sich offenbar gegen sie entschieden. 137 Türkenschiffe wurden genommen, über 50 versenkt oder verbrannt. Der Rest floh unter Uluch Ali. Don Juan hatte nur 12 Schiffe verloren. Getötet wurden auf türkischer Seite 25 000—30 000 Mann, auf christlicher 7 500. Die Verluste waren für die damalige Zeit ungeheuer. 12 000—15 000 Christensklaven, die als Ruderer auf den türkischen Galeeren an die Ruderbänke geschmiedet waren, konnten befreit werden. So endete die letzte in europäischen Gewässern geschlagene Seeschlacht, in der sich in der Mehrzahl riemengetriebene Schiffe gegenüberstanden.

Fragt man nach den Gründen des Erfolges der Liga, so waren es der größere Kampfwert der christlichen Soldaten und ihre moderneren Waffen; es waren die Führungsqualitäten des Don Juan d'Austria, die Fähigkeit, seine Unterführer aus den verschiedenen Nationen, wenigstens für den Augenblick der Schlacht, mit dem Glauben an eine hohe Mission zu erfüllen und sie zu einer verläßlichen Kampfgemeinschaft zusammenzuschließen. Zu nennen sind auch seine persönliche Tapferkeit, sein kluger Blick und der Mut zu unkonventionellen schiffbaulichen und taktischen Neuerungen.

Gegen eine so geführte Flotte hatte Ali Pascha nicht bestehen können. Die Türken waren im Grunde ein Landvolk. Nicht die Neigung hatte sie auf das Meer hinausgeführt und eine Flotte bauen lassen, sondern rein militärische Erwägungen. Daher fehlte ihren Schiffen das eigentliche Rückgrat, das ihren Gegnern auf See eine so starke Überlegenheit gab: die seemännische Bevölkerung der spanischen und italienischen Küsten, die durch die harte Schule der Seefischerei und der Handelsmarine gegangen waren. Die Mehrzahl der Männer dagegen, die auf den türkischen Kriegsschiffen Dienst taten, waren meist landflüchtige Italiener und

Griechen, Abenteurer oder unzuverlässige Christensklaven. Auch hielten ihre Schiffe bautechnisch keinen Vergleich mit denen der Sieger, welche die ihrigen in der Regel von erfahrenen venezianischen Baumeistern hatten bauen lassen, aus. Die Schnelligkeit, mit der die türkischen Werften arbeiteten, war erstaunlich; aber hinsichtlich der Güte des Materials, der Ausführung und damit der Widerstandsfähigkeit konnten sich die türkischen Schiffe, denen zu viele Improvisationen anhafteten, nicht mit denen des Westens messen.

So groß der militärische Sieg der Verbündeten war, so kläglich war der politische Erfolg. Die heimkehrenden Schiffe wurden in Messina mit triumphalem Jubel empfangen, ein Jubel, der sich über ganz Europa ausbreitete. Dichter und Maler bemächtigten sich des Ereignisses, um es in ihrer Weise zu gestalten. *Cervantes* verstieg sich dazu, den Tag von Lepanto „den größten Tag, den die Geschichte gesehen hat", zu nennen. Er meinte offenbar mit diesem Ausspruch, daß sich bei Lepanto gezeigt habe, wozu die christlichen Völker in der Abwehr des Angriffs auf ihre Werte fähig seien, wenn sie nur einig wären und ihre nationalen Interessen zurückzustellen vermöchten.

Jedoch ist selten ein Sieg nutzloser vertan worden. Nicht einmal den Ort Lepanto griffen die Sieger an, obwohl die christliche Bevölkerung auf der ganzen Peloponnes darauf wartete, um sich gegen die Türken zu erheben. Und statt sogleich mit einem neuen Seeunternehmen, wie Don Juan vorschlug, gegen Konstantinopel, das Zentrum der türkischen Macht, vorzugehen, wurden die einzelnen Flotten von ihren Regierungen in ihre heimatlichen Häfen zurückgerufen. Der Admiral des päpstlichen Kontingents schilderte die Verhältnisse mit folgenden Worten: „Nur durch ein Wunder und durch die große Güte Gottes war es möglich, solch einen Sieg zu erringen. Aber es ist ein ebensolches Wunder, daß die Gier und die Eifersucht, die unter uns herrschten, uns nicht bald darauf in einer zweiten Schlacht gegeneinander trieb."

1573 schloß die Signoria Venedigs, um handelspolitische Vorteile im Interesse ihres Orienthandels zu erreichen, ein Abkommen mit dem Sultan. Die Stadt verzichtete auf die Insel Zypern, um derentwegen sie sich vor wenigen Jahren der Liga angeschlossen hatte. Außerdem verpflichtete sie sich um Handelsvorteile willen zur Zahlung eines jährlichen Tributs an den Sultan. Inzwischen war Papst Pius V., durch dessen Initiative die „Heilige Liga" zustande gekommen war, gestorben. Es fehlten somit der Initiator, die geistige Kraft und der Wegweiser. Für Philipp II., der mit der Macht seiner spanischen Kontingente in der Hauptsache den Sieg ermöglicht hatte, waren neue sorgenvolle Wolken am politischen Horizont heraufgezogen. Der Aufstand der Niederlande gegen die spanische Herrschaft hatte sich mehr und mehr verhärtet, verstärkte englische Überfälle auf den spanischen Überseehandel und auf die Silberflotten bereiteten ihm Sorgen. War es ein Wunder, daß Uluch Ali, der der neue türkische Oberbefehlshaber der Flotte geworden war, schon nach kurzer Zeit mit 250 Galeeren wieder im Mittelmeer erscheinen konnte?

Trotzdem ist die Schlacht bei Lepanto als ein historischer Höhe- und Wendepunkt anzusehen. Sie bedeutet den Anfang vom Abstieg der türkischen Macht im Mittelmeer und damit die Aufhebung der südlichen Flankenbedrohung Europas. Das zeigte sich nicht von heute auf morgen. Aber seit Lepanto ging der Einfluß der Türken im Mittelmeer, zuerst kaum merkbar, dauernd zurück. Wesentlich trug dazu bei, daß seit 1571 der Nimbus ihrer Unbesiegbarkeit geschwunden war. Mit Cervantes haben viele seiner Zeitgenossen in dem Sieg „die glänzende Widerlegung des furchtsamen Glaubens an die Unbesiegbarkeit der Osmanen“ gesehen. Die Türken handelten von nun an sehr viel vorsichtiger, ihr Angriffsgeist zur See wurde sehr viel zurückhaltender. Dafür allerdings nahm der türkische Expansionsdrang eine andere Richtung. Er wandte sich verstärkt dem europäischen Kontinent zu, und zwar mit den Stoßrichtungen auf Rußland, Ungarn und Polen.

Der Armadazug

1589

Im Jahre 1587 wurde der seit langem erwartete Krieg von *Philipp II. von Spanien* an *Elisabeth I. von England* erklärt. Unter der Oberfläche hatte der Krieg schon Jahre hindurch geschwelt. Spanische Schiffe, die wegen Stürme in Southampton eingelaufen waren, waren von der englischen Regierung willkürlich beschlagnahmt worden; sie hatten den Sold für die in den Niederlanden kämpfenden spanischen Truppen, die den Aufstand der mit den Engländern glaubensverwandten Niederländer gegen das spanische Regiment niederschlagen sollten, an Bord. Spanien hatte mit der Wegnahme englischen Eigentums in den Niederlanden geantwortet. Englische Kapitäne, wie *Drake, Hawkins, Frobisher,* wurden mit königlichen Kaperbriefen ausgestattet und hielten sich an den spanischen Schiffen, die mit wertvoller Fracht aus den spanischen Kolonien Amerikas kamen, schadlos. Englische Seeleute, die in spanische Kriegsgefangenschaft geraten waren, wurden als Seeräuber abgeurteilt oder der gefürchteten Inquisition ausgeliefert. Rechtsbruch reihte sich an Rechtsbruch. Es war nur noch eine Frage der Zeit, bis der Krieg offen ausbrach.

Politische Entscheidungen haben immer komplexe Gründe. Verschiedene Motive und Triebfedern fließen ineinander. Das aufstrebende England hatte gerade im eigenen Lande die Herrschaft der fremden Kaufleute abgeschüttelt. Englische Kaufleute und Seeleute hatten Handelsgesellschaften und Niederlassungen an vielen europäischen Küsten gegründet. Auch in Übersee suchten sie Handelsbeziehungen, vor allem in den Teilen, die reichen Gewinn versprachen. Dort aber stießen sie, besonders nachdem Portugal nach dem Aussterben seines Königshauses 1580 mit allen seinen überseeischen Besitzungen in Personalunion mit Spanien vereinigt war, ständig auf Gebiete, die Spanien zu seinem Interessensbereich erklärt hatte und von denen es alle anderen Völker durch Handels- und Schiffahrtsmonopole auszuschließen versuchte. Kein nicht-spanisches Schiff durfte einen Hafen in Übersee-Spanien anlaufen, kein fremder Kaufmann dort Handel treiben. Die selbstbewußten Engländer sahen darin nicht nur eine Behinderung ihrer wirtschaftlichen Tätigkeit, sondern auch eine unerträgliche Diskriminierung. In diesen Jahren überwachte

Spanien die Beachtung der Monopolvorschriften besonders scharf. Durch den Aufstand der Niederlande hatte es den größten Teil der Erträgnisse aus diesem Lande, das auf Grund seiner weitgespannten Handels- und Schiffahrtstätigkeit die reichste Provinz des spanischen Weltreichs war, eingebüßt. Philipp war sorgfältig darauf bedacht, daß nicht auch noch seine Einnahmen von jenseits des Ozeans geschmälert wurden. Zum ersten Mal in der neueren Geschichte zeigte sich, daß die Verhältnisse in Übersee die Beziehungen der europäischen Staaten beeinflußten.

In Spanien flossen damals noch, wie im Mittelalter, in der Staatspolitik machtpolitische, wirtschaftliche und religiöse Zielsetzungen zusammen. Durch seinen gewaltigen Kolonialbesitz war das Land die Vormacht in Europa geworden. Der Sieg über die Türken bei Lepanto, die italienischen Besitzungen Mailand, Neapel und Sizilien, die Vereinigung Spaniens und Portugals mit dem gesamten Kolonialbesitz hatten Philipp eine solche Machtstellung gegeben, daß alle Staaten Europas ihn fürchten mußten. Auf Frankreich, das im Norden und Süden von Spanien umklammert war, übte er schon eine solche Einflußnahme aus, daß dieses Land kaum eine eigenständige Politik machen konnte. Die Unterstützung, die Philipp der katholischen *Maria Stuart* lieh, welche viele englische Katholiken als rechtmäßige Thronerbin, anstatt Elisabeth, ansahen, die vielen Attentate auf letztere, die mit Wissen Philipps verübt worden waren, und sein offenkundiger Plan, Maria zum Werkzeug seiner Politik der Einflußnahme auch in England zu machen, verstärkten die allgemeine Furcht. Niemand in Europa zweifelte daran, daß bei einem Erfolg Philipps in England ein Rekatholisierungsprozeß gewaltigen Ausmaßes einsetzen würde.

Die moderne Geschichtsforschung weiß, daß es nicht zulässig ist, den Zug der spanischen Armada gegen England in die Reihe der Kreuzzüge einzuordnen oder ihn zur Aktion eines Religionskrieges zu stempeln. So sehr Philipp sich auch möglicherweise als restaurator fidei catholicae fühlte und so geschickt er die Hinrichtung der Maria als religiösen Vorwand für seine Kriegspolitik gegen England nutzte, im Vordergrund standen macht- und wirtschaftspolitische Motive, das Streben nach See- und Weltherrschaft, die seine Entschlüsse bestimmten, als er 1586 den Befehl zur Aufstellung der Armada gab. Mit der organisatorischen Arbeit wurde *Santa Cruz* beauftragt, der einer der besten Unterführer Don Juans bei Lepanto gewesen war. Er hatte als Befehlshaber der Reserveflotte damals durch sein schnelles Eingreifen im gefährlichen Augenblick zum siegreichen Ausgang der Schlacht beigetragen.

Zwei ungeheure Brüskierungen Philipps durch Elisabeth hatten den Lauf der Dinge beschleunigt. 1584 war der spanische Gesandte unter schimpflichen Umständen aus London ausgewiesen worden, ein Jahr danach hatte Drake mit Zustimmung seiner Königin wieder einen seiner berüchtigten Raubzüge gegen das spanische Florida und Cuba und sogar gegen Vigo unternommen. Auch hatte man im Escorial zuverlässige Nachricht, daß Elisabeth bei äußerer Aufrechterhaltung friedlicher Beziehungen die niederländischen Rebellen heimlich unterstützte und niederländischen Schiffen, wenn sie von den Spaniern verfolgt wurden, in englischen Häfen Zuflucht gewährte. Schon damals kündigte sich im Anfangsstadium eines der Ziele der englischen Außenpolitik an, nämlich keinen starken Staat an der gegenüberliegenden Küste zu dulden.

Die Erbitterung und Sorge wuchsen von Tag zu Tag sowohl in London wie in Madrid. Philipp war endlich entschlossen, den Kleinkrieg zu beenden. Auch für Elisabeth war der Augenblick gekommen, an dem sie sich entscheiden mußte, wollte sie nicht bei der wachsenden Machtstellung Philipps gegenüber ihrer Küste — schon lagen in den Festungen des mittleren und nördlichen Frankreichs laut einem dem französischen König aufgezwungenen Vertrag spanische Truppen — in Kürze erdrückt werden.

Santa Cruz' Pläne sahen eine gewaltige Rüstung zur See vor. Bald glichen die Häfen in Spanien und in den spanischen Besitzungen in Italien großen Werkstätten. Auf den Werften und in den Waffengießereien entstand eine Flotte in einem Ausmaße, wie die Welt sie bislang noch nicht gesehen hatte. Santa Cruz beabsichtigte, eine Flotte von 556 Schiffen zu bauen, davon sollten 150 Kampfgaleeren sein; der Rest sollte aus Hilfsschiffen und Transportern bestehen. Das Ziel war, unter Benutzung der Niederlande als Operationsbasis in einer amphibischen Operation 95 000 Mann in der Themsemündung zu landen, um London zu erobern.

Eine solche Rüstung ließ sich nicht geheimhalten. In London fragte man sich, ob die Niederlande das Ziel dieser Flotte sein sollten, um dort den Aufstand endgültig niederzuschlagen, oder ob sie für einen unmittelbaren Angriff auf England bereitgestellt würde. Im Frühjahr 1587 wurde Drake zur Erkundung ausgeschickt. Kühn drang er mit einem Blitzüberfall in den Hafen von *Cadiz* ein, zerstörte die Hafenanlagen und 50 nahezu voll ausgerüstete Kriegsgaleeren, darunter auch das Flaggschiff des spanischen Großadmirals. Überdies erbeutete er sechs weitere Schiffe, die er unbeschädigt nach England brachte. Auf dem Rückmarsch hatte er noch das Glück, ein spanisches Schiff, das als Nachrichtenübermittler zwischen den Häfen eingesetzt war, mit wertvollen Unterlagen zu kapern. Elisabeth und ihre Admirale waren durch diese Erfolge in die Lage versetzt, sich ein Bild von den spanischen Absichten zu machen; vor allem gewannen sie Klarheit über die Beschaffenheit und Bewaffnung der spanischen Schiffe. Für die englischen Seeleute kam es jetzt darauf an, geeignete Gegenmaßnahmen zu treffen.

Taktisch war Drakes Zug nicht mehr, um mit seinen eigenen Worten zu sprechen, als ein „singeing of the King of Spain's beard“; strategisch aber bedeutet er neben der Gewinnung wichtiger Nachrichten den für England dringend benötigten Zeitgewinn. Denn Drakes Zerstörungen warfen die spanische Flottenrüstung mindestens für ein Jahr zurück. Dieser Zeitvorsprung war für England eine Lebensfrage. Denn viele Bereitstellungen fehlten noch, um der Armada mit Aussicht auf Erfolg entgegentreten zu können. In großer Eile wurde mit Hilfe armierter Kauffahrer und größerer Küstenschiffe eine Flotte von 197 Schiffen zusammengebracht, von denen aber nur höchstens 130 so gebaut waren, daß sie an dem Kampf teilnehmen konnten. Diese unterschieden sich allerdings wesentlich von den spanischen. Die englischen Schiffe waren ausschließlich Segler, in der Mehrzahl klein, dafür aber sehr schnell und manövrierfähig. Sie trieben auch nicht so leicht ab wie die gewaltigen Spanier, die wegen der hohen Aufbauten an Bug und Heck den Winden große Angriffsflächen boten. Ausschlaggebend wurde, daß die Wendigkeit der englischen Schiffe eine neue Aufstellung und Verwendung der Schiffsartillerie und eine neue Taktik gestattete. Die Schiffe waren nicht nur schwerer bestückt als die spanischen, das Besondere an ihnen war die Breitseitenaufstellung der Geschütze, während die spanischen Geschütze in alter Weise vorn und achtern hoch auf den Schiffsaufbauten standen. Ein Spanier, der sich nicht von dem Glanz der ruhmreichen Tradition der spanischen Flotte blenden ließ, hatte geschrieben, als er Gelegenheit hatte, die englischen Rüstungen zu beobachten: „Ein englisches Schiff wird so viel Wert sein wie vier der unsrigen.“

Die aus dem englischen Schiffstyp und aus der neuartigen Bewaffnung resultierende neue Taktik bestand in der ausschließlichen Anwendung des Geschützkampfes, und zwar, was wegen der überlegenen Geschwindigkeit der Schiffe gleich weitreichende Folgen hatte, in einer solchen Entfernung, daß die Spanier ihre große Stärke, den Enterkampf, nicht zur Geltung bringen konnten. Dieser wäre für die Engländer von tödlicher Wirkung gewesen. Bezeichnend für die Schwerfälligkeit und Beharrungstendenz spanischen Denkens war, daß die Spanier, obgleich sie aus häufigen Zusammenstößen mit englischen Schiffen genügend Einblicke in die neue Taktik ihres Gegners gehabt hatten, sich nicht auf diese einstellten. Sie verachteten das Geschütz als Nebenwaffe; nach wie vor wollten sie über die Enterbrücken hinweg auf den Planken des feindlichen Schiffes wie tapfere Soldaten Mann gegen Mann kämpfen. Da die Engländer das offensichtlich ablehnten, gewannen die Spanier die Überzeugung, die Engländer seien feige und als Gegner leicht zu nehmen.

Entsprechend der unterschiedlichen taktischen Auffassungen war die Zusammensetzung der Besatzungen verschieden. Die Gesamtstärke der englischen Kriegsschiffsbesatzungen betrug rund 15 000 Mann, davon waren drei Viertel Seeleute, die durch jahrelange Seegewöhnung mit dem rauhen Nordsee- und Atlantikwetter vertraut waren. Die spanischen Kriegsschiffe hatten ungefähr 29 000 Mann an Bord, davon waren nur ein Drittel Seeleute, die zum größten Teil von den Mittelmeerküsten stammten, wo sie nur selten schwere Wetterbedingungen kennengelernt hatten. Den Rest bildeten Landsoldaten, deren Aufgabe der Enterkampf sein sollte. Unter ihnen befand sich der 28jährige Dramatiker *Lope de Vega.* Die für England bestimmte Invasionsarmee sollte erst in den Niederlanden eingeschifft werden. Der *Herzog von Parma,* der Philipps Befehlshaber in den Niderlanden war, hatte Anweisung, sie aus seiner Besatzungstruppe zusammenzustellen.

Eine gewaltige Armada war geplant worden. Aber als sie am 19. Juli 1588 am Westausgang des Englischen Kanals erschien, hatte sie nur einen Bruchteil der vorgesehenen Stärke. Mißwirtschaft, Unkenntnis und verwaltungstechnische Fehlplanungen hatten sich verheerend ausgewirkt. Nur 78 Kampfschiffe waren fertig geworden, 60 davon waren Galeonen, die eine Fortentwicklung der Galeassen mit zum Teil über 1000 t darstellten. Der Rest bestand aus riemengetriebenen Galeeren. Die Zahl der Troßschiffe betrug 50, so daß die Armada nur 128 Schiffe statt der geplanten 556 zählte. Vorräte an Verpflegung und Artilleriemunition wie auch sanitäre Maßnahmen waren für ein Unternehmen des geplanten Ausmaßes völlig unzureichend.

Der schwerste Schlag für die spanische Sache war jedoch nicht das Versagen der Landstellen, sondern Santa Cruz' Tod. Mitten in den Vorbereitungen war er gestorben, und es wurde sogleich sichtbar, daß seine treibende und beflügelnde Kraft fehlte. Als Nachfolger und Oberbefehlshaber hatte Philipp den Herzog *Medina Sidonia* bestimmt. Dieser brachte für sein Amt nicht mehr mit als den klangvollen Namen eines alten spanischen Adelsgeschlechts. Er verstand von Seefahrt und Seekriegsführung so gut wie nichts. Aber er war mutig und vornehm genug, den König auf seine Mängel hinzuweisen — ohne Erfolg. Es rächte sich, daß der König keinen Mann mit dem Mut der eigenen Meinung und der Fähigkeit zum selbständigen Denken in seiner Umgebung gelitten hatte. Nicht ein einziger Seebefehlshaber stand zur Verfügung, der überragend genug gewesen wäre, Santa Cruz zu ersetzen. Gegen seine Überzeugung, fast gegen seinen Willen mußte Medina Sidonia seine Flagge als Großadmiral auf der „San Martin", einem Schiff von 1000 t, setzen.

Auf der englischen Seite führten hochqualifizierte Seeleute das Kommando, wie *Drake, Hawkins, Frobisher* und Lord *Seymour.* Sie hatten von der Pike auf gedient und waren mit allen Tücken des Meeres vertraut. Der Oberbefehlshaber war auch, wie auf der spanischen Seite „ein Herr von Stand"; er war zwar noch jung, aber seeerfahren und von außerordentlicher Charakterstärke und Umsicht, *Lord Howard.* Vor allem besaß er die Gabe, unter so unterschiedlichen Persönlichkeiten wie den oben genannten ausgleichend zu wirken.

Das große Problem bestand in der Frage, wo am zweckmäßigsten die Armada zur Schlacht zu stellen sei. Sollte es vor der spanisch-portugiesischen Küste geschehen oder erst im Kanal? Besonders Drake forderte entsprechend seinem bekannten Draufgängertum die Seeschlacht fern von der eigenen Küste. Der Gedanke der strategischen Offensive war kühn und bestechend. Aber die Königin verschloß sich ihm. Zögernd und vorsichtig, wie sie war, wollte sie nicht alles auf eine Karte setzen, was ohne Zweifel der Fall war, wenn sie die heimatliche Küste von der Flotte entblößte. Vielleicht auch wußte sie, daß die Artillerie und die Bedeutung, die ihre Admirale der neuen Waffe beimaßen, einen ungeheuren Verbrauch an Munition bedingten. Woher sollte diese ergänzt werden, wenn die Flotte weit von den heimatlichen Häfen entfernt kämpfte? Sie ahnte vielleicht auch, daß ohne Stützpunkte, die günstig zu dem umkämpften Seegebiet lagen, jeder Angriff mit wachsender Entfernung an Durchschlagskraft verlieren mußte.

Als sich die englische Flotte bereitstellte, um die Armada zu empfangen, zogen nicht nur „zwei Flotten, sondern zwei Flottenzeitalter in See". Die Kämpfe begannen mit dem Passieren des westlichen Kanalausgangs durch die Armada am 19. Juli 1588; sie zogen sich bis zur flandrischen Küste hin, wo in der Nähe von *Gravelingen* 10 Tage später das eigentliche Treffen stattfand. Die Spanier machten gleich zu Anfang einen schweren

Fehler. Als die Armada im Kanal erschien, befand sich der größte Teil der englischen Flotte noch in der Ausrüstung im Hafen von *Plymouth;* nur wenige Wach- und Patrouillenboote waren in See. Anstatt den Gegner im Hafen einzuschließen und ihn zum Enterkampf zu zwingen, marschierte Medina Sidonia gemäß einem königlichen Befehl, nur dann zu kämpfen, wenn die Überführung des spanischen Heeres nicht anders zu bewerkstelligen sei, nach Nordosten weiter. Wir wissen nicht, ob Medina die einmalige Gelegenheit aus mangelndem Verständnis für Seekriegsführung oder aus gedankenloser, mechanischer Verfolgung eines Befehls verpaßte. Philipp hatte offenbar übersehen, daß Truppenbewegungen über die See und das Ansetzen eines Expeditionsheeres nur dann Erfolg haben konnten, wenn vorher die gegnerische Flotte in dem betreffenden Seegebiet außer Gefecht gesetzt worden war.

Während Medina an Plymouth vorbeisegelte, brachte Howard eilig seine Schiffe aus dem Hafen und setzte sich in den Rücken der spanischen Flotte. Der Wind wehte leicht von Westen, so daß er die günstige Luvstellung hatte, die es ihm erlaubte, nach Belieben einen Angriff zu führen oder abzulehnen. So schloß er an die spanischen Schiffe heran, die in drei Gruppen, ähnlich wie bei Lepanto, in einer sichelförmigen Dwarsformation aufgeteilt waren und ihren Weg nahmen. Howard ließ ununterbrochen Tag und Nacht mit kleinen Vorstößen die Armada beunruhigen. Wohl waren diese Angriffe nicht mehr als bloße Nadelstiche, die er den Spaniern versetzte; nennenswerte Erfolge brachten sie nicht. Die wenigen Schiffe, die Medina dabei einbüßte, gingen mehr durch Eigenverschulden verloren. Aber die englischen Angriffe wirkten auf die Spanier außerordentlich zermürbend und auch entmutigend, da sich die Engländer mit ihren schnellen und wendigen Seglern geschickt jedem Enterversuch entzogen. Jedesmal, wenn die Spanier zum Gegenangriff ansetzten, stießen sie ins Leere.

Noch hatte die Armada keine wesentlichen Verluste erlitten. Drei verlorene Schiffe waren kein Grund zur Entmutigung. Demoralisierend wirkten aber die neuartige Kampftaktik der Engländer und die Schwierigkeiten der Navigation im Kanal mit seinen unbekannten Strömungen und Untiefen. Medinas sehnlichster Wunsch war daher, sich möglichst bald mit Parmas Soldaten zu treffen. Als er zu ihrer Aufnahme vor *Calais,* in dessen Nähe Gravelingen liegt, ankerte und erfuhr, daß das Expeditionskorps erst in vierzehn Tagen bereitstehen würde, war seine Enttäuschung groß. Eine Panikstimmung aber mußte den spanischen Oberbefehlshaber erfaßt haben, als ihm zu gleicher Zeit die Mitteilung

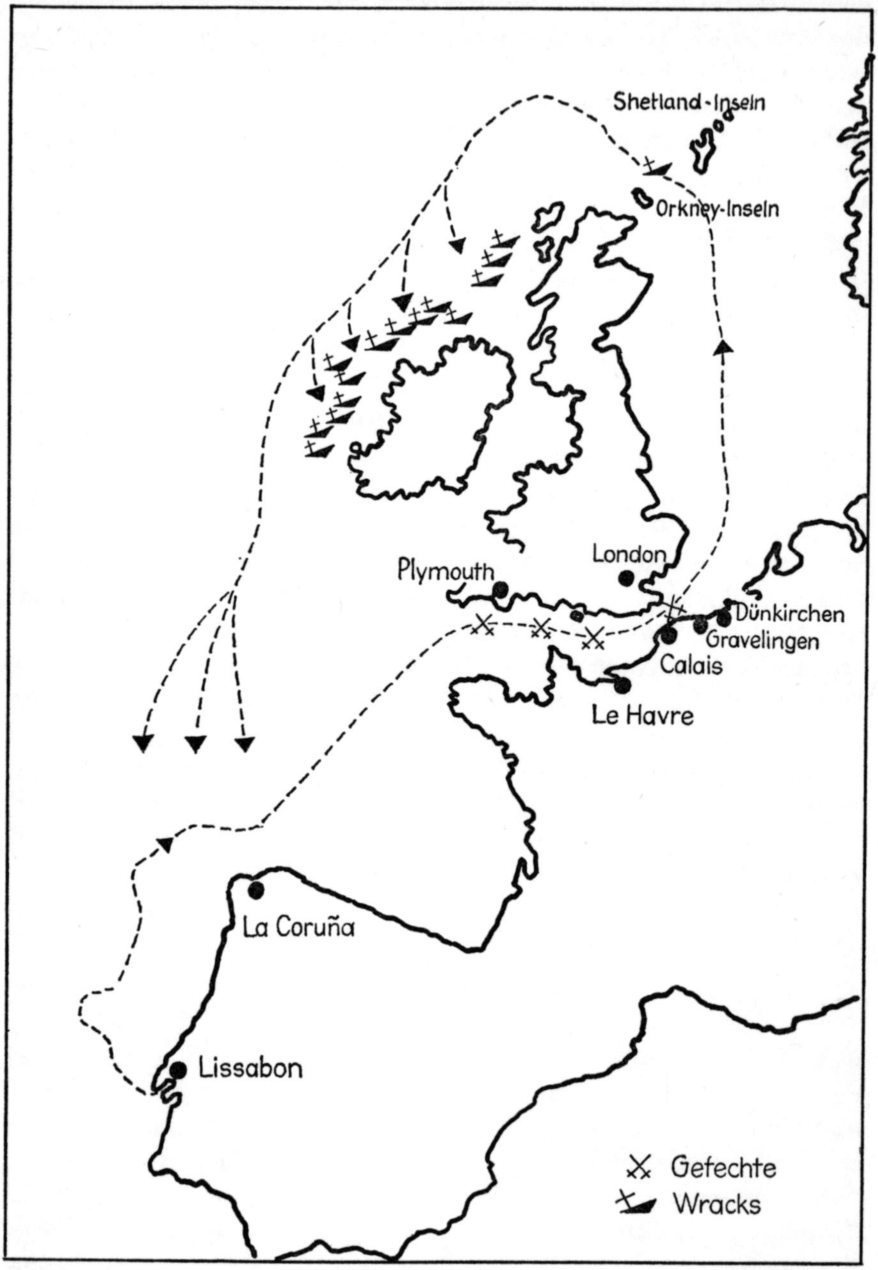
Shetland-Inseln
Orkney-Inseln
London
Plymouth
Dünkirchen
Gravelingen
Calais
Le Havre
La Coruña
Lissabon
Gefechte
Wracks

gemacht wurde, daß die dringend notwendige Ergänzung an Munition nicht möglich sei, da die Schiffe der aufständischen Niederländer die flämische Küste blockierten und, um mit einem heutigen Begriff zu sprechen, die spanische Logistik zum Erliegen gekommen sei. Medinas Bestreben scheint es daher gewesen zu sein, möglichst schnell die Enge des *Pas de Calais* zu verlassen. Überdies hatte er noch erfahren, daß sich das englische Themsegeschwader mit Howards Hauptmacht vereinigt hatte.

Die Katastrophe der spanischen Flotte ereignete sich vor Gravelingen, noch bevor sie die Anker gelichtet hatte. In der Nacht vom 28. auf den 29. Juli hatte Howard acht kleinere Fahrzeuge mit leichtbrennbarem Material beladen lassen. Nachdem bei günstigem Wind die Segel gesetzt und die Ruder mit Kurs auf die vor Anker liegenden Spanier festgelascht worden waren, steckten die Besatzungen ihre Schiffe in Brand, bevor sie sie verließen. Mit dem Wind und mit der Flut trieben diese sogenannten Brander auf die eng zusammengeschlossenen spanischen Schiffe zu. Die Wirkung war furchtbar. Zur Zeit der Segelschiffe fürchtete der Seemann nichts mehr als Feuer an Bord. Nun kamen schwimmende Brandfackeln auf ihn zu. Die Verwirrung steigerte sich schnell zur Panik. Jedes Schiff suchte zu entkommen, wo nur ein Ausweg schien, mit dem Erfolg, daß sie sich gegenseitig rammten, Rümpfe und Takelage beschädigten oder in unbekannte Strömungen gerieten, wo viele von ihnen auf die Sände aufsetzten und sich gefährliche Bodenbeschädigung zuzogen.

Als der Morgen hereinbrach, war Medinas einziger Ausweg nur noch die Flucht. Aber sie war nicht einfach; der Wind wehte jetzt scharf aus Nordwesten und setzte ihn auf die Küste zu. Vor allem aber griffen die Engländer, begünstigt von Strömung und Wind, aus der Luvstellung ununterbrochen an. Die genaue Kenntnis des Küstenvorfeldes und der geringe Tiefgang ihrer Schiffe kamen ihnen dabei zustatten. Fast nach Belieben konnten sie jedes spanische Schiff mit wechselnden Breitseiten unter Feuer nehmen, wobei sie nur auf Schußweite herangingen. Alle Tapferkeit der Spanier war vergeblich. Der Mangel an Munition, die ungünstige Aufstellung ihrer Geschütze und die Schwerfälligkeit ihrer Schiffe machten sie nahezu hilflos. An eine Invasion in England war nach diesem Unglück nicht mehr zu denken.

Zwei Umstände retteten die Spanier vor der völligen Vernichtung. Bei der heftigen Kanonade hatten auch die Engländer ihre Munition verschossen, sie mußten zur Ergänzung in ihre Häfen zurückkehren. Der zweite Umstand lag in dem Umspringen des Windes von Nordwest auf

Südwest, was Medina die Möglichkeit gab, von der Küste und den Sänden freizukommen und nach Norden zu entweichen. Der Vernichtung war er gerade noch entgangen. Die ganze Katastrophe aber sollte über die spanische Flotte auf dem Rückmarsch hereinbrechen. Den Weg zurück durch den Kanal zu nehmen, war aussichtslos. So entschloß sich Medina nach Anhören des Kriegsrates, nach Norden um Schottland und Irland herum heimwärts zu segeln. Howard folgte bis zum *Firth of Forth.* Als er sah, daß Medina weiterlief, gab er die Verfolgung auf. Er ahnte, welchem Unglück sein Gegner entgegenging.

Das Wetter war für diese Jahreszeit ungewöhnlich schlecht; es hatte sich seit dem 30. Juli von Tag zu Tag verschlechtert. Als Medina am 20. August durch die Enge zwischen den Orkneys und Shetlands den Atlantik erreichte, empfingen ihn heftige Stürme, denen die spanischen Schiffe und ihre Seeleute nicht gewachsen waren. Es können hier nicht die einzelnen Schiffsuntergänge in den Atlantikstürmen beschrieben werden oder die vielen Strandungen — es waren von den Hebriden bis zur Küste Irlands allein 54 —, auch nicht die zusätzlichen Leiden der Besatzungen durch Hunger und Durst, Typhus, Ruhr und Skorbut. Erst Ende September 1588 erreichten die letzten 65 Schiffe, wrackgeschossen oder wrackgeschlagen, die heimatlichen Häfen in Spanien und Portugal. Von den 29 552 Mann der Besatzungen, die mit den Schiffen ausgelaufen waren, überlebten kaum 9000. Medina berichtete seinem König: „Die Sorgen und Leiden, die wir erduldeten, waren so, daß ich sie Eurer Majestät nicht beschreiben kann; sie waren größer, als je zuvor Menschen sie erlebten." Die „unüberwindliche Armada" war kein Kampfinstrument für Philipps Politik mehr.

Die Nachricht von Philipps Niederlage erregte in ganz Europa größtes Aufsehen. An allen europäischen Höfen hatten die spanischen Gesandten sicheres Siegesbewußtsein zur Schau getragen. Kaum jemand zweifelte an einem Sieg der spanischen Flotte. Nun, als die Wahrheit bekannt wurde, war die Reaktion für das Ansehen Spaniens bestürzend und niederschmetternd. Der Sieg bei Lepanto hatte den Türken den Nimbus der Unbesiegbarkeit genommen, jetzt verflog in ganz Europa die Vorstellung von der Überlegenheit der spanischen Flotte und von der einzigartigen Machtstellung Philipps. Die Folgen mußten umwälzend sein. Die erste Reaktion war ein Aufatmen der protestantischen Völker, vor allem der Niederländer. Die englischen Seeleute hatten in jenen Julitagen nicht nur die Freiheit Englands gerettet, sondern auch den Protestantismus in England und in den Niederlanden. Auch wenn Philipp es wirklich gewollt haben sollte, die neue Lehre auszurotten und die Glaubenseinheit in Europa wiederherzustellen, er konnte nun nicht mehr daran denken.

Der spanische König hatte mit dem Armadaunternehmen viel gewagt. Nun war er nicht mehr in der Lage, Spaniens Stellung als Seemacht im Atlantik aufrechtzuerhalten. Das bedeutete, daß Spanien nicht mehr zur Sicherung seiner wirtschaftlichen Quellen die Rivalen von seinen Besitzungen in Übersee fernhalten konnte. Zwar schickte Philipp bald wieder neue Flotten in See. Aber es zeigte sich, daß die vielen Tausenden von Seeleuten und Soldaten, die die Opfer der See geworden waren, nicht wieder ersetzt werden konnten. Der Abstieg Spaniens begann, nur langsam und vorerst nur den klugen Beobachtern sichtbar. Der *Herzog von Sully,* der leitende Minister des französischen Königs *Heinrich* IV., verglich die Kraft Spaniens nach dem Verlust der Vorherrschaft zur See mit einem Mann, „dessen Gliedmaßen stark sind, dessen Herz aber nur noch schwach schlägt".

Die Auswirkungen der Niederlage wurden in der Veränderung der politischen Gewichte in Europa offenbar. Die niederländische Freiheitsbewegung konnte von Philipp nicht mehr eingedämmt oder gar unterdrückt werden. Wenn Spanien einige Jahr später einen Waffenstillstand schloß, in welchem es die Freiheit der „Sieben Provinzen" anerkannte, und wenn das neue Staatsgebilde der Niederlande bald den Status einer europäischen Großmacht gewann und ein europäisches Kulturzentrum wurde, dann waren das mittelbar und unmittelbar Folgen aus dem Untergang der Armada.

Auch das Verhältnis zwischen Spanien und Frankreich erfuhr eine Änderung und damit die Balance des Mächtesystems in Westeuropa. Ein Jahr nach dem Armadazug wurde Heinrich IV. französischer König, ohne daß Philipp es verhindern konnte, wie er es wollte. Mit diesem energischen Herrscher aus dem Hause Bourbon begann die Befreiung Frankreichs von der spanischen Bevormundung. Dieser Prozeß gab der Bewegung zur nationalen Einigung Frankreichs, die während des kommenden Jahrhunderts für die innenpolitischen Verhältnisse des Landes charakteristisch war, kräftige Impulse.

Die politisch einschneidendste Folge der spanischen Niederlage war die Änderung des Machtverhältnisses zwischen Spanien und England. Von jetzt an begann Englands Aufstieg. Englische Seeleute griffen voller Vertrauen auf ihre Überlegenheit mit größerem Wagemut und mit größerer Unbedenklichkeit den spanischen Handel aus der Neuen Welt an und kaperten die reichen Silberflotten, die das Edelmetall nach Sevilla bringen sollten. Englischer Handel faßte in Amerika, Asien und Afrika Fuß. Die Engländer lernten, fortan in weiträumigeren Dimensionen zu denken, als es insulare und europäische waren. Mit ihrer „Seekönigin" waren sie von nun an überzeugt, daß die Lebensgrundlage Englands die See sei und daß seine Zukunft von der See und deren Möglichkeiten der Nutzung abhänge. Mit der Wende vor Gravelingen wurde England ein Seemachtstaat. Seine Zukunft lag von nun an auf dem Meer.

Chinhai-Bai

1592

Vier Jahre nach der Zerschlagung der spanischen Armada an den Küsten Westeuropas fiel im fernöstlichen Raum eine Entscheidung von ähnlicher Tragweite. Die Flotte des japanischen Inselreiches wurde vernichtet, Japan verlor die Herrschaft zur See im Japanischen und Gelben Meer. Die Folgen waren eine neue Machtkonstellation in Ostasien und ein grundlegender Wandel in der Haltung Japans zum ostasiatischen Kontinent und zu fremden Völkern.

Politische Unruhen und Kämpfe hatten fast das ganze 16. Jahrhundert in nahezu ununterbrochener Folge das japanische Reich heimgesucht. Die Daimyos (großer Name), die etwa mit den größeren und kleineren Territorialfürsten Deutschlands zu jener Zeit verglichen werden können, trachteten danach, ihre Einzelherrschaften zu erweitern, wobei sie sich der Unterstützung durch die Samurai, welche dem zahlreichen und ehrgeizigen Landadel angehörten, bedienten. Anhaltende Kämpfe erschütterten das Land. Schwächung der Zentralgewalt und Auflösung der gesetzlichen Ordnung und Herrschaft der rohen Gewalt waren die Folgen. Japan wäre um diese Zeit vermutlich auseinandergefallen, wenn nicht die Insellage den Bewohnern, anders als in Deutschland, ein starkes Gefühl der Zusammengehörigkeit gegeben hätte. Die Entwicklung ging dahin, daß die mächtigsten der Daimyos nicht mehr nur um Vergrößerung ihrer Territorien kämpften, sondern um die führende Stellung im Staate überhaupt. Ihr Unwesen konnten sie um so leichter treiben, als die Stellung des Kaisers immer weniger bedeutete. Japanische Kaiser hatten nur selten oder nie Geschichte gemacht. Während in Europa einige Herrscherhäuser das Schicksal ihres Landes und auch des Kontinents oft geprägt haben, durften die japanischen Kaiser bloße Zuschauer sein oder höchstens einer beschlossenen Politik zustimmen. Wie gering ihre Macht war, möge folgende Zahl verdeutlichen: In einem bestimmten Zeitabschnitt mußten 29 Kaiser abdanken, bevor sie das 12. Lebensjahr erreicht hatten.

In diese unsichere und gärende Zeit fiel die erste Ankunft der Europäer. Gänzlich unbekannt waren das Land und seine Bewohner Europa nicht.

Manche Erzählungen liefen um über das sagenhafte Land „Zipangu“, das Land des Goldes und der kostbaren roten Perlen, das nicht einmal der große *Kublai Khan* mit 300 Schiffen habe erobern können. Schon *Marco Polo* hatte über das Inselreich und seine Bewohner berichtet, obgleich er nie dort gewesen war. Was er wußte, hatte er aus dem Munde von Chinesen, die schon Jahrhunderte vorher viele und enge wirtschaftliche und kulturelle Beziehungen mit den Japanern unterhalten hatten. Japanische Schiffe waren sogar über die chinesischen Gewässer hinaus nach Westen bis zu den Küsten Indiens gesegelt, um dort Handel zu treiben. Die Erinnerungen *d'Albuquerques,* des Begründers des portugiesischen Kolonialreiches im Indischen Ozean, enthalten eine Beschreibung des Auftretens der Japaner in diesen Gewässern. 1511 war *Malakka* von ihm erobert worden Dort sah d'Albuquerque zum ersten Mal Japaner, die, wie er gehört hatte, regelmäßig jährlich mit zwei oder drei Schiffen anliefen. Er beschreibt sie „als Männer mit wenig Worten, die über die Angelegenheiten ihres Landes niemandem Auskunft geben“. Offenbar waren es Samurai, da sie sehr stolz auftraten und, wie d'Albuquerque berichtet, zwei Schwerter trugen, was in Japan ein streng beachtetes Privileg dieses Standes war. Nachdem um die Jahrhundertmitte portugiesische Schiffe vom Sturm an die japanische Küste verschlagen worden waren, hatten sich lebhafte Handelsbeziehungen zwischen den beiden Völkern angebahnt. Der Hauptumschlagsplatz war *Macao,* das die Portugiesen zum Hafen ausgebaut hatten. 1584 waren auch die Spanier gekommen, und zwar aus *Manila,* das sie nach Unterwerfung der Philippinen als Stützpunkt für ihre Schiffe gegründet hatten.

Japan hatte das Glück, nach hundert Jahren erbitterter Kämpfe im Innern einen Mann zu haben, der Soldat, Organisator und Politiker zugleich war, *Toyotomi Hideyoshi,* und dem es gelang, die Ordnung wiederherzustellen und die Einheit des Reiches neu zu begründen. Den Widerstand der Daimyos hatte er durch geschickte Politik und militärische Erfolge brechen können. Sie selbst wurden in die neue Reichsorganisation so eingeordnet, daß sie ihre egoistischen Interessen nicht mehr auf Kosten des Ganzen betreiben konnten. Die Stellung der Zentralregierung wurde gefestigt und Hideyoshi im ganzen Land als Shogun anerkannt. In Vertretung des Kaisers war er Inhaber der höchsten Staatsgewalt, zu vergleichen etwa mit der Stellung des Hausmeiers im Fränkischen Reich des frühen Mittelalters. Das waren Leistungen, die schon allein genügt hätten, seinen Namen ehrenvoll im Buch der japanischen Geschichte zu verzeichnen.

Sein Ehrgeiz indessen ging weiter. Die spätere Geschichtsschreibung hat ihn den „japanischen Napoleon" genannt. Nichts Geringeres schwebte ihm nach der Festigung der inneren Verhältnisse seines Landes vor als die Eroberung Chinas. Dieser Gedanke mochte vermessen erscheinen. Aber hatten nicht schon die Mongolen unter Kublai Khan ganz China unterworfen? Und konnte es nicht entscheidend werden, daß seine Krieger im Gegensatz zu den chinesischen Soldaten bereits die gefürchteten Feuerwaffen, die sie von den Spaniern und Portugiesen übernommen hatten, zu handhaben verstanden? Das chinesische Reich war offenbar schwach. Mehrere Volksaufstände gegen die Willkürherrschaft einiger Vertreter der Ming-Dynastie (1368—1644) hatten das Reich erschüttert; im Norden bedrängten die Tataren die chinesische Grenze, im Nordosten war in den Mandschus ein mächtiger und gefährlicher Gegner erwachsen, an den Küsten hatten schon seit langem japanische Seeräuber ungestraft chinesische Städte gebrandschatzt. Es bestanden die besten Aussichten, daß ein japanischer Eroberungsfeldzug gegen China Erfolg haben konnte.

In diesem Plan fiel dem Land Korea eine Schlüsselstellung zu. Die langgestreckte Halbinsel konnte sowohl eine Barriere wie auch eine Brücke bilden. 1586 stellte Hideyoshi dem koreanischen König das Ansinnen, dem japanischen Heer den Durchzug durch sein Gebiet freizugeben und die Einrichtung von Stützpunkten auf koreanischem Boden zu gestatten. Doch dieser lehnte ab. Seine Worte waren: „Japans Versuch, China zu unterwerfen, ist mit dem Versuch einer Biene zu vergleichen, die eine Schildkröte durch die Schale stechen will." Da Hideyoshi auf seinem Vorhaben beharrte, blieb ihm nichts anderes übrig, als zuerst Korea zu unterwerfen, wenn er in China einmarschieren wollte. In Japan begann eine gewaltige Aufrüstung.

1592 waren die Kriegsvorbereitungen abgeschlossen. Wenn man den Berichten Glauben schenken darf, standen zu diesem Zeitpunkt in den japanischen Hafenstädten hochgerüstet 300 000 Mann bereit; sie sollten auf Booten und kleineren Schiffen, deren Anzahl die Berichte mit 4000 angeben, nach Korea hinübergebracht werden. Zwei Stoßrichtungen waren vorgesehen. Der eine Stoß zielte auf die koreanische Südküste, wo gemäß dem Plan 200 000 Mann gelandet werden sollten. Die zweite Armee mit 100 000 Mann war zur Westküste Koreas möglichst weit nach Norden in die Korea-Bai zu bringen. Diese Armee erhielt von Hideyoshi die Aufgabe, im Rücken der Koreaner eine zweite Front aufzubauen. Nach

der Vereinigung der nach Norden vordringenden Südarmee sollten beide gegen China marschieren.
Der Plan war großzügig angelegt, er versprach auch Erfolg. Die kriegerische Tüchtigkeit der japanischen Soldaten stand außer Zweifel ebenso wie die der japanischen Seeleute, von denen die meisten viele Jahre hindurch als Handelsschiffer oder Seeräuber vor den chinesischen und koreanischen Küsten gekreuzt hatten und im Besitz genauer Ortskenntnisse der Gewässer waren. Auch forderte die fehlende Wehrbereitschaft der Koreaner und ihre Mißachtung des Soldatenstandes einen Angriff geradezu heraus. Die Koreaner hatten sich Jahrhunderte hindurch den Frieden dadurch erhalten, daß sie Tribute an China oder Japan, je nach dem Grad der Bedrohung, gezahlt hatten. Unter diesem unsicheren Friedensschild hatte sich eine reiche Kultur im Lande entfaltet. So war im frühen 15. Jahrhundert die Buchdruckerkunst mit beweglichen Lettern erfunden worden. Die Porzellanherstellung stand in hohem Ansehen. Seit 1441 benutzten die Koreaner den ersten Regenmesser der Welt, von dem wir wissen. Genaue Lehrbücher über die regional günstigsten Landbestellungen waren im Umlauf. Im gleichen Augenblick aber, in dem die harten Forderungen der Machtpolitik eines Nachbarn auf dieses Kulturreich trafen, mußten das Friedenssystem und das Land zusammenbrechen.

Als die Invasion erfolgte, zeigte sich, in welches Unglück die Mißachtung und Vernachlässigung des Kriegshandwerks und der Rüstung das Land stürzen sollten. Korea konnte nicht mehr als 10 000 Mann zur Abwehr aufstellen. Der japanische Überfall mußte gelingen und Korea das Schicksal erleiden, Kriegsschauplatz zwischen China und Japan zu werden mit den vielen Leiden für die Bevölkerung und mit der Unzahl der Zerstörungen von Kulturwerten, die ein Krieg besonders in Pufferstaaten zur Folge haben. In dieser Situation jedoch trat ein Mann in Korea auf die politische Bühne, der zwar nicht mehr den Krieg auf koreanischem Boden abwenden konnte — dafür war zu viel versäumt worden —, der aber die völlige Zerstörung des Landes und die dauernde Eroberung durch die Japaner verhinderte. Es war der koreanische Admiral *Yisun*.
Von seiner Persönlichkeit wissen wir wenig. Aber wenn wir ihn an seinen Leistungen messen, muß Yisun, wie einstmals Themistokles in Athen, ein Mann von außerordentlichem Weitblick und von ungewöhnlicher Kraft der Ausstrahlung gewesen sein. Man halte sich die Situation in Korea vor Augen: eine versagende, schwache Armee ohne Rückhalt im Volk, der königliche Hof den Wissenschaften und Künsten zugetan, aber unfähig, dem Volk Ziel und Aufgaben zu stellen und die fundamentalste aller

Regierungsaufgaben zu erfüllen, nämlich Sicherung der Grenzen und Schutz des Volkes. Wenn es Yisun gelungen ist, unter diesen Verhältnissen die Koreaner zum Widerstand zu bewegen und eine Streitmacht aufzustellen, mit der sie sich wenigstens für die kommenden Jahrzehnte ihre Freiheit erhalten haben, so beleuchtet das allein die Größe seiner Persönlichkeit und die Weite seiner Fähigkeiten.

Die Japaner waren in der Nähe von *Fusan* gelandet. Die Landungsarmee war in Etappen von der südlichen Reichsinsel *Kyushu* nach der Insel *Tsushima* gebracht worden. Von dort aus war es möglich, an einem Tag die Südküste von Korea zu erreichen. Da die Soldaten keinen Widerstand fanden, überrannten sie im ersten Ansturm weite Gebiete Koreas. Die Hauptstadt *Seoul* wurde erobert, der König floh in kopfloser Eile. Zwei Monate später schon standen die Japaner an der Nordgrenze, bereit zum Einmarsch nach China, sobald die zweite Armee mit den Schiffen eingetroffen war. Die vorgesehenen 100 000 Mann wurden dringend benötigt, um die trotz des schnellen Siegesmarsches gelichteten Truppenbestände und das abgenutzte Kriegsmaterial wieder aufzufüllen. Aber die Japaner warteten vergebens, die Schiffe blieben aus.

Der Admiral Yisun hatte in Voraussicht der kommenden Ereignisse und in der richtigen Erkenntnis, daß der japanische Vormarsch sich totlaufen mußte, wenn nicht rechtzeitig Nachschub und Verstärkung herankamen, eine kleine Flotte aufgestellt. Seine Absicht war, mit ihr die zweite japanische Armee, von der er wußte, daß sie den Seeweg nehmen würde, da dieser bei der Unwirtlichkeit ganzer Landstriche zur chinesischen Grenze hin der schnellere und weniger beschwerliche war, auf der See abzufangen. Seine Seestreitkräfte waren denen der Japaner weit unterlegen. Was für die Koreaner zählte, waren die besseren Kenntnisse der heimischen Gewässer mit den vielen unübersichtlichen Buchten und Inseln und den gefährlichen Riffen und Untiefen auf den Küstenwegen. Vor allem war die Persönlichkeit des Admirals entscheidend, der es verstand, die Besatzungen der Schiffe fanatisch für den Kampf um die Freiheit ihrer Heimat zu begeistern und sie mit Vertrauen zur Führung zu erfüllen.

Zwei Erfindungen, die Yisun selbst gemacht hatte, sollten sich als ausschlaggebend erweisen. Die eine war ein Verfahren, mit flüssigem Feuer zu schießen; die andere Erfindung war ein gänzlich neuartiger Schiffstyp. Feuerwaffen waren bislang in den ostasiatischen Kriegsflotten ungebräuchlich gewesen. Die Entscheidung fiel durch Schwächung der Besatzungen mit Pfeilen und Speeren, darauf folgte das Rammen und der Enterkampf. Auch Brandpfeile wurden geschossen. Yisun war sich darüber klar, daß er der erdrückenden Übermacht der Japaner nur dann mit einiger Aussicht auf Erfolg begegnen konnte, nicht wenn er ihnen mit gleichen Schiffen und gleicher Taktik entgegentrat, sondern wenn er über ein Schiff verfügte, das sowohl in der Standfestigkeit wie in der Schlagkraft den japanischen Schiffen überlegen war. Das Schiff, das er erfand, war das sogenannte „Schildkrötenschiff" (koreanisch = Kwi-sun). Es verfügte über eine Schnelligkeit, Wendigkeit und Größe, wie sie die Schiffe im Fernen Osten bisher nicht besaßen. Wir sind über die technischen Bedingungen, die zu diesen für die damalige Zeit ungewöhnlichen Eigenschaften führten, nicht informiert. Nur über die Form und über die Standfestigkeit wissen wir besser Bescheid. Gegen Enterversuche waren außenbords scharfe Piken und Dornen angebracht. Charakteristisch war ein konvexes Dach, das das ganze Schiff bedeckte und das durch schuppenartig gelegte Eisenplatten gegen Feuerpfeile und Enterhaken geschützt war. Da das Schiff sehr tief lag, und der Rumpf eine fast kreisrunde Form hatte, erweckte es den Eindruck einer schwimmenden Schildkröte. Ein mächtiger, mit Metall beschlagener Drachenkopf vorne bestärkte den Eindruck. Von hier aus schoß die Besatzung Pfeile und Brandgeschosse, ebenso wie aus den Öffnungen, die sich in regelmäßigen Abständen rund um das ganze Dach befanden.

Wie gefährlich diese Erfindung war, merkten die Japaner bald. Nachdem Yisun an einem Junimorgen 1592 ein japanisches Beobachtungsgeschwader auf der Hauptverbindungslinie der Japaner zwischen Fusan und Tsushima im Überraschungsangriff vernichtet hatte, wuchsen zum ersten Mal das Selbstvertrauen und die Zuversicht der Koreaner. Bei den ständigen Erfolgen der Feinde zu Lande war dieser Erfolg dringend notwendig. Als es Yisun auch am nächsten Tag gelang, ein weiteres Geschwader aufzureiben, war er strategisch Herr der Lage, da er nun die Nachschubwege der Japaner kontrollierte. Wenn diese ihre im Landesinnern vordringende Armee unterstützen und die Hunderttausend-Mann-Armee als Verstärkung nachsenden wollten, mußten sie die Transporte zur koreanischen Westküste führen. Aus navigatorischen wie logistischen Gründen war damit zu rechnen, daß sie die Inseln an der südlichen Küste Koreas anliefen. Yisun nahm mit seiner Flotte Kurs dorthin. Die Entscheidung fiel am 9. Juli 1592, als Yisun die japanische Armada von weit über 100 Transportern, die von einer großen Kriegsflotte gedeckt wurden, in der Nähe der Chin-Insel unweit der Chinhai-Bucht sichtete.

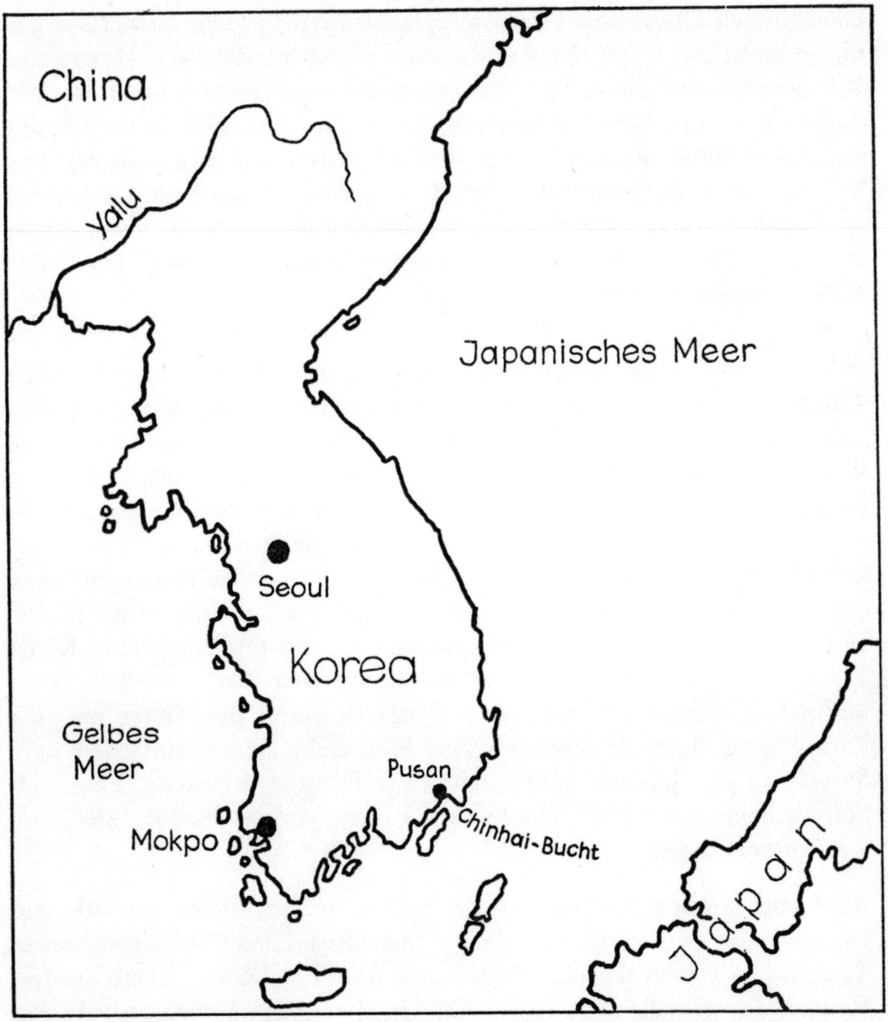

Die Berichte über die sich entwickelnde Schlacht sind äußerst lückenhaft. Sie erlauben kein Nachzeichnen der Flottenbewegungen, auch nicht in den Grundzügen. Wir wissen nur, daß beim ersten koreanischen Angriff 70 japanische Schiffe versenkt wurden, und daß, als ein anderer japanischer Flottenverband eingriff, von diesem weitere 50 Schiffe sanken. Die koreanische Flotte wütete mit ihrem geheimnisvollen Schildkrötenschiff in einer solchen Weise, daß Panik die Japaner erfaßte und die Überlebenden in wilder Flucht davonstürmten. Es scheint, daß der ganze Geleitzug, auf dem sich die zweite Armee befand, ein Opfer der Fluten geworden ist.

Damit brach Hideyoshis Operationsplan zusammen. Die Niederlage zur See machte die Lage der Landarmee, die inzwischen die koreanische Nordgrenze erreicht hatte, überaus schwierig, nochzu da in diesem Augenblick chinesische Truppen in den Kampf eingriffen. Die Japaner sahen sich ohne die erwarteten Verstärkungen und Ergänzungen von Kriegsmaterialien gezwungen, den Rückzug anzutreten. Noch vor Eintritt des Winters mußte ganz Korea, außer einigen befestigten Plätzen, die sie an der Südküste angelegt hatten, von ihnen geräumt werden. Japan leitete Waffenstillstandsverhandlungen ein.

Die Verhandlungen zogen sich jahrelang hin. Hideyoshi, der seine Absicht, China zu unterwerfen, nicht aufgeben wollte, nutzte die Zeit zum Aufbau einer neuen Flotte. Vielleicht glaubte er immer noch an die Richtigkeit seiner Antwort, die er dem koreanischen König 1586 auf dessen Absage hin gegeben hatte: „Ich werde trotzdem China erobern und es so leicht ausführen wie ein Mann, der eine Strohmatte aufrollt und sie unter dem Arm fortträgt." In Yisun hatte er jetzt seinen eigentlichen Gegner erkannt. Durch Denunziationen und Intrigen, die er anzettelte, und durch Bestechungen am koreanischen Hof erreichte er, daß der König Yisun das Vertrauen entzog und ihn aller seiner Ämter enthob. Diese Maßnahme wirkte sich sogleich auf den Zustand der Flotte und die Kampfmoral ihrer Besatzungen aus. Hideyoshi konnte zufrieden sein. So wagten die Japaner 1596 eine zweite Invasion in Korea. Fast alles lief wie beim ersten Mal. *Seoul* wurde genommen und zerstört, das Land weithin verwüstet.

Aber nach großen Anfangserfolgen scheiterte auch dieser Angriff, und zwar wieder an der koreanischen Flotte. Aus Furcht, in dieser neuen Katastrophe seinen Thron zu verlieren, hatte der König Yisun zurückgerufen. Es war die Not seines Landes, die diesen bewog, erneut den Befehl über die Flotte zu übernehmen. Er veranlaßte sogleich, daß weitere „Schildkrötenschiffe" gebaut wurden, und ein Jahr später schlug er bei Fusan die japanische Flotte wieder so vernichtend, daß auch der zweite Eroberungsfeldzug wegen Verlust der Seewege zusammenbrach und die Japaner sich unter großen Verlusten zurückziehen mußten. Yisun wurde in dieser Seeschlacht tödlich verwundet. Er hatte auf dem Deck seines Flaggschiffs gestanden und die Flotte geführt. Seine letzten Worte waren: „Laßt die Besatzungen nicht wissen, daß ich sterbe; die Schlacht könnte sonst verlorengehen." Zum zweiten Mal hatte der koreanische Admiral das Land vor Unterdrückung bewahrt. Als Hideyoshi ein Jahr später starb, unternahmen die Japaner keinen weiteren Versuch, Korea zu erobern.

Das koreanische Volk hat Yisun nach seinem Tode als den großen Befreier gefeiert. Nicht weit von dem Hafen *Mokpo* entfernt erhebt sich über seinem Grab noch heute ein eindrucksvolles Ehrenmal, das ihm die Koreaner errichteten. Ohne Zweifel gehört Yisun zu den großen Seeführern der Welt. Und ohne Zweifel hat er wie sie Geschichte gemacht. Denn Korea blieb ein freier Staat, wenn es auch eine Generation danach die nominelle Oberherrschaft Pekings erneut anerkennen mußte. In Wirklichkeit blieben die Koreaner Herr im eigenen Hause. Erst nachdem im 19. Jahrhundert Japan seinen Aufstieg zur Großmacht begann, wurde Korea wieder Streitobjekt zwischen seinen beiden mächtigen Nachbarn. Im gleichen Augenblick brach auch in Korea der Haß wieder auf, den die Japaner durch ihre sinnlosen Zerstörungen und durch ihre grausame Kriegführung unter Hideyoshi gesät hatten.

Für das „Reich der Mitte“ bedeuteten Yisuns Siege, daß ihm die Eroberung durch die Japaner oder zum mindesten manche verheerende japanische Einfälle und Raubzüge erspart blieben. Vielleicht wären die Eindringlinge wie andere vor ihnen von dem chinesischen Volk im Laufe der Zeit aufgesogen worden. Sicher aber hätten sie sich, wenn sie Erfolg gehabt hätten, Stützpunkte geschaffen und schon damals festen Fuß auf dem ostasiatischen Kontinent gefaßt. Nun erreichten die *Mandschus,* was den Japanern nicht gelungen war. Seit den neunziger Jahren des 16. Jahrhunderts schon hatten jene gegen die *Ming-Kaiser* unablässig Kriege geführt. 1644 endlich zogen Mandschu-Soldaten, vom Volke jubelnd als Befreier von der Willkürherrschaft und Mißwirtschaft unfähiger Kaiser begrüßt, in Peking ein. Die Verhältnisse im Innern des chinesischen Reiches waren so chaotisch geworden, daß das Volk bereit war, jede Regierung anzunehmen, wenn sie nur Ordnung und Sicherheit brachte. Einer der Mandschu-Prinzen wurde zum Kaiser von China proklamiert. Bemerkenswert ist, daß diese Dynastie ununterbrochen bis zur Revolution im Jahre 1911 geherrscht hat. Mit einer hervorragend organisierten Verwaltung und mit einem straff geführten und hoch angesehenen Heer haben die ersten Mandschu-Kaiser China zur Weltmacht gemacht. Zur Zeit Ludwigs IV. galt in Europa der Kaiser *K'ang-hi* als einer der bedeutendsten Herrscher der Welt. Hundert Jahre später erreichte China die größte territoriale Ausdehnung in seiner Geschichte.

Auch für Japan haben die Siege Yisuns nachhaltige Folgen gehabt. Kurze Zeit nach dem endgültigen Rückzug aus Korea begann der Prozeß der

Abschließung Japans. Schon Hideyoshi hatte die weitere Verbreitung des Christentums verboten. Bald wurden alle Fremden und alle christlichen Priester aus dem Lande gewiesen. Eine Ausnahme machte man nur mit den Holländern. Das Privileg war aber insofern eingeschränkt, als sie nur unter strenger Bewachung eine einzige Handelsniederlassung, die auf einer künstlich angelegten Insel in der Bucht von Nagasaki lag, unterhalten durften. Die Abschließung ging so weit, daß ab 1630 es unter Androhung der Todesstrafe verboten war, Bücher oder Schriften des Auslandes nach Japan einzuführen. Kein Japaner durfte das Land verlassen, kein Fremder japanischen Boden betreten. Alle seegehenden Schiffe waren zu verbrennen; nur der Bau von Fischereifahrzeugen blieb gestattet.

Diese freiwillige Absperrung hat über zwei Jahrhunderte gedauert. Aufgehoben wurde sie erst, als der amerikanische Kommodore *Perry* mit einem Kriegsschiffsverband 1853 vor Tokio erschien und im Auftrag seiner Regierung die Öffnung einiger japanischer Häfen für amerikanische Schiffe forderte. Japaner bezeichnen diese Zeit der Abschließung als den „Schlaf Japans" nach den Kraftanstrengungen der koreanisch-chinesischen Feldzüge und als eine Zeit des Reifens und des Schöpfens neuer Kräfte. Japan nahm dabei in Kauf, weit hinter der wissenschaftlichen und technischen Entwicklung zurückzubleiben. Welche Kräfte sich aber während dieses „Schlafes" angesammelt hatten, sollte die Welt mit Erstaunen, mit Bewunderung und auch mit Entsetzen im 20. Jahrhundert erfahren.

La Hougue

1692

Das *Kap La Hougue* liegt an der Ostküste der Halbinsel Cotentin, welche die Seinebucht nach Westen hin abgrenzt. Der Name des Kaps ist mit der Erinnerung an den Verlust von einigen französischen Linienschiffen verbunden, eine im Verhältnis der großen Menge von Kampfschiffen der damaligen Flotten nur geringe Zahl. Der Name kennzeichnet aber auch den Beginn eines schleichenden Verhängnisses für die französische Marine und für den französischen Staat.

Als in der Nacht vom 1. auf den 2. Juni 1692 hinter der Landzunge von La Hougue und vor der vorgelagerten nahen Insel *Tatihou* zwölf auf Strand gesetzte und von ihren Besatzungen verlassene französische Linienschiffe von englischen Brandern in Brand gesetzt und vernichtet wurden, war das ein Ereignis, das, soweit es den Materialverlust betraf, im ersten Augenblick wenig ins Gewicht zu fallen schien. Die Schiffe waren bei den vorzüglichen Werften, die Frankreich damals in allen Hafenstädten besaß, schnell zu ersetzen, zumal die Besatzungen und die Geschütze gerettet worden waren. Zwar war *Colbert,* der Begründer der französischen Seemachtstellung, fast zehn Jahre tot. Aber sein Geist war an vielen Stellen in Politik, Wirtschaft und Marine noch lebendig. In Frankreich gab es noch eine von ihm herangezogene Schicht von Männern, die wußten, daß ihr Land eine starke Seemachtstellung besitzen müsse, wenn es in der Reihe der Großmächte eine Stimme haben und nicht zum Objekt der Politik fremder Nationen herabsinken wollte.

Die zwölf Linienschiffe waren im Angesicht von einigen Hunderten von Anwohnern der Küste und von mehreren Tausenden Soldaten einer französischen Armee in Flammen aufgegangen. Bei dieser Armee hielt sich der aus England vertriebene Stuart-König *Jakob II.,* der bei *Ludwig* XIV. von Frankreich Zuflucht und Unterstützung gefunden hatte, auf. Der französische König hatte die Armee bereitgestellt, um Jakob mit Waffengewalt nach England zurückzuführen und dessen Wiedersacher, das englische Parlament, zur Raison zu bringen. Zugleich sollte sie den vom Parlament berufenen neuen englischen König *Wilhelm III. von*

Oranien verjagen. Die Armee hatte damit gerechnet, daß die französische Flotte ihr ungestört die Überfahrt über den Englischen Kanal sichern könne. Enttäuschung und Entsetzen über das Schauspiel, das sich in dieser hellen Nacht abspielte, waren daher groß. Viele Soldaten erfuhren vielleicht zum ersten Mal aus eigener Anschauung, welche Bedeutung eine Flotte haben konnte. Der Invasionsplan wurde aufgegeben. Was schwerer wog, war, daß gerade die Kreise am königlichen Hof in Paris, die wenig oder nichts von der Wirksamkeit einer Seemacht verstanden und der Marine stets skeptisch gegenübergestanden hatten, an Einfluß gewannen und den König in seiner Auffassung bestärkten, daß Frankreichs Stärke in der Armee allein läge.

Ein kurzer geschichtlicher Rückblick ist erforderlich. Die expansive Politik Ludwigs XIV., seine kriegerischen Unternehmungen mit dem Ziel, Frankreich zur beherrschenden Macht in Europa zu machen, hatten fast alle Länder des Kontinents seine Feinde werden lassen. Mitten im Frieden hatte er, um Spanien zu schwächen, einen Angriff auf die Spanischen Niederlande unternommen. Die Generalstaaten waren ihm sogleich entgegengetreten, da sie alles daransetzen mußten, einen so ehrgeizigen und gefährlichen Nachbarn, wie der „Sonnenkönig" es war, von ihrer Südgrenze fernzuhalten. An der Tüchtigkeit der holländischen Seeleute und ihres Admirals *de Ruyter* und des damaligen Statthalters Wilhelm III. von Oranien war Ludwigs Angriff auf die Niederlande schließlich gescheitert. Wilhelm war der erbittertste Feind des französischen Königs geworden.

Auch England hatte mit Mißtrauen auf Ludwigs Pläne geschaut, sich in diesem Gebiet, dessen Schwerpunkt Flandern war, festzusetzen. Spanien in Flandern bedeutete nach dem Untergang der Armada für England keine Gefahr, wohl aber das seit dem Wirken Colberts auch zur See mächtig aufstrebende Frankreich. Die unmittelbare Nachbarschaft dieser starken Macht in Flandern empfanden alle Engländer als unmittelbare Bedrohung. Der Bericht eines französischen Agenten in England traf diese Stimmung richtig, wenn er seinem König schrieb, daß jeder Engländer sein letztes Hemd hergeben würde, wenn er damit erreichen könne, daß Flandern spanisch bliebe.

An seiner Ostgrenze hatte Ludwig die Lockerung des Verbandes des Deutschen Reiches seit dem Westfälischen Frieden von 1648 dazu benutzt, auf Grund unklarer Bestimmungen des Friedenvertrages linksrheinische Gebiete an sich zu reißen. 1681 hatte er *Straßburg* besetzt und zum gleichen Zeitpunkt auch *Casale,* das damals der Schlüssel zu Oberitalien war. Es war nicht zu verkennen, daß er beide Städte als Ausfalltore benutzen wollte, in einem Fall gegen das Reich, im anderen Fall gegen Italien. Die Vermutung hinsichtlich Deutschlands bestätigte sich bald. Im September 1688 brach Ludwig unter Berufung auf vermeintliche Erbrechte seiner Schwägerin *Liselotte von Orléans,* einer geborenen Prinzessin von der Pfalz, in die Pfalz ein. Er hatte gemeint, den neuen Raubzug lokalisieren zu können, wie es ihm bisher immer gelungen war. Die Auswirkung dieses Schrittes traf ihn völlig unerwartet. Ein allgemeiner Krieg, der Orléanssche oder der Pfälzische Erbfolgekrieg, war die Folge.

Ludwig hatte offenbar keinen klaren Einblick in die Widerstandskraft Europas gehabt. Die Völker des Kontinents waren entrüstet, und es war für Ludwigs Gegner Wilhelm von Oranien, der inzwischen König von England geworden war, ein leichtes, eine gefährliche Koalition gegen ihn zusammenzubringen. In diesem Zusammenhang brauchen nicht die Gründe auseinandergesetzt zu werden, nach denen das englische Parlament in der „glorreichen Revolution" Wilhelm von Oranien zum Nachfolger des vertriebenen Stuart-Königs Jakob II. berief. Am 15. November 1688 landete der Oranier in *Torbay.* Ludwig wußte, welche Gefahren ihm von dem Machtwechsel in London drohten. Seine Antwort war die Kriegserklärung an die Generalstaaten. Damit mußte sich der Krieg notwendig auf England ausweiten. Österreich und auch das Deutsche Reich hatten Frankreich vorher schon den Krieg erklärt. Die politische Aktivität des Reiches und gar seine Einmütigkeit waren nach seinem bisherigen Gebaren für die europäische Welt völlig überraschend. Als sich auch Spanien und Savoyen dem Bündnis anschlossen, hatte sich fast ganz Europa gegen Frankreich und seinen König erhoben.

Das Zustandekommen dieser mächtigen Koalition über alle Hindernisse nationalstaatlicher Egoismen und über die Schranken konfessioneller Spaltungen hinweg war einzig das Werk Wilhelms von Oranien. Windelband schreibt in dem Werk „Die auswärtige Politik der Großmächte in der Neuzeit" über ihn: „Der Kampf gegen Frankreich ist Wilhelms Leitstern sein ganzes Leben lang geblieben, nicht etwa aus persönlichem Haß gegen Ludwig und nicht nur um des sachlichen Interesses Hollands willen, sondern aus der klaren Erkenntnis der unbedingten Notwendigkeit des europäischen Gleichgewichts... In Wilhelm von Oranien hat also der Widerstand gegen Ludwig seine Verkörperung gefunden."

Die Koalition konnte schließlich Ludwig in seine Schranken zurückweisen, und zwar durch seine eigene Schuld. Gebannt hatte er auf seine Ostgrenze geblickt, begierig auf den dort zu erreichenden Landgewinn und stolz auf die siegreichen Schlachten seiner Heere. Ohne genügendes Verständnis für die sich anbahnende Erweiterung des politischen Raumes meinte er, mit bloß festländischer Machtvergrößerung und mit festländischen Mitteln die Vormacht in Europa gewinnen zu können. Befangen in diesen engen Vorstellungen sah er nicht, daß durch die Beteiligung von Holland und England der kriegerische Zusammenstoß einen gänzlich anderen Charakter annehmen mußte. Schon sprach damals die europäische Öffentlichkeit in einer noch nicht ganz klar erfaßten, sondern mehr erahnten Vorstellung von der Andersartigkeit Hollands und Englands, ihrer Politik, ihrer Gesellschaftsstruktur und ihrer Kriegführung, als von den „Seemächten". Ludwig ist tatsächlich an dieser Begrenzung gescheitert.

Sein Unverständnis für Seefragen zeigte sich schon bei Beginn des Krieges. Durch seinen Nachrichtendienst war er von der Überfahrt Wilhelms von Holland nach England rechtzeitig unterrichtet worden. Er unternahm aber nichts, sie zu verhindern, obgleich er von dem französischen Gesandten im Haag, der die Engländer und Holländer aus langjährigem Umgang kannte, wie auch von seinem Marineminister eindringlich angegangen worden war, die Flotte einzusetzen, um gleich zu Beginn die Vereinigung von Holland und England zu verhindern. Ebenso hatte Ludwig für den langen Arm der Seemacht kein Verständnis. Nach der Vertreibung aus England war Jakob nach Irland gegangen, wo das ganze Land, ausgenommen der protestantische Norden, ihn mit Begeisterung als den rechtmäßigen König begrüßte. Wilhelm durfte diesen Gegner in seinem Rücken nicht dulden. Ludwig seinerseits mußte alles daransetzen, Jakobs Stellung gerade in diesem Gebiet zu stärken. Das konnte nur durch die Beherrschung der Irischen See geschehen. Dieses Seegebiet war durch Jakobs Stellung in Irland zum seestrategischen Angelpunkt geworden.

Jedoch Ludwig hatte dies keineswegs erkannt; denn die französische Flotte tat nichts, um beherrschend in der Irischen See aufzutreten und den Nachschub an Jakob sicherzustellen. Es konnte der englische Kommodore *Rooke,* der spätere Befehlshaber des englischen Geschwaders, das 1704 bei der Eroberung Gibraltars in Aktion trat, die für Jakob bestimmte Unterstützung aus Frankreich verhindern und auch die Verbindungslinie zwischen Irland und Schottland, wo sich viele Parteigänger Jakobs befanden, zerschneiden. Ein kräftiger Einsatz der französischen Flotte in diesem Seegebiet hätte allen Widerstand gegen Jakob gebrochen. So konnte Wilhelm ungehindert mit 288 Transportschiffen, die von nur wenigen Linienschiffen begleitet waren, in Irland landen und Jakob am *Boyne* so vernichtend schlagen, daß für diesen alle Aussicht auf Rückgewinnung seines Thrones verloren war. Jakob floh und konnte sich nur mit Mühe auf einer der wenigen französischen Fregatten einschiffen, welche die ziemlich überflüssige Aufgabe hatten, nur den St. Georgskanal zu überwachen. Die Fregatte brachte Jakob nach Frankreich.

Das Versagen der französischen politischen Führung hinsichtlich seestrategischen Denkens ist umso erstaunlicher, als gerade einen Tag vor der Niederlage Jakobs am Boyne die französische Flotte unter *Tourville,* einem der bedeutendsten französischen Flottenführer, der vereinigten englischen und holländischen Flotte östlich der Insel Wight bei *Beachy Head* eine schwere Niederlage beigebracht hatte. Unter Verlust von 17 Linienschiffen hatten sich die Engländer und Holländer fluchtartig in die Themsemündung zurückziehen müssen. Sicher wäre die Niederlage für beide noch größer gewesen, wenn Tourville hätte nachstoßen und den Kampf fortsetzen können. Aber Ludwig hatte ihm befohlen, die Schiffe vorsichtig und nicht ohne Not einzusetzen. Vermutlich mutete er seiner Marine nur wenig zu; sicher aber hatte er nicht die Bedeutung eines vollen Seesiegs und die Folgen der Vernichtung der gegnerischen Flotte für seine kontinentale Kriegführung begriffen.

Ein Hinweis auf eine in der Geschichte zu beobachtenden Erscheinung möge hier angebracht sein; sie trug sich im damaligen England zu: Wenn die Politik versagt hat, indem sie die Forderungen der Fachleute mißachtet, setzt sie nach einer Katastrophe häufig alles daran, die eigene Schuld zu vertuschen. In der Öffentlichkeit werden dann die Befehlshaber zur Verantwortung gezogen, was um so leichter ist, je vordergründiger und emotionaler die Masse reagiert. Das erlebte Admiral *Herbert,* der die englische Streitmacht bei Beachy Head befehligt hatte. Der aufgehetzte Londoner Pöbel zog nach Bekanntwerden der Niederlage durch die Straßen und forderte Bestrafung der Schuldigen. Herbert wurde ins Gefängnis geworfen. Seine Schuld bestand darin, nur 54 Linienschiffe, die das Parlament ihm aus Sparsamkeitsgründen zur Verfügung gestellt hatte, gegen die mit 70 Linienschiffen weit überlegene französischen Flotte angeführt zu haben, und das auf ausdrücklichen Befehl des Parlaments, dem seine zahlenmäßige Unterlegenheit durchaus bekannt war.

Die Erfolge der Landkriegführung schienen Ludwig recht zu geben, wenn er die französische Marine als bloßes Nebeninstrument seiner kriegerischen Politik einschätzte. Die französischen Armeen erwiesen sich von Dünkirchen bis Nizza und Katalonien überall gegen die Truppen der Koalition als siegreich. Es zeigte sich, welche Kraft in Frankreich steckte, wenn es straff geführt wurde. Diese Siege waren es, die den König dazu verführten, der Flotte nicht genügend Beachtung zu schenken — ein Versäumnis, für welches das französische Volk schwer zahlen mußte. Denn obgleich kein einziger Gegner während des Krieges den Boden Frankreichs betreten hatte, war das Land schließlich so erschöpft und am Ende seiner Kraft, daß Ludwig 1697 den Frieden von *Rijswijk* schließen mußte. Er gab, außer Elsaß und der Stadt Straßburg, alles preis, für dessen Eroberung er Jahre hindurch Opfer über Opfer von dem französischen Volk verlangt hatte.

Wir nähern uns mit diesen Betrachtungen den Ereignissen um La Hougue. Bald nach den ersten Jahren des Kampfes mußte Ludwig einsehen, wie schwer der weitere Fortgang sein werde, wenn es nicht gelang, England aus der europäischen Koalition herauszubrechen. Über die Zähigkeit seines Gegners Wilhelm gab er sich keiner Täuschung hin. Es gab nur einen Weg: Jakob mit Waffengewalt nach England zurückzuführen und Wilhelm zu verjagen. Das schien nicht schwierig zu sein, da ja kurz vorher bei Beachy Head die französische Flotte ihre Überlegenheit bewiesen hatte. Außerdem rechnete man in Paris auf Grund von Agentenberichten damit, daß viele englische Seeoffiziere zu dem abgesetzten König, mit dem sie früher Seite an Seite gekämpft hatten und der mit ihnen dem alten Glauben anhing, überlaufen würden, sobald Jakob um seinen Thron kämpfen würde und es zur Seeschlacht kam. Hinsichtlich der letzten Überlegung täuschten sich Ludwig und seine Ratgeber gründlich. Es zeigte sich schon damals, daß bei Gefahr für das Vaterland die Engländer das nationale Wohl über die Vorteile einer Partei oder nur Zugehörigkeit zu einer Konfession stellten; hinsichtlich der ersten Überlegung war dem König entgangen, daß seine Flotte nicht mehr die von Beachy Head war.

Inzwischen hatte ein älterer Höfling, mit Namen *Pontchartrain,* der vom Seewesen nichts verstand, aber als geschmeidiger Höfling ohne eigene Meinung sich in das Vertrauen des Königs eingeschlichen hatte, die Leitung des Marineministeriums übernommen. Es dauerte nicht lange, bis sich in der Marineverwaltung durch Unkenntnis, Mangel an Umsicht und durch Nachlässigkeit Fehlleistungen bemerkbar machten, wie sie unter Colbert und dessen ersten Nachfolgern niemals aufgetreten waren. Die

Werften arbeiteten nicht mehr termingerecht, Ausrüstung und Armierung der Schiffe waren nie vollständig; bald fehlten auch hinreichende Besatzungen. So kam es, daß Tourville zur Deckung des geplanten, oben erwähnten Landungsunternehmens statt der vorgesehenen 70 Linienschiffe nur 44 zur Verfügung hatte. Der Befehl für ihn lautete trotzdem, die Schlacht mit den Engländern und Holländern zu wagen, gleichgültig wie stark diese seien. Ein welch' schlechtes Gewissen Pontchartrain gehabt haben muß, geht aus einem Zusatzbefehl hervor, in welchem es heißt: „Über die Befehle des Königs ist nicht zu diskutieren. Sie sind von Ihnen auszuführen. Melden Sie, ob Sie dazu bereit sind. Wenn nicht, wird der König einen anderen mit dem Oberkommando beauftragen."

An der Ostküste der Halbinsel Cotentin bei Kap *Barfleur* traf Tourville auf die verbündete Flotte der Engländer und Holländer; sie stand unter dem Befehl des englischen Admirals *Russel* und zählte 88 Linienschiffe, nach einigen Berichten sogar 99. Da Tourville bei südwestlichem Wind in Luv stand, hätte er den Kampf ablehnen können. Trotz seiner Unterlegenheit von 1:2 griff er an. Ein Gegenbefehl, den der König, dem offenbar Bedenken gekommen waren, im letzten Augenblick ihm noch nachgesandt hatte, erreichte den Admiral nicht mehr. Als Tourville das Signal zum Angriff setzte, war er sich darüber klar, daß es den Tod von einigen Tausenden von tapferen Seeleuten und den Verlust vieler stolzer Schiffe bedeuten würde. Nach menschlichem Ermessen mußte er unterliegen. Hatte Russel doch schon wegen seiner doppelten Zahl von Schiffen eine doppelt so lange Linie, mit der er die französischen Schiffe einkreisen und mit vernichtendem Feuer überschütten konnte.

Es war der 29. Mai 1692. Die Franzosen fochten mit hervorragendem Geschick und vereitelten jeden Versuch Russels zum Umfassen ihrer Linie. Wie hoch der Kampfwert der französischen Seeleute trotz des unfähigen Ministeriums immer noch war, wird aus der Tatsache ersichtlich, daß, als abends Windstille und dichter Nebel die Feuereinstellung erzwangen, nicht ein einziges der französischen Schiffe die Flagge gestrichen hatte oder gesunken war, obgleich sie schwere Beschädigungen davongetragen hatten. Russel zählte 20 entmastete und leckgeschossene Schiffe, die er als kampfunfähig aus der Linie herausnehmen mußte. Mahan beurteilt das Verhalten der Franzosen folgendermaßen: „Eine größere Probe von Tapferkeit und militärischer Leistungsfähigkeit kann von keiner Marine erwartet werden. Tourvilles Meisterschaft in der Flottenführung und seine überragende Seemannschaft trugen in hohem Maße zu diesem Ergebnis bei."

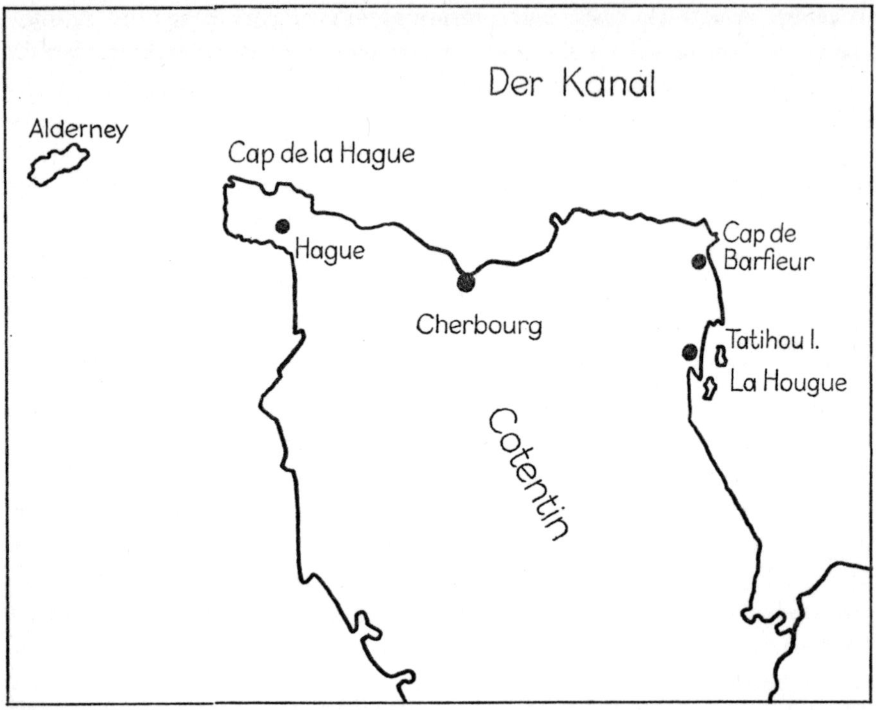

Sicher wäre diese Schlacht als Glanzleistung und Triumph französischer Tüchtigkeit zur See in die Geschichte eingegangen, wenn sie nicht durch die folgende Katastrophe in der erwähnten Nacht vom 1. auf den 2. Juni bei Kap la Hougue die so tiefgreifenden und weitreichenden Folgen für den Ausgang des Krieges und für die französische Marine gehabt hätte. Es mag hier erwähnt werden, daß alle Marinen damals eine anschauliche Lehre von der Notwendigkeit von Stützpunkten in Seegebieten oder zum mindesten in der Nähe der Meeresgebiete, um deren Kontrolle es geht, erhielten. Die nordfranzösische Küste war unwirtlich und hatte keine Häfen, die als Stützpunkte für die Flotte dienen konnten. Trotz Vorstellung der Flottenführung hatte Paris den Bau hintertrieben, und Tourville hatte — das ist sein Versäumnis, vielleicht auch war er den Hofintrigen nicht gewachsen — nicht energisch genug auf die Errichtung geeigneter Anlagen bestanden. In diesem Augenblick nun, wo er seine stark angeschlagenen Schiffe instandsetzen mußte und die Ergänzung von Munition dringend erforderlich war, fehlten sie. Nicht einmal eine einigermaßen gesicherte Reede gab es. So entschloß sich Tourville, da bei dem Zustand seiner Schiffe die Fortsetzung des

Kampfes ganz aussichtslos war, den nächstliegenden Hafen, nämlich Brest, anzulaufen. Der Marsch dorthin sollte um das *Kap de la Hague* herum durch das schwierige Fahrwasser zwischen den Normannischen Inseln gehen.

Im Schutze der Nacht hatte sich Tourville von seinem Gegner lösen können, ohne daß dieser sogleich seine Absicht bemerkt hatte. Tourville gewann einen erheblichen Vorsprung, der aber bald verlorenging, da er sich nicht entschließen konnte, sein Flaggschiff, die „Soleil-Royal", die wegen ihrer schweren Beschädigungen in der Geschwindigkeit stark herabgesetzt war und damit den Marsch des Verbandes verlangsamte, zu verlassen. So kam es, daß nicht alle französischen Schiffe rechtzeitig mit dem Ebbstrom die gefährliche Enge zwischen der Insel *Alderney* und der Küste genommen hatten. Der Gezeitenstrom kenterte, und 15 Linienschiffe schafften die Enge nicht mehr. Für sie bestand, da die verbündete Flotte inzwischen das Verschwinden der französischen Schiffe bemerkt und die Verfolgung aufgenommen hatte, nun höchste Gefahrenstufe. Bei den Wetter- und Strömungsverhältnissen war von den nach Brest vorausgeeilten Schiffe keine Hilfe zu erwarten. Tourville mußte schnell handeln.

Er stieg von der „Soleil-Royal" auf ein anderes Linienschiff über und entließ sein Flaggschiff mit zwei anderen Dreideckern als Begleitschutz nach Cherbourg, wo es damals weder einen Hafen noch einen Wellenbrecher gab. Die Folge war, daß die drei Schiffe dort von einigen ihnen nachgesandten englischen Schiffen zusammengeschossen wurden.

Mit den restlichen zwölf Schiffen, denen die Durchfahrt nicht gelungen war, lief Tourville nach Osten zurück um das Kap Barfleur herum und steuerte die kleine Bucht von La Hougue an. Dort hatte die französische Invasionsarmee das Feldlager aufgeschlagen. Der französische Admiral hatte mit Absicht den gefahrenreichen Weg in unmittelbarer Nähe der Küste genommen, da er sich Feuerschutz durch die Küstenbatterien erhoffte. In der Bucht selbst erwartete er bei seiner verzweifelten Lage Hilfe von der zahlreichen Artillerie des Heeres. Kaum hatte er Anker geworfen, wurde er sofort von Russel blockiert, so daß ein Entrinnen nicht mehr möglich war. Tourville mußte das Kommando über seine Schiffe abgeben, da ein Befehl Ludwigs besagte, daß der Admiral, sobald er unter den Augen der Armee operierte, sich dem Kommando Jakobs II. bzw. des Marschalls der Armee zu unterstellen habe. Von der Armeeführung wurde daraufhin beschlossen, die zwölf Linienschiffe aufzugeben, nachdem die Geschütze und die wertvolle Schiffsausrüstung von Bord genommen worden waren. Es dauerte nicht lange, daß sie von den englischen Brandern vernichtet wurden. Mehrere Augenzeugen haben später übereinstimmend geurteilt, daß die Linienschiffe bei Einsatz der Artillerie des Heeres zu retten gewesen wären. Aber nicht ein Schuß wurde von französischer Seite abgegeben. In einem anderen Bericht heißt es, daß Jakob und der Armeebefehlshaber diesem „herzzerreißenden Schauspiel so seelenruhig zusahen, als ob ein unterhaltsames Feuerwerk abgebrannt wurde." Die Armee hatte nicht einmal ihre eigenen Transporter gesichert, so daß die Engländer den größten Teil von ihnen bei dieser Gelegenheit gleich mitverbrennen konnten.

Die französische Flotte hatte im ganzen 15 Linienschiffe verloren. Das war ein schwerer Schlag, er brauchte aber nicht vernichtend zu sein. Was den Verlust so schwerwiegend und folgenreich machte, war die bekannte Reaktion des Hofes und die moralische Wirkung auf die französischen Seeleute. Paris drosselte scharf die Ausgaben für die Marine, alle Mittel für die Kriegsführung flossen von nun an dem Heer zu. Pontchartrain plante sogar, die Flotte ganz aufzulösen. Unter diesen Umständen konnte von den Besatzungen, ihren Kommandanten, den Offizieren und den Matrosen, kein tatkräftiger Einsatz mehr verlangt werden, um den Lauf des Krieges zu beeinflussen. Die Folge war, daß in den nächsten Jahren die französische Flagge von allen Meeren vertrieben wurde. Kein Schiff konnte bald einen französischen Hafen verlassen oder anlaufen.

Wenn Ludwig Friedensverhandlungen anknüpfte, die zu den Frieden von Rijswijk führten, zwang ihn dazu der stille, aber unaufhörliche Druck der gegnerischen Flotten, die nach 1692 den gesamten Seehandel Frankreichs zum Erliegen gebracht hatten.

Zuweilen wird die Meinung geäußert, daß erst die Ergebnisse des Spanischen Erbfolgekrieges für Frankreich den Verlust seiner Vormachtstellung in Europa eingeleitet haben. Aber das Ergebnis dieses Krieges bestätigte nur die Wende, die schon der Ausgang des Pfälzischen Erbfolgekrieges gebracht hatte. Wie der Abstieg Spaniens 1588 begonnen hatte, so setzte der Niedergang Frankreichs zur See 1692 ein, und zwar nicht nur mit den Auswirkungen auf den Kontinent, sondern auf lange Sicht auch in der Welt. Noch hatte England gegenüber seinem Rivalen nicht den unbedingten Vorrang gewonnen. Englands Schiffe kontrollierten noch nicht unangefochten die Sieben Meere. Aber Englands Anspruch stand von nun an fest. Frankreich mußte fortan zurücktreten „nicht auf

Grund materieller Verluste, sondern Dank den psychologischen Folgen von La Hougue."

Ein Blick auf die Karte zeigt, daß dieses Land die besten Voraussetzungen für eine meerbeherrschende Stellung besaß; es hatte drei Seeküsten: am Mittelmeer, am Atlantik und am Kanal. Es verfügte in den Basken und Bretonen über eine außerordentlich tüchtige seemännische Bevölkerung. Aber schon *Richelieu* hatte in seinem Testament über seine Landsleute geschrieben: „Les voyages de longue haleine sont peu propres à leur naturel." Dieser lange Atem und die weite Sicht, die zur Seegeltung in der Welt nötig sind, fehlten vor allem der französischen Führungsschicht. Ihr mangelndes Seeverständnis und die Bevorzugung vorwiegend kontinentaler Ziele haben für die kommenden Jahrhunderte zum Nachteil für Frankreich die Richtlinien seiner Außenpolitik wesentlich beeinflußt. Als in der Nacht zum 2. Juni 1692 die zwölf französischen Linienschiffe bei La Hougue in Flammen aufgingen, entschied es sich, daß dieser Nation nicht die Herrschaft über die Meere zufallen sollte.

Quiberon

1759

Die Sturmschlacht bei *Quiberon* an der Südküste der Bretagne ist als Denkmal für beste englische Seemannschaft in die Geschichte eingegangen. Zugleich zeigt sie, wie Englands Seeleute Geschichte gemacht haben. Die Schlacht fand am 20. November 1759, in einem Jahr des Höhepunktes des Siebenjährigen Krieges, statt.

Wir Deutschen sind gewohnt, den Siebenjährigen Krieg unter dem Gesichtspunkt der Leistungen eines großen Königs, Friedrichs II. von Preußen, zu sehen, seines Verzweiflungskampfes gegen eine erdrückende Übermacht, seines Landes Selbstbehauptung und der internationalen Anerkennung Preußens als Großmacht. Die Zeitgenossen schon wie die Nachwelt waren von seiner Persönlichkeit und seinem Erfolg tief beeindruckt. In Wahrheit aber war der Krieg weit mehr als eine intern-europäische Auseinandersetzung. Er hatte in der Hauptsache das erbitterte Ringen zwischen England und Frankreich um die überseeische Welt zum Inhalt. Die den beiden Hauptrivalen angeschlossenen europäischen Mächte waren bloße Nebenakteure und gaben mehr oder weniger Hilfestellung. Unter diesem weltpolitischen Aspekt sollte die Sturmschlacht in der Quiberon-Bucht gesehen werden.

Während es in Europa um die Fragen ging, ob in Deutschland, Österreich und Preußen gleichberechtigt und gleichwertig nebeneinander bestehen könnten und ob der Abbau der alten Erbfeindschaft zwischen dem Hause Habsburg und Frankreich von Dauer sein würde, ging es in der großen Politik in Paris wie in London um die Frage, wem von beiden, Frankreich oder England, die Macht und das „Recht“ zufallen sollte, in der überseeischen Welt vorherrschend zu sein. Rückschauend erkennen wir, daß La Hougue die Wende und die Entscheidung gesetzt hatte. Den Zeitgenossen war die Frage noch lange offen. Den Anlaß zu dieser weltweiten Auseinandersetzung gaben die Verhältnisse in den Kolonien.

In Indien hatten um die Jahrhundertmitte die Franzosen einen weit größeren Einfluß als die Engländer; die Compagnie des Indes verbuchte mit erheblichem Vorsprung mehr Erfolge als die englische Ostindische

Kompanie. Es konnte damit gerechnet werden, daß in nächster Zukunft Frankreich die Vorherrschaft in ganz Indien gewinnen würde. In Nordamerika hatten die Kämpfe zwischen englischen und französischen Kolonisten eigentlich nie aufgehört. Besonders umstritten war das *Ohiotal* und das Gebiet um den *Champlain-See* im Norden. Das Ohiotal war reich, englische Auswanderer hatten das Allegheny-Gebirge überschritten und sich in das Tal vorgewagt in der Hoffnung, dort siedeln zu können. Dabei war es Jahr für Jahr zwischen ihnen und den französischen Siedlern zu heftigen Grenzkämpfen gekommen, in denen die Franzosen die Engländer mit Hilfe der Indianer immer wieder zurückgetrieben hatten. Schon im Interesse dieser Kolonisten, die begreiflicherweise Rückhalt am Mutterland suchten, konnte die englische Regierung nicht untätig zusehen, ganz abgesehen von der Sorge in London, daß die Franzosen die besten Aussichten hatten, sich im ganzen Mississippital für dauernd festzusetzen. Die allgemeine Spannungslage kennzeichnete *Benjamin Franklin* treffend mit seiner Ansicht, daß es auf dem amerikanischen Kontinent keinen Frieden geben werde, solange die Franzosen Kanada in ihrem Besitz hielten. Denn vorwiegend von dort kam die Unterstützung für die nach Süden vordringenden französischen Kolonisten. Kurz nach der Jahrhundertmitte hatten sich die Verhältnisse an der unruhigen Grenze so zugespitzt, daß jeder Kenner der politischen Lage in jedem Augenblick mit dem offenen Ausbruch des Krieges zwischen England und Frankreich rechnete.

Auf wieweite Sicht England seine Vorbereitungen getroffen hatte, geht daraus hervor, daß englische Kriegsschiffe schon lange vor der offiziellen Kriegserklärung Jagd auf französische Handelsschiffe gemacht hatten. Das war nicht so sehr um der Beute willen geschehen, sondern in erster Linie, um die an Bord befindlichen Seeleute gefangenzusetzen. Mit dieser Aktion wollte England für den kommenden Krieg schon bei der Mobilmachung die Bemannung der französischen Kriegsschiffe aus dem Personal der Handelsmarine und den im Laufe der Kampfhandlungen notwendig werdenden Ersatz auf den Kriegsschiffen durch gute Seeleute erschweren. So wanderten noch vor der Kriegserklärung fast 6000 französische Seeleute in die englische Kriegsgefangenschaft. Erst im April 1756 entschloß sich Frankreich zu einer Antwort, indem es eine Flottenunternehmung gegen die Insel *Minorka* begann. Seit dem Spanischen Erbfolgekrieg befand sich diese Insel in englischer Hand. Die englische Strategie sah in ihr einen hervorragend gelegenen Stützpunkt für die Beherrschung des westlichen Mittelmeers und für die ständige Bedrohung der französischen Südküste.

Während für *Friedrich den Großen* das Jahr 1759 mit der Niederlage bei *Kunersdorf* in der Neumark östlich von Frankfurt an der Oder gegen die vereinigten russischen und österreichischen Truppen die schwerste Belastung im Siebenjährigen Krieg brachte und er nicht nur mit dem Ende der preußischen Machtstellung, sondern mit dem Ende Preußens überhaupt rechnen mußte, wurde das gleiche Jahr das „wunderbare Jahr" für England. Wie oft in der Geschichte des Inselreiches focht es anfangs keineswegs glücklich. Es war, als ob es erst alle Kräfte zum Gegenschlag sammeln und sich auf die Kampfweise seines Gegners einstellen mußte. So ging Minorka verloren, Korsika konnte ohne großen Widerstand von den Franzosen besetzt werden; in Indien verlor England Kalkutta, und in Kanada war der französische Befehlshaber *Montcalm* trotz der wenigen Streitkräfte, die ihm zur Verfügung standen, gegen die angreifenden Engländer erfolgreich. Erst nach der Ablösung des schwachen Ministeriums in London durch den kühnen und energischen *William Pitt* änderte sich das Bild. Da dieser ein starkes Preußen als notwendig ansah, das in der Lage wäre, die französischen Kräfte in Europa in der Weise zu binden, daß Frankreich gegenüber der englischen überseeischen Ausdehnungspolitik schließlich erlahmen mußte, erhielt Friedrich von England sogleich nach Pitts Regierungsantritt Unterstützung in Form von erheblichen Geldzuwendungen. Auch befahl Pitt systematische Beschießungen und Überfälle auf die französischen Küsten in der Biscaya und im Mittelmeer, Unternehmungen, die bald so bedrohlich wurden, daß sie die französische Führung zwangen, Truppen, die bisher in Deutschland gegen Friedrich gekämpft hatten, zum Schutz der eigenen Küste abzuziehen. Für Friedrich bedeutete das eine wirksame Entlastung. Trotzdem trug er im wesentlichen die Hauptlast des Krieges gegen Frankreich in Europa. Pitt konnte alle Kräfte dem Seekrieg zuwenden.

Um dieselbe Zeit, als Pitt die Regierungsgeschäfte übernahm, wurde in Frankreich ebenfalls ein neuer Mann an die Spitze der Regierung berufen; es war *Choiseul.* Er war ein Günstling der *Pompadour,* tatkräftig und geschickt, so daß bald die Führung der Kriegspolitik in seinen Händen lag, und ebenso kühn wie Pitt. Um dem Krieg mit einem Schlag ein Ende zu bereiten, plante er eine großangelegte Invasion. Drei Truppenkontingente wurden zu diesem Zweck bereitgestellt. Das eine lag bei *Ostende,* das andere in *Dünkirchen;* das dritte, welches das stärkste war, sammelte sich in *Morbihan* nördlich der Loire-Mündung. Mit den Zielen Themse-Mündung, Schottland und Irland sollten die Kontingente zum gleichen Zeitpunkt zur Invasion ansetzen. Die notwendige Deckung für die Transporterflotte hatten die Linienschiffsgeschwader zu geben, die in

Toulon und Brest lagen und die sich, so sah der Plan es vor, kurz vorher vereinigen sollten. Choiseul hoffte bestimmt, mit diesen vereinigten Geschwadern der englischen Abwehrflotte mit Erfolg entgegentreten zu können.

Aber wie sah die französische Flotte damals aus? War sie in der Lage, es mit der englischen Schlachtflotte, deren rücksichtslosester Einsatz zur Abwehr der Invasion zu erwarten war, aufzunehmen? Nur 73 Linienschiffe standen bereit gegenüber 119 englischen. Was noch schlimmer wog als die zahlenmäßige Unterlegenheit, war der sehr viel niedrigere Bereitschaftsgrad der französischen Schiffe. Nicht nur fehlten bei der Mobilmachung die 6000 Seeleute, die schon vor Ausbruch des Krieges von den Engländern von Bord geholt und festgesetzt worden waren, auch keines der französischen Kriegsschiffe war vollständig armiert und ausgerüstet. Der häufige Wechsel im Marineministerium — in den sechs vorhergehenden Jahren hatte es fünf Marineminister gegeben, die nur durch die höfische Parteienwirtschaft zu ihrem Amt gekommen waren — wirkte sich aus. Da von diesen Ministern weder Sachkenntnis noch Vertretung für die Forderungen der Marine zu erwarten waren, fühlten sich die Seeleute verraten und verkauft. Verständlicherweise hatten sie für diese Minister und ihre Helfer nur Verachtung.

Auch die Kampfmoral mußte unter diesen Verhältnissen verhängnisvoll leiden. Wie es in der Flotte aussah, möge ein kurzes Schlaglicht auf die Hauptmacht, die in Brest lag, beleuchten. Der Flottenbefehlshaber hatte sich von der Armee 3000—4000 Mann geben lassen müssen, um seine Schiffe einigermaßen zu besetzen. Eine schlagfähige Schiffsbesatzung konnte niemals aus ihnen werden. Niemand glaubte an den Sieg. „Keine sechs Offiziere“, schrieb damals ein Beobachter, „sind von der Möglichkeit überzeugt, ihre Flotte könne auslaufen. Infolgedessen bleiben alle an Land und tun nichts für die schnelle Bereitschaft der Schiffe.“ (Mordal, 25 Jahrhunderte Seekrieg.)

Choiseul hatte in der kurzen Zeit, in der er die Regierung führte, nicht viel ändern können. Die Marine ist ein viel zu empfindliches Instrument der Staatsführung, ihr Aufbau und ihre Erziehung zum Einsatz nehmen viel zu lange Zeit in Anspruch, als daß man sie ohne Schaden für den Staat vernachlässigen könnte. So nimmt es kein Wunder, daß das Toulon-Geschwader, das in der zweiten Hälfte des August ausgelaufen war, um sich mit dem Brest-Geschwader zu vereinigen, gleich nach dem Passieren der Straße von Gibraltar von einem englischen Verband gestellt und in einer Verfolgungsjagd zwischen *Lagos* und dem *Kap St. Vincent* vernichtet wurde. Diese Niederlage, die hätte aufhorchen lassen müssen, führte in Paris keineswegs zur Aufgabe des Invasionsplanes. Dem Befehlshaber der Brest-Flotte, dem Marschall *de Conflans,* der trotz seines Titels Seemann war, blieb nichts andres übrig, als die Deckung der Transporterflotte allein zu übernehmen. In einer Art Schicksalsergebenheit ließ er, der früher ein tatkräftiger und verdienter Kommandant gewesen war, die Dinge laufen. Das Bewußtsein, in Paris kein Verständnis und keinen Rückhalt zu finden, hatte ihm offenbar jede Aktivität und jede Widerstandskraft gegen die schlecht durchdachten Pariser Pläne genommen.

In London war man durch Agentenmeldungen über die französischen Truppenzusammenziehungen und über die Bewegungen der Flotte recht genau informiert. Die Admiralität hatte daher, um Conflans' Auslaufen aus Brest zu verhindern, den Admiral *Sir Edward Hawke,* der die Kanalflotte befehligte, mit der engen Blockade dieses Hafens betraut. Wegen der schweren Stürme, die um diese Jahreszeit in nahezu ununterbrochener Folge vom Atlantik heranbrausten, war die Aufgabe für ihn und seine Seeleute außerordentlich hart. Inzwischen war es November geworden, und mehr als einmal hatten die Stürme, die sich zum Orkan gesteigert hatten, ihn gezwungen, seine Station zu verlassen und unter der englischen Küste Schutz zu suchen.

In der ersten Novemberwoche hatte er wieder mit harten Westwinden zu kämpfen. Als sie sich am 9. zum schweren Sturm erhoben, verließ Hawke seine Station und segelte nach *Torbay.* Er konnte das mit gutem Gewissen tun, da bei einem solchen Wetter — erinnern wir uns daran, daß es die Zeit der Segelschiffe war — sein Gegner nicht in der Lage war, den Hafen zu verlassen. Kritisch erst konnten die Bedingungen für Hawkes Aufgabe werden, wenn der Wind plötzlich umsprang. Das geschah fünf Tage später am 14. November. Während Hawke in Torbay lag, war der Wind nach Norden gegangen, und Conflans nutzte sogleich diese Gelegenheit, aus Brest auszulaufen und die offene See zu gewinnen. Es gelang ihm. Auf offener See nahm er südlichen Kurs zur Quiberon-Bucht, wo sich in *Vannes* die Invasionsarmee versammelt hatte. Diese war für die Landung im Clyde bestimmt; durch Schottland sollte sie auf Edinburgh marschieren. Conflans hatte offenbar die absurde Vorstellung, wenn er nicht ganz resigniert hatte, er könne die Überfahrt decken, bevor Hawke wieder ausgelaufen war.

Aber am gleichen Tag, an dem Conflans Brest verlassen hatte, war auch Hawke wieder in See gegangen. Von den Bewachern und schnellen Fregatten, die er zur Beobachtung der Schiffsbewegungen vor Brest belassen hatte, war ihm die Nachricht von dem Auslaufen der französischen Flotte zugegangen. Und da auch Meldungen von weiter südlich stehenden Bewachern eintrafen, welche die französischen Schiffe mit südöstlichem Kurs gesichtet hatten, war es für Hawke nicht schwer, deren Ziel auszumachen. Der Wind war abgeflaut, so daß die beiden Flotten nur langsam vorankamen. Erst am 19. abends frischte er wieder aus Westen auf. Hawke befahl die Verfolgung der französischen Flotte. Damit begann die Einleitung zur Schlacht bei Quiberon.

Am 20. bei Tagesanbruch sichteten sich die beiden Flotten etwa 15 bis 20 Seemeilen westlich der der Quiberon-Bucht vorgelagerten *Belle-Isle.* Conflans muß außerordentlich überrascht gewesen sein, seinen Gegner in diesem Gewässer zu treffen; denn in seinem Bericht über die Schlacht hebt er später ausdrücklich hervor, daß er zu dieser Zeit und an diesem Ort nicht mit dessen Erscheinen gerechnet habe. Da während der Nacht der Wind sich wieder zum Sturm erhoben hatte, hatten sowohl die französischen wie auch die englischen Schiffe die Fühlung untereinander verloren. Beide Admirale bemühten sich, nach dem Hellwerden in den Vormittagsstunden ihre Schiffe wieder in die Hand zu bekommen. Während dieser Mannöver kam bei dem Sturm die Küste schnell näher, und Conflans beschloß, wegen der zahlenmäßigen Unterlegenheit seiner Flotte (27 englische Linienschiffe gegen 21 französische), ihres unzureichenden Ausrüstungs- und Ausbildungsstandes und wegen seiner gefährlichen Stellung zur Leeküste der Schlacht auszuweichen und Zuflucht in der Bucht zu suchen. Er war des festen Glaubens, in Sicherheit zu sein, wenn er erst die Inseln *Houat und Hoëdic* nebst den anschließenden Felsgruppen, die im Volksmund „Die Kardinäle“ heißen, hinter sich gebracht habe. Wegen des Namens dieser Felsen wird die Schlacht in französischen Geschichtswerken zuweilen auch „Kardinalsschlacht“ genannt. Conflans konnte sich nicht vorstellen, daß Hawke ihm angesichts der vielen Untiefen und Riffe innerhalb der Bucht bei dem schweren Sturm folgen würde.

Aber er hatte nicht mit der Tüchtigkeit der englischen Seeleute, denen schlechtes Wetter wenig ausmachte und die in den langen Blockademonaten an schwierigste Navigation gewöhnt waren, gerechnet, ebensowenig wie mit der kaum zu überbietenden Kühnheit und dem Ungestüm Hawkes. Dieser war sich bei der französischen Invasionsdrohung durchaus bewußt, wie wichtig es war, nicht nur die gegnerische Flotte einzuschließen, sondern sie zu vernichten. Die Gelegenheit war einmalig. Ein anderer Flottenführer hätte wahrscheinlich vorsichtiger gehandelt und den nächsten Tag oder besseres Wetter abgewartet. Hawke aber schob

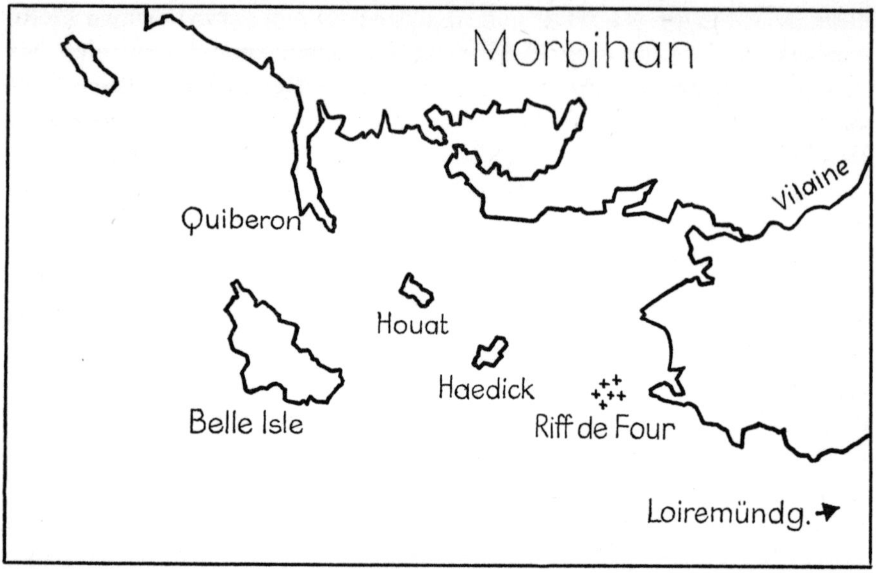

alle Bedenken beiseite und befahl, ohne daß er Lotsen an Bord hatte oder verläßliche Seekarten besaß, allgemeine Jagd. Als ihn sein Navigationsoffizier auf die Gefahr des unbekannten Fahrwassers aufmerksam machte, entgegnete er: „Sie haben Ihre Pflicht getan mit Ihrer Warnung; jetzt aber bringen Sie mich möglichst schnell längsseits des französischen Oberbefehlshabers.“ Wie keiner der englischen und französischen Admirale der damaligen Zeit nahm er Risiko und Verantwortung auf sich. Auch setzte er sich mit seinem Angriff über das damals noch unangefochtene Dogma der rangierten Schlachtordnung, die die „Fighting Instructions“ absolut vorschrieben, hinweg. Schon dieser Mut, verbunden mit der Selbständigkeit der Entscheidung, berechtigt, Hawke in die Zahl der großen Admirale einzureihen.

Kurz nach 15 Uhr kamen die ersten englischen Schiffe, die am schnellsten segelten, mit der weit nachhinkenden französischen Nachhut in Gefechtsberührung und erdrückten sie durch ihre Überzahl. Andere liefen an den französischen Schiffen vorbei und setzten sich vor sie, wobei sie in Lee von ihnen kamen. Unter normalen Umständen galt diese Stellung für den Angreifer als ungünstig. Jetzt ergab sich bei dem inzwischen stärker gewordenen Wind ein unvorhergesehener Vorteil. Während durch das Überlegen nach Lee die englischen Schiffe mit ihrer Artillerie die Franzosen gut bestreichen konnten, waren diese kaum in der Lage, einen einzigen Schuß abzugeben. So sehr lagen sie bei diesem Wetter nach der

Seite, wo ihr Gegner war, über, daß die meiste Zeit ihre Geschützpforten unter Wasser waren. Diejenigen Schiffe, die es wagten, die Pforten zu öffnen, kamen in eine gefährliche Situation, da bei jedem Überlegen das Wasser in vollen Strömen durch die Pforten eindrang. Das behinderte bald schwer ihre Manövrierfähigkeit. Einige liefen auch voll und sanken. An ein Manövrieren gar in der Linie war bei der Enge der Bucht überhaupt nicht zu denken; die Schlacht löste sich in viele Einzelkämpfe auf.
Bei Einbruch der Dunkelheit endete der Kampf in der Nähe der Insel *Dumet*. Nur zwei englische Schiffe waren verlorengegangen durch Strandung auf einer Untiefe. Da ihre Bergung unmöglich schien, wurden sie von ihren Besatzungen in Brand gesteckt, um sie nicht in die Hände der Franzosen fallen zu lassen. Die Franzosen hatten fünf Linienschiffe verloren, zu denen am nächsten Tag noch zwei hinzukamen. Die Zahl ihrer Toten belief sich auf fast 3000 Mann; bei dem Sturm war kaum jemand gerettet worden. Der Rest der Flotte wurde vollständig zerstreut. In seinem Schlußbericht über die Schlacht schrieb Hawke: „Hätten wir nur noch zwei Stunden länger Tageslicht gehabt, wäre die ganze französische Flotte vernichtet oder genommen worden.“ Einige Schiffe flohen nach Nordosten in die Mündung des kleinen Flusses *Vilaine;* sie zu vernichten, scheiterte an den schnell aufgestellten Küstenbatterien des Heeres. Andere wandten sich nach Südosten und suchten in *Rochefort* Zuflucht, wo sie sogleich von den Engländern blockiert wurden. Das Flaggschiff des französischen Oberbefehlshabers, die „Soleil-Royal“, das den gleichen Namen trug wie dasjenige Tourvilles, sah sich am nächsten Morgen fast allein. Damit das Schiff nicht eine Beute der Engländer wurde, ließ es Conflans auf Strand setzen. Er selbst ging, nachdem jedes weitere Blutvergießen sinnlos geworden war, mit der Besatzung an Land.

Alles dies geschah unter den Augen der französischen Invasionsarmee, die untätig der Zerschlagung der Flotte zusehen mußte. Die moralische Wirkung war wie 67 Jahre vorher nach La Hougue für die französische Marine in gleicher Weise verheerend. Ein Marineoffizier berichtete aus Paris: „Eine größere Bestürzung bei Hofe und in der Stadt kann man sich nicht vorstellen.“ Wieder verloren Hof und Regierung, trotz Choiseuls Gegenvorstellungen, jedes Zutrauen zur Marine. Denn mit der Vernichtung der Brest-Flotte hörte jede Aussicht, den großangelegten Invasionsplan zu verwirklichen, auf. Auch konnten die Engländer auf Grund ihrer gewonnenen Überlegenheit darangehen, die französische Transporterflotte in den Kanalhäfen zu vernichten und alle anderen

Häfen eng zu bewachen. Kein französisches Schiff war bald danach auf den Meeren zu finden, die französischen Kolonien waren damit vom Mutterland abgeschnitten. Sie führten von nun an einen aussichtslosen Kampf. Vor allem aber selbst abgeschnitten von seinen Hilfsquellen aus Übersee, war Frankreich bald am Ende seiner Kraft. An dieser Entwicklung änderte auch der Kriegseintritt Spaniens an die Seite Frankreichs nichts. Spaniens Kriegserklärung gab England nur Gelegenheit, auch auf die spanischen überseeischen Besitzungen seine Hand zu legen.

Die Sturmschlacht in der Quiberon-Bucht war nicht nur eine der größten Leistungen der englischen Seeleute und ihres Admirals, sie wurde mit den strategischen und politischen Auswirkungen, die sie zur Folge hatte, auch eine der richtungweisenden Ecksteine in dem Werden des englischen Weltreichs. Hawkes Risiko, mit dem er Pitts Lieblingswort bestätigte, daß „die kühnsten Maßnahmen auch stets die erfolgreichsten sind", hatte sich gelohnt. England hatte die Seeherrschaft auf allen Meeren gewonnen. Niemand mehr konnte sie ihm streitig machen. Die Früchte waren dementsprechend auch weltweit. Manche Besitzungen gab England bei den Friedensverhandlungen im Jahre 1763 in Paris den früheren Besitzern zwar zurück, die reichsten und entwicklungsfähigsten behielt es. So wurden auf dem amerikanischen Kontinent Kanada und Florida, die französischer und spanischer Kolonialbesitz gewesen waren, englisch. Mit seinen alten Kolonien, die entlang der atlantischen Ostküste entstanden waren, wurde England die vorherrschende Macht in Nordamerika. In Indien behielten die Franzosen nur einige Küstenstädte, so daß auch in diesem Teil der Welt die Engländer eine maßgebliche Stellung gewannen.

In der Geschichte ist Choiseuls Invasionsplan weniger bekannt als der, den Napoleon in seiner großen Auseinandersetzung mit England, der letzten zwischen England und Frankreich, ein halbes Jahrhundert später zu verwirklichen hoffte. Mit gewissen Einschränkungen ähneln sich beide Pläne. Vor allem ist ihnen die unzulängliche Strategie gemeinsam, die übersah, daß ein solcher Plan nur gelingen konnte, wenn vorher die Seeherrschaft errungen worden war. Im wesentlichen sah man in Frankreich in der Flotte eine Hilfstruppe der Armee oder höchstens deren verlängerten Arm nach See hinaus. Die Marine war bei den höfischen Verhältnissen in Paris nicht in der Lage gewesen, klare Vorstellungen und Begriffsbildungen vom Eigenwert und Einsatz der Flotte zu erarbeiten und durchzusetzen.

Frankreichs Kolonialreich, das erste in der Geschichte, das seit *Cartier* und *Colbert* errichtet worden war, war zusammengebrochen. Englands Vorsprung, der mit der französischen Flottenkatastrophe bei La Hougue begonnen hatte, war nicht mehr einzuholen. Quiberon bedeutet den Beginn des englischen Empires und die geschichtliche Entscheidung, daß es für die kommenden Jahrhunderte nur eine Weltmacht geben sollte: England. Für jeden Engländer, das sei zum Schluß vermerkt, waren die Auswirkungen dieser Schlacht so offensichtlich und eindringlich, daß das englische Volk wie die englische Regierung, trotz mancher Schwankungen in der Geschichte der englischen Marinepolitik, in den folgenden fast zwei Jahrhunderten nie wieder den Blick für die entscheidende Bedeutung einer Flottenmacht zum Schutz ihrer Insel wie zur Ausbreitung und Erhaltung ihres Empires verloren haben.

Chesapeake-Bai

1781

Am 19. Oktober 1781 kapitulierte in *Yorktown* im Staate Virginia, USA, der englische General *Cornwallis* mit dem größten Truppenkontingent, welches England zur Unterwerfung seiner aufständischen Kolonien nach Nordamerika entsandt hatte. Der General hatte sich zu der Kapitulation entschlossen, nachdem er durch das Eingreifen der französischen Flotte vor der *Chesapeake-Bai* von seinen Zufuhren aus England abgeschnitten war. Die Fortsetzung seines Widerstandes gegen die Aufständischen hätte nur weiteres, sinnloses Blutvergießen verlangt.

Als am 4. Juli 1776 die 13 nordamerikanischen Kolonien Englands, die in Jahrhunderten an dem Küstenstreifen des Atlantiks entstanden waren, ihre Unabhängigkeit erklärten, ging die Prophezeiung in Erfüllung, die einige vorausschauende Politiker bei Beendigung des Siebenjährigen Krieges gemacht hatten. Nach den Bestimmungen des Pariser Friedens von 1763 war Kanada, das bislang französischer Besitz gewesen war und von dem eine ständige Bedrohung für die englischen Kolonisten ausgegangen war, an England gefallen. Nun gab es für die Siedler diese Bedrohung nicht mehr, eine allzu enge und schutzsuchende Bindung an das Mutterland war nicht mehr notwendig. Beobachter der politischen und wirtschaftlichen Verhältnisse hatten geurteilt, daß, je freier und fruchtbarer sich die Kolonien nach 1763 entwickelten, desto stärker die Loslösungsbestrebungen der Kolonisten wachsen würden. Auch seien, da bei den Kämpfen um Kanada viele von ihnen als Soldaten Seite an Seite mit englischen Regierungstruppen mitgefochten hatten, das Selbstvertrauen und das Selbstbewußtsein unter ihnen so gestiegen, daß sie sich die Bevormundung durch das Mutterland nicht auf lange Zeit gefallenlassen würden. Wollte London, so urteilten die Beobachter weiter, eine solche Entwicklung verhindern, mußte es viel Takt und größte Vorsicht in der Behandlung dieser Kolonien walten lassen.

Was England tat, war das Gegenteil von diesen Ratschlägen. Wenn man die vielen Maßnahmen und Verordnungen, die London in diesen Jahren gegenüber den nordamerikanischen Kolonisten anwandte, kritisch beurteilt, muß man über das Ausmaß an gesetzgeberischer und verwaltungstechnischer Ungeschicklichkeit und über die Unkenntnis der psychologischen Situation in Amerika erstaunt sein, mit denen London vorging. Die einzelnen Stufen der Trennung zwischen dem Mutterland und den Kolonien brauchen nicht dargestellt zu werden. Begonnen hatte die amerikanische Revolution mit dem Streit, ob das Parlament in London das Recht habe, die Amerikaner, ohne daß diese im Parlament vertreten waren, zu besteuern. Bei der bekannten Boston-Tea-Party ging es nicht mehr um die Höhe des Teezolls; er betrug z. B. in den Kolonien nur ein Viertel von dem, was die Bürger im Mutterland zu zahlen hatten. Das spektakuläre Begebnis war in erster Linie der Ausbruch der Stimmung in den Kreisen, die der englischen Regierung überhaupt kein Gesetzgebungsrecht gegenüber den Kolonisten zubilligen wollten. Streitfall folgte auf Streitfall, Mißverständnis auf Mißverständnis, Gereiztheit auf Gereiztheit. Niemand fand ein ausgleichendes Wort.

Wie jede Revolution nahm auch die amerikanische einen ganz anderen Verlauf als den, den der Anfang vermuten ließ. Die 13 Kolonien hatten bisher ein ausgeprägtes Sonderdasein geführt und sich zum Teil eifersüchtig gegeneinander abgeschlossen. Nun fanden sie sich zusammen auf der Basis des gemeinsamen Widerstandes. Auch empfanden sie, daß, je mehr Soldaten und Beamte aus England zur Durchführung der in London erlassenen Bestimmungen in das Land kamen, um so stärker die Kluft in der Lebensführung und Lebensauffassung zwischen ihnen und den Heimatengländern zutage trat. So vollzog sich fast zwangsläufig ein Prozeß des Zusammenschlusses aller Nordamerikaner und ihrer Bewußtwerdung von der Eigenständigkeit gegenüber dem Mutterland. Selbstbewußt heißt es in ihrer Unabhängigkeitserklärung: „Wir halten folgende Wahrheiten für selbstverständlich: daß alle Menschen gleich sind von Geburt, daß sie von ihrem Schöpfer mit bestimmtem unveräußerlichen Rechten ausgestattet sind und daß zu diesen Rechten Leben, Freiheit und das Streben nach Glück gehören; daß, um diese Rechte zu sichern, unter den Menschen Regierungen eingerichtet sind, die ihre rechtliche Macht von der Zustimmung der Regierten ableiten; daß in jedem Fall, wenn eine Regierungsform in Hinblick auf den genannten Zweck sich als zerstörerisch erweist, das Volk das Recht hat, sie zu ändern und abzuschaffen ..."

Noch vor der Unabhängigkeitserklärung hatte die englische Regierung die Kolonisten öffentlich als Rebellen bezeichnet. Sie war fest entschlossen, sie zum Gehorsam zu zwingen und die Herrschaft in dem wertvollsten überseeischen Besitz Englands, wenn es sein mußte, mit Waffen aufrechtzuerhalten. Bei der Überlegenheit Englands, das nicht nur das reichste Land der Erde war, sondern das einige Jahre vorher im Siebenjährigen Krieg der stärksten Kontinentalmacht Europas, Frankreich, hatten seinen Willen aufzwingen können, mußte die Lage der Amerikaner hoffnungslos scheinen. Ihre Wirtschaftskraft war gleich null. Sie verfügten weder über einen arbeitsfähigen Regierungsapparat, noch über ein Heer, das sich mit den disziplinierten englischen Soldaten messen konnte; sie hatten nur eine unzulänglich ausgerüstete und ausgebildete Miliz. Wenn trotzdem die Amerikaner die Freiheit gewannen, so verdankten sie dies neben der Gunst des weiten Raumes, der den Verteidigern alle Vorteile bot, wie er ebenso nachteilig für die Angreifer war, einer Persönlichkeit von überragendem Rang, *George Washington* – und dem rechtzeitigen Eingreifen der französischen Flotte für die Sache der Amerikaner.

Schwere und wechselvolle Kämpfe hatten sich über Jahre hingezogen. In ihnen waren die Kolonisten mehr als einmal in Gefahr, bezwungen zu werden. Erfolge hatten mit Mißerfolgen und Rückschlägen gewechselt. Am gefährlichsten hatte sich die Tätigkeit der englischen Geschwader an der nordamerikanischen Ostküste ausgewirkt. Da die Amerikaner außer wenigen unzulänglich ausgerüsteten Kaperschiffen keine Kriegsflotte besaßen, konnten die Schiffe der Engländer ungehindert den Nachschub für die Heeresverbände übernehmen und sichern. Auch übten sie einen dauernden Druck der Ungewißheit auf die amerikanische Führung aus, da sie bei ihrer Beweglichkeit und Schnelligkeit an irgendwelchen Stellen der Küste überraschend auftraten, um Truppen an Land zu setzen. Es war den Aufständischen bei der Länge der Küste nicht möglich, diese zu schützen. Um nur ein Beispiel zu nennen: 1777 landeten die Engländer unter Ausnutzung des Küstenweges im Norden der Chesapeake-Bai. Das geschah so unvorhergesehen, daß es ihnen gelang, sich in kürzester Zeit der reichen und damals größten Stadt in Nordamerika *Philadelphia* zu bemächtigen. Dieser englische Erfolg wurde durch die Kolonisten nur dadurch ausgeglichen, daß sie auf dem nördlichen Kriegschauplatz bei *Saratoga* ein englisches Heer, das von Kanada über den Champlain-See nach Süden vordringen sollte, auffingen und zur Übergabe zwangen.

Dieser Sieg von Saratoga schwächte die englischen Streitkräfte nicht nur erheblich, er hob auch die oft verzweifelte Stimmung der Kolonisten und gab ihnen neue Zuversicht. Wichtiger jedoch waren die politischen Folgen des Erfolges. Das zeigte sich vor allem in Frankreich. Schon eine geraume Zeit hatte Frankreich „inoffiziell“ den Aufständischen geholfen. Es geschah über eine als privat getarnte Handelsgesellschaft des Herrn *Pierre de Beaumarchais,* bekannt als Verfasser der gesellschaftskritischen Lustspiele „Der Barbier von Sevilla“ und „Der tolle Tag oder die Hochzeit des Figaro“. Ohne die Lieferungen aus der Handelsgesellschaft wäre Saratoga nicht möglich gewesen.

Das Motiv für die Hilfeleistung der Franzosen war das Verlangen nach Rache für den Verlust Kanadas. Diese Absicht verband sich mit der Sympathie für die amerikanische Revolution besonders in der Jugend, die die Forderungen zu verwirklichen gedachte, die viele Franzosen zu Idealen erhoben hatten. Das offizielle Frankreich hatte sich lange zurückhaltend gezeigt, wenn es auch heimlich die Waffen- und Materiallieferungen des Herrn Beaumarchais finanzierte. Der französischen Regierung kam es darauf an, den alten Gegner England, gegen den Frankreich im Pfälzischen, Spanischen, Österreichischen Erbfolgekrieg und zuletzt noch im Siebenjährigen Krieg so unglücklich gefochten hatte, möglichst nachhaltig zu schwächen. Die Möglichkeit dazu bot sich in der Unterstützung der Nordamerikaner in solcher dosierten Weise, daß es nicht zu einer baldigen Entscheidung kam, sondern daß im Gegenteil sich der Krieg möglichst in die Länge zog. Durch Einsatz immer neuer Menschen und Mittel wurde England damit zu einem schmerzvollen und nachhaltigen Aderlaß gezwungen.

Als die Nachricht von dem Sieg der Kolonisten bei Saratoga in Paris eintraf, brach die Sympathie der Franzosen offen aus. Unter dem Druck der öffentlichen Meinung gab die Regierung ihre abwartende Haltung auf und erkannte die Selbständigkeit der Kolonien an. Als überaus geschickter Unterhändler in Paris erwies sich *Benjamin Franklin,* wenn er erklärte: „Tyrannei gibt es überall in der Welt. Jedem, der die Freiheit liebt, gereicht es daher zur größten Freude zu sehen, daß Amerika das Asyl aller Unterdrückten werden wird. Wir kämpfen für die Würde und die Glückseligkeit aller Menschen. Für Amerika bedeutet es höchsten Ruhm, von der Vorsehung für diesen Kampf berufen worden zu sein.“ Seinem Einfluß ist es zu verdanken, daß schnell das französisch-amerikanische Bündnis zustande kam.

Daß dieser Vertrag den Krieg mit England nach sich ziehen mußte, war jedermann in Frankreich klar. Aber das französische Volk war entschlossen, unter allen Umständen Kanada zurückzugewinnen und England den Anspruch auf Beherrschung der Welt streitig zu machen. Offen wurde erklärt, erlittenes Unrecht rächen und der „tyrannischen Herrschaft Englands auf den Meeren“ ein Ende bereiten zu wollen. Als sich 1780 Spanien, das die gleichen Interessen an der Schädigung Englands hatte wie Frankreich, dem Bündnis anschloß und auch Holland, war aus dem Kolonialkrieg ein „Weltkrieg“ geworden. Wie England sich trotz dieser Bedrohung, trotz der schweren Belastung auf dem nordamerikanischen Kriegsschauplatz und trotz der außerordentlichen Leistungen der französischen Flotte, die in imponierender Größe für diese Auseinandersetzung aufgebaut worden war, in diesem Krieg hat behaupten können, ist der Gegenstand einer besonderen Untersuchung. (Vergl. dazu Mahan, Der Einfluß der Seemacht auf die Geschichte, Bearbeitung und deutsche Übersetzung in Koehlers Verlagsgesellschaft, Herford, 1967 und Wolter/Meurer, Die See — Schicksal der Völker, ebendort, 1970.)

England überstand diesen Kampf, aber mit großen Einbußen. Die 13 Kolonien waren nicht zu halten. Trotz aller Anstrengungen mußte es deren Unabhängigkeit anerkennen. Wie es dazu kam, soll die folgende Darstellung zeigen.

Nach dem Mißerfolg im Norden hatten die Engländer den Kriegsschauplatz in die südlichen Kolonien verlegt. Sie hofften, dort leichter mit den Aufständischen fertigzuwerden. Sie brachten Georgia und die beiden Karolina für einige Zeit in ihre Gewalt, ohne daß Washington in der Lage war, einen ernstlichen Gegenschlag zu tun. Durch den Krieg war die Wirtschaft der Kolonien zusammengebrochen; seine Truppen befanden sich in einem elenden Zustand, der teilweise zur völligen Auflösung führte. Daran konnte auch der preußische Offizier *v. Steuben,* in welchem Washington einen hervorragenden Organisator und Berater gefunden hatte, nichts ändern. Die englische Flotte kontrollierte nach wie vor die Küstengewässer. Mit stetigen Überfällen fügte sie den Küstenstädten schwere Schäden zu und setzte überraschend hinter den amerikanischen Linien Kampftruppen an Land. Der Augenblick war vorauszusehen, wo die Kraft der Kolonisten erschöpft sein mußte. Washington hatte schon verlauten lassen: „Wenn uns Frankreich nicht rechtzeitig hilft, wird es bald zu spät sein; wir sind am Ende unsrer Kräfte. Jetzt muß Rettung kommen oder nie.“

Die Wende kam mit dem Eingreifen einer französischen Flotte unter Führung des Admirals *de Grasse* am 5. September 1781. Von dem Bündnis mit Frankreich hatte Washington in erster Linie Unterstützung über die See erwartet. Es ist erstaunlich, mit welcher Klarheit er die Bedeutung der Seemacht in diesem Kriege erkannte. Im Januar des gleichen Jahres hatte er an seinen Gesandten in Paris geschrieben: „Nächst einer Geldanleihe ist eine dauernde Überlegenheit zur See an diesen Küsten das uns am meisten Interessierende. Diese würde den Feind auf eine schwierige Defensive beschränken ... Es ist tatsächlich nicht denkbar, wie er eine starke Macht in diesem Lande unterhalten wollte, wenn wir die Seeherrschaft hätten und wir seine Zufuhren von Hilfsmitteln aus Europa unterbinden könnten. Diese Überlegenheit, zusammen mit einer Geldhilfe, würde uns in den Stand setzen, den Krieg in eine kräftige Offensive zu verwandeln. Für uns ist sie eine der entscheidenden Faktoren."

Die in diesen Sätzen ausgesprochene Hoffnung sollte sich bald erfüllen. England verfügte gegenüber 140 Linienschiffen der verbündeten Franzosen und Spaniern nur über 130; sie waren zum Teil überaltert, außerdem waren sie auf weiten Einsatzgebieten zerstreut: zur Unterstützung des Landkrieges an der Ostküste Amerikas, zum Geleitdienst nach Ost- und Westindien, zum Schutz der heimischen Gewässer. In Unterschätzung ihrer Gegner hatte die Admiralität in London auf die enge Blockade der französischen Kriegshäfen, wie es früher in der Regel der Fall gewesen war, verzichtet. Sie wollte lieber auf allen Kriegsschauplätzen gleich stark sein, was ihre Kräfte überforderte. Französische Kriegs- und Handelsflotten konnten daher ungehindert aus- und einlaufen. So waren mehrfach große Flotten nach Westindien in See gegangen, zuletzt noch Ende März 1781 unter dem Admiral *de Grasse*. Er befehligte 20 Linienschiffe, eine größere Anzahl von Fregatten, Korvetten, Versorgungsschiffen und Transportern. Ohne auf englische Abwehr zu stoßen, hatte er *Martinique* erreicht.

Anders als die früheren Befehlshaber, die in den Jahren vorher ebenfalls hier erschienen waren, war de Grasse entschlossen, nicht nur den für die amerikanische Kriegführung wertvollen Konvoi sicher in das Land der Kolonisten zu bringen, sondern auch unmittelbar in den Befreiungskrieg einzugreifen. Nachdem er in Westindien alle verfügbaren Schiffe seiner Flotte eingereiht hatte, ging er nach kurzem Aufenthalt nach *Kap Français,* dem heutigen *Kap Haïti,* wo er Anker warf. Dort erwartete ihn schon eine schnell segelnde Fregatte. Washington und der Befehlshaber der französischen Truppen in Amerika, der General *Rochambeau,* hatten sie ihm entgegengeschickt mit der Mitteilung, daß es entsprechend der Gesamtlage dringend erforderlich sei, gegen einen der englischen Stützpunkte, entweder New York oder gegen das Gebiet um die Chesapeake-Bai, das der englische General *Cornwallis* besetzt hielt, zu operieren. Sie stellten dem Admiral frei, den Punkt zu wählen, der ihm unter seemännischen Gesichtspunkten als der günstigste erschien. De Grasse entschied sich für den Angriff auf die Chesapeake-Bucht.

Washington und Rochambeau setzten sich daraufhin mit ihren Truppen nach Süden hin in Marsch mit Richtung auf den Nordteil der Bucht, an deren Ende *Yorktown* liegt. Dort hatte Cornwallis eine feste Stellung bezogen. Von See her näherte sich de Grasse. Um seine Absicht möglichst lange geheim zu halten, hatte er den Weg durch den alten Bahama-Kanal gewählt. Unbemerkt kam er am 30. August in der *Lynnhaven-Bucht* westlich von *Kap Henry* an, wo er ankerte und die zur Verstärkung für Washington und Rochambeau mitgeführten Truppen an Land setzte. Überraschend sah sich Cornwallis auf dem Lande und von der See her eingeschlossen. Der englische Flottenbefehlshaber hatte aus unbegreiflicher Sorglosigkeit oder Verkennung der Lage die Bucht freigegeben. Für die englische Sache hing nun alles davon ab, daß es der englischen Amerika-Flotte gelingen würde, die französische Blockade von außen her aufzubrechen.

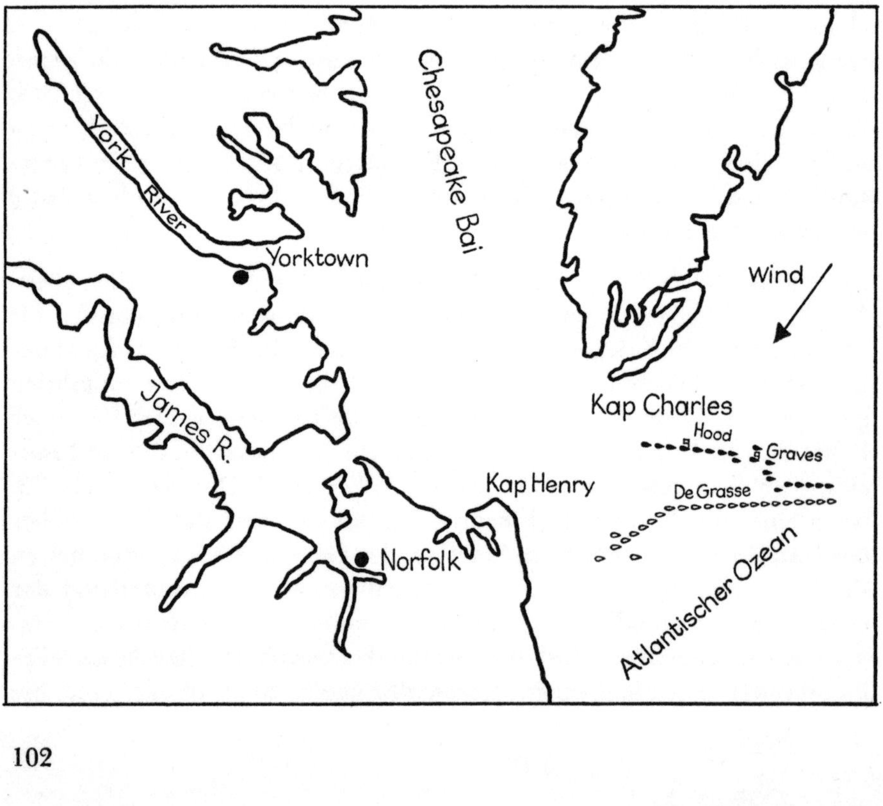

Das Schlachtenglück stand gegen die Engländer. Das In-See-Gehen der französischen Flotte bei Kap Français hatte sich nicht verheimlichen lassen. Der Admiral *Hood,* der im Siebenjährigen Krieg schon seine Tüchtigkeit bewiesen hatte und Geschwaderchef hier war, hatte auf die Nachricht vom Auslaufen de Grasse' sogleich Segel gesetzt, um dessen Absicht zu erkunden. Richtig vermutete er als Ziel die Chesapeake-Bai, die er, da er nicht auf Geheimhaltung zu achten brauchte, auf dem kürzesten Weg mit dem Erfolg ansteuerte, daß er drei Tage vor de Grasse eintraf. Da er aber die Bucht leer fand, wandte er sich suchend nach Norden. Zugleich wollte er sich mit seinem Befehlshaber *Graves,* der dienstälter als Hood war, vor New York vereinigen. Dort erfuhren die beiden Admirale, was sich in der Chesapeake-Bai während dieser Fahrt ereignet hatte. In voller Erkenntnis, was von ihrem Eingreifen für Cornwallis abhing, nahmen sie ohne Verzögerung gemeinsam Kurs dorthin.

Am 5. September vormittags erreichte Graves mit 19 Linienschiffen den Eingang der Bucht. De Grasse hatte 24 zur Verfügung. Trotz seiner Unterlegenheit zögerte der englische Admiral nicht einen Augenblick anzugreifen. Die Lage der französischen Flotte war denkbar ungünstig; die Schiffe lagen vor Anker, fast 2000 Offiziere und Mannschaften befanden sich bei Arbeiten für die Armee an Land, der Wind stand auf Land zu und die Strömung lief in die Bucht hinein. Wenn de Grasse nicht Gefahr laufen wollte, ähnlich wie *Brueys* in der Abukir-Bucht 17 Jahre später, hilf- und wehrlos zusammengeschossen zu werden, mußte er schnell von Land freikommen und die offene See gewinnen. Nur dort konnte er auch seine zahlenmäßige Überlegenheit zur Geltung bringen. Um keine Zeit zu verlieren, ließ er die Ankertrossen schlippen, da das Ankerlichten mit dem durch Menschenkraft betriebenen Spill ein zu zeitraubendes Manöver war. Mit einer Schnelligkeit, in der sich das ständige Training einer eingespielten Besatzung zeigte, wurden die Segel gesetzt. Es war eine außergewöhnliche seemännische Leistung, als de Grasse mit seinen Schiffen zweieinhalb Stunden nach dem ersten Sichten der englischen Flotte unter ständigen kurzen Schlägen zwischen dem nur drei Seemeilen breiten Fahrwasser an Kap Henry zur offenen See hin vorbeikam.

Das Verhalten des englischen Admirals ist nach unseren heutigen Begriffen kaum zu verstehen. Wegen des mühsamen Kreuzens gegen den Wind hatte de Grasse es nicht verhindern können, daß die Linie seiner Schiffe zeitweise in erhebliche Unordnung geriet und viele Blößen bot. Anstatt diese nun bei günstigem Wind, der manche Möglichkeit zur Initiative bot, auszunutzen und allgemeine Jagd zu befehlen, wie Hawke es sicher getan hätte und wie Hood es seinem Befehlshaber vorschlug, ließ Graves seinem Gegner Zeit, die Linie zu formieren. Er gab damit eine überaus günstige Gelegenheit aus der Hand. Erst nachdem die beiderseitige Linie Schiff gegen Schiff gebildet worden war, setzte er das Signal „Abfallen und Angreifen". Dieser Vorgang zeigt, wie sehr der englische Admiral Gefangener des seetaktischen Denkens seiner Zeit war, das in fast mathematischer Regelung erst die Linienbildung vorschrieb, bevor mit dem Kampf zu beginnen sei. Es war das Zeitalter der abgezirkelten und genau festgelegten Formen in allen Lebensbereichen und auch das Zeitalter der Ritterlichkeit. Gegner sandten sich nach der Schlacht Glückwünsche und Anerkennungsschreiben. Mit einem Anflug von Humor charakterisiert Mahan Graves' Verhalten: „Seine Kriegführung verriet seine Galanterie."

Als Graves den Angriffsbefehl gab, lief die Linie seiner Schiffe in einem spitzen Winkel zur französischen, so daß sich die beiden Flotten nur langsam näherten. Erst um vier Uhr nachmittags begann der Kampf. Dabei kam die englische Vorhut zuerst in Feindberührung, ohne daß sie von den folgenden Schiffen, die das Signal „Abfallen" offenbar nicht alle verstanden hatten, Unterstützung erhielt. Hood, der am Schluß stand, behielt am längsten den alten Kurs bei. So kam es, daß die englische Spitze und ein Teil der Mitte so stark mitgenommen wurden, daß Graves abdrehte und den Kampf abbrach. De Grasse folgte ihm trotz seiner großen Überlegenheit nicht. Anstatt die feindliche Flotte zu vernichten und damit die ständige englische Bedrohung in diesem Seegebiet auszuschalten, begnügte sich der französische Admiral damit, das Feld behauptet zu haben.

Fünf Tage noch operierten die beiden Flotten in Sichtweite, ohne daß es zu einer neuen Gefechtsberührung kam. Ein scharfer Nordost trieb sie nach Süden vom Schwerpunkt der Landkämpfe weg. Einige Schiffe sichteten schon *Kap Hatteras*. Da sprang der Wind um, was sich de Grasse zunutze machte, um zur Chesapeake-Bucht zurückzulaufen. Wenn Graves noch einige Hoffnung gehegt hatte, die Herrschaft über die Bucht zu gewinnen, mußte er sie jetzt endgültig aufgeben. Denn inzwischen war ein anderer französischer Flottenverband unter *Barras*, der hoch im Norden bei *Newport* operiert hatte, eingetroffen. De Grasse verfügte nach der Vereinigung mit ihm über 36 Linienschiffe. Graves kehrte nach New York zurück und überließ Cornwallis seinem Schicksal.

Während des Kampfes war im Grunde wenig passiert. Die Franzosen hatten 220 Mann verloren, die Engländer 336; nur ein Linienschiff war vernichtet worden, es war ein englisches. Aber die Bedeutung einer Seeschlacht richtet sich keineswegs nach ihrer Dramatik oder nach den materiellen Verlusten, sondern nach den strategischen und politischen Folgen, die ihr Ausgang nach sich zieht. Unter diesem Gesichtspunkt gehört das Treffen vor der Chesapeake-Bucht zu einem der wichtigsten und folgenreichsten in der Geschichte. De Grasse war Herr des strategisch entscheidenden Seegebiets geworden und blieb es, nachdem Barras zu ihm gestoßen war, unangefochten. Von See her hatten die Amerikaner nichts mehr zu befürchten. So verstärkten sie ihre Angriffe auf Cornwallis. Diesem blieb, da er mit keinerlei Hilfe von außen rechnen konnte, nichts anderes übrig als zu kapitulieren. Am 19. Oktober 1781 marschierte die Hauptstreitmacht der Engländer in Nordamerika in die Kriegsgefangenschaft. Eine Militärkapelle spielte dazu das Lied „Die Welt ist auf den Kopf gestellt". Die dreizehn Kolonien jubelten. Die Freiheit war so gut wie erkämpft.

Die Fortführung des Kampfes in Nordamerika war für England nutzlos geworden. Unter dem Druck der öffentlichen Meinung mußte der König die alte Kriegsregierung entlassen und eine zum Ausgleich mit den Amerikanern bereite berufen. Der Prozeß der Loslösung der Vereinigten Staaten vom Mutterland war auf die Dauer nicht zu unterbinden. Aber ohne die Ereignisse vor der Chesapeake-Bai und ohne die Behauptung der französischen Flotte dort wäre über kurz oder lang die Lage Washingtons und seiner Mitkämpfer hoffnungslos geworden; es hätte für die Nordamerikaner einer neuen weltpolitisch günstigen Situation bedurft, um den Befreiungskampf wieder aufleben zu lassen.

De Grasse wurde in Amerika mit Recht stürmisch gefeiert, und Washington schrieb ihm in treffender Beurteilung der Gegebenheiten: „Die allgemeine Überlegenheit der Engländer zur See, mit der sie schnell ihre Truppen und Kriegsmaterialien befördern konnten, gab ihnen im Süden vor Ihrer Ankunft einen entscheidenden Vorteil. Wir dagegen liefen ständig Gefahr, daß unsere Truppen, die wir in den Kampf schickten, wegen der ermüdenden Landmärsche und wegen der Verspätung auf Grund der weiten Entferungen leicht geschlagen wurden."

Am 30. November 1782 wurde der Friede unterzeichnet, in welchem England die Unabhängigkeit der 13 Kolonien anerkannte und in welchem das ganze Gebiet zwischen den Großen Seen, den Alleghenies und dem Mississippi, das am Ende des Siebenjährigen Krieges Frankreich an England hatte abtreten müssen, dem neuen Staat überlassen wurde. Vom alten Mutterland geduldet, von Frankreich gefördert, konnte das Volk der Amerikaner nun daran gehen, das gewaltige Land zu erschließen und seine vielfältigen Reichtumsquellen zu entwickeln. Ein neues Staatswesen entstand. Es dauerte nicht lange, bis es auf der Bühne der Weltpolitik eine wichtige Rolle einnahm. Abschließend und gleichsam zusammenfassend möge ein Wort des englischen Historikers Geoffrey Callender stehen: „Nicht die Unabhängigkeitserklärung hat den Vereinigten Staaten den Sieg geschenkt, auch nicht das Bündnis mit Frankreich oder die englische Niederlage bei Saratoga. Es war die Schlacht vor der Chesapeake-Bai, die über den Kriegsausgang entschied, Washingtons Werk krönte und unseren übersteigerten Ehrgeiz zerstörte, Nordamerika für die britische Krone halten zu wollen."

Trafalgar

1805

Im Hafen von Portsmouth kann der Besucher das berühmteste Schiff der englischen Marine die „Victory“, Nelsons Flaggschiff in der Schlacht von dem Kap Trafalgar, besichtigen. Das Schiff steht in der Obhut des Marinebefehlshabers von Portsmouth. Eine Kommandierung zur Wachmannschaft gilt als hohe Auszeichnung. Hunderttausende von Menschen besuchen alljährlich die „Victory“. Auf dem Achterdeck wird ihnen die Stelle gezeigt, an der Nelson am 21. Oktober 1805 seine tödliche Wunde durch eine französische Gewehrkugel erhielt.

Zwischen England und Frankreich war 1803 erneut ein Krieg ausgebrochen. Er war der letzte in der Reihe von sieben, die seit der Thronbesteigung Wilhelms III. von Oranien zwischen Engländern und Franzosen ausgetragen wurde. Bei den zwei ersten, dem Pfälzischen und Spanischen Erbfolgekrieg, ging es um dynastische Fragen, die, wenn sie zugunsten Frankreichs gelöst worden wären, das Gleichgewicht auf dem europäischen Kontinent erheblich gestört hätten. Bei den drei folgenden, dem Österreichischen Erbfolgekrieg, dem Siebenjährigen Krieg und dem Kampf um die Unabhängigkeit der nordamerikanischen Kolonien, waren der Überseehandel und die Besitzausweitungen in Übersee die Kriegsziele. Die englischen Kriege gegen das Frankreich der Revolution und gegen Napoleon bedeuteten die Niederschlagung des letzten französischen Aufbäumens gegen Englands Weltherrschaft.

Die meisten Historiker sind sich darin einig, daß 1803 England den Krieg bewußt herbeigeführt hat, nicht *Napoleon.* Im Unterhaus erklärte ein maßgeblicher Abgeordneter: „Wir gehen in den Krieg für Malta. Nein, nicht für Malta allein, sondern für Ägypten. Auch nicht für Ägypten allein, sondern für Indien. Und nicht für Indien allein, sondern für den gesicherten Bestand unseres Imperiums, für die Sache der Gerechtigkeit, des Guten, des Glaubens und der Freiheit der zivilisierten Welt!“ England rief hohe, idealistische Werte an, um sie vor seine handfesten politischen Interessen zu spannen. Was es wirklich zur Kriegserklärung an Frankreich bewog, waren dessen sich ständig vergrößernder Machtzuwachs auf dem Kontinent unter Napoleon, erneute Anstrengungen Frankreichs, in der überseeischen Welt festen Fuß zu fassen, und die innere Festigung des Landes nach der Revolution. Mußte doch ein Frankreich, das sich energisch und mit Erfolg anschickte, die Schäden der Revolution zu überwinden, die alte Gefahr für England, die Störung des Gleichgewichts auf dem Kontinent und die Rivalität in der Welt, erneut heraufbeschwören. Die Hetze der nach England geflohenen französischen Emigranten tat viel dazu, die Atmosphäre zwischen den beiden Nationen weiter zu vergiften.

Unmittelbarer Anlaß zum Kriegsausbruch war das an Frankreich gerichtete englische Ultimatum, daß die Räumung der Niederlande forderte. Nachdem die französischen Revolutionsheere die belgisch-niederländische Küste besetzt hatten, war in England auch wieder die alte Furcht vor einem starken Nachbarn an der Gegenküste aufgebrochen. Ein französisches Antwerpen und ein französisches Rotterdam erfüllten die Politiker in London mit tiefer Sorge. Vergessen war auch nicht das Wort Bonapartes, daß er als siegreicher General an das Direktorium in Paris geschrieben hatte: „Laßt uns alle unsre Anstrengungen auf die Flotte richten und England vernichten!"

Genau so wenig wie politische Interessen und außenpolitische Tradition es England verboten, den überlegenen Machtzuwachs eines Staates auf dem Kontinent hinzunehmen, genau so wenig konnte sich Napoleon von französischen Interessen und von der französischen Tradition lösen. Ohne Schaden für Frankreich durfte er nicht die Rhein- und Scheldemündung aufgeben und damit die Siege der Revolutionsheere wie auch die Ziele der bourbonischen Könige verleugnen. Er hätte, um den Frieden mit England zu erhalten, Frankreichs hegemonialen Anspruch überhaupt aufgeben müssen. Nicht mit Unrecht hat man diesen letzten englisch-französischen Machtgang als den „Konflikt zweier Imperialismen" bezeichnet, für die die „Koexistenz unmöglich gewesen sei."

Für die Anstrengungen, die Napoleon machte, um noch mit England zu einem Ausgleich zu kommen und den Frieden zu retten, soll ein Auszug aus seinem Brief an den englischen König vom 2. Januar 1805 sprechen: „Mein Herr Bruder, durch die Vorsehung und die Wahl des Senats, des Volkes und der Armee auf den Thron Frankreichs berufen, ist mein erster Gedanke der Wunsch nach Frieden. Frankreich und England verbrauchen unnütz ihre Kräfte; sie können noch Jahrhunderte lang kämpfen! Erfüllen aber ihre Regierungen die heiligsten ihrer Pflichten? ... Es gereicht mir durchaus nicht zur Unehre, den ersten Schritt zu tun. Ich denke, ich habe

der Welt zur Genüge bewiesen, daß ich keine der Launen des Krieges fürchte ... Ich beschwöre Eure Majestät, sich nicht des Glückes zu berauben, der Welt den Frieden wiederzugeben! Überlassen Sie diese süße Genugtuung nicht Ihren Kindern! Denn niemals war die Gelegenheit besser, der Augenblick günstiger als jetzt, um alle Leidenschaften zum Schweigen zu bringen und nur dem Gefühl der Humanität und der Vernunft Gehör schenken ... Die Welt ist groß genug, daß unsre beiden Nationen darin leben können, und die Vernunft mächtig genug, daß Mittel und Wege gefunden werden, alles auszugleichen, wenn nur auf beiden Seiten der Wille da ist. Ich habe hiermit wenigstens eine meinem Herzen heilige und teure Pflicht erfüllt."
Die führenden Politiker in England aber waren zum Krieg entschlossen. Bei der Bedenkenlosigkeit dieser Gruppe und bei der geringen Machtfülle der Krone verhallte Napoleons erschütternder Appell.

Bis 1805 führte England den Krieg alleine ohne „Festlandsdegen". Napoleon war ein zu guter Kenner der Geschichte, um nicht zu wissen, daß England alles versuchen würde, eine Koalition gegen Frankreich zustandezubringen. Diesen Machenschaften hieß es zuvorzukommen. Die wirksamste Entgegnung schien ihm die Invasion in England. Wir wissen, mit welcher Energie Napoleon einen einmal gefaßten Plan verwirklichen konnte. Bald lagerten auf den Höhen von *Boulogne* und auf dem Strand zwischen *Etaples* und *Wimereux* seine besten Soldaten, die schon in Italien, Österreich, Deutschland und Ägypten unter ihm gefochten hatten. Sie sollten ihren Fuß zwischen *Dover* und *Hastings* auf englischen Boden setzen. — Voraussetzung allerdings war, daß es gelang, sie auf den 2300 neugebauten Ruderkanonenbooten, die in den Häfen bereitlagen, über den Englischen Kanal zu bringen.
Es ist zuweilen bezweifelt worden, daß Napoleon ernsthaft die Invasion gewollt habe. Das Unternehmen scheint bei der damaligen unzureichenden maritimen Ausrüstung Frankreichs zu unwahrscheinlich. Aber alle seine Äußerungen und seine persönliche Teilnahme an den Vorbereitungen schalten jeden Zweifel aus. Die organisatorischen und vor allem die seemännischen Schwierigkeiten, eine so große Truppenmenge durch die gefährlichen Strömungen des Kanals zu bringen, waren erheblich. Die größte Schwierigkeit jedoch bestand in der rechtzeitigen Ausschaltung der englischen Schlachtflotte. Die Erfahrung hatte oft bewiesen, daß zum Gelingen einer größeren Landung vorher die Seeherrschaft gewonnen werden mußte, zum mindesten in dem für die Landungsoperation ausgewählten Seegebiet. Napoleon wußte das. An einen seiner Admirale

hatte er emphatisch geschrieben: „Lassen Sie uns Herren des Kanals für sechs Stunden sein.“ In nüchternen und unrhetorischen Gesprächen erweiterte er die Zeit auf zwei Tage bis zwei Wochen.
Aber die Seeherrschaft zu gewinnen, dazu war die französische Flotte, immer noch durch die Revolution demoralisiert und desorganisiert, zu schwach. Auch fehlten ihr, sehr zum Unterschied zu den napoleonischen Armeen, Selbstvertrauen und Angriffselan. Wie ganz Frankreich war auch die Marine dem Meer entfremdet, und vergeblich versuchte Napoleon, bessernd einzugreifen. So war es äußerst unwahrscheinlich, die englische Flotte, die im Kanal kreuzte und jeden Versuch zur Überfahrt zunichte machen konnte, durch eine Schlacht auszuschalten.
Um trotzdem die Invasion wagen zu können, entwarf Napoleon einen höchst komplizierten Plan, der mehrfach modifiziert wurde, im Prinzip aber stets gleichblieb. Danach sollten die französischen Flotten in *Toulon, Rochefort* und *Brest* zum gleichen Zeitpunkt auslaufen. In Westindien sollten sie sich mit der Flotte Spaniens, das sich Frankreich auch diesmal wieder angeschlossen hatte, vereinigen. Sie hatten den Befehl, nach der Vereinigung zurückzusegeln und überraschend im Kanal zu erscheinen mit dem Ziel, die englische Kanalflotte zu vertreiben und die Deckung des Invasionsheeres zu übernehmen. Vielleicht war die Seeschlacht — so hoffte Napoleon — zu umgehen, wenn es der vereinigten Flotte gelang, die Engländer hinter sich in den Atlantik herzuziehen. In der Zwischenzeit wollte er die Truppen hinüberbringen. Er meinte offenbar, Schiffe wie Regimenter oder Divisionen dirigieren zu können. Es ist bekannt, daß er ähnlich unglücklich in seinen Admiralen nur Befehlshaber im Generalsrang sah.
Der Ablauf der Ereignisse des sogenannten „Trafalgar-Seezuges“ spielte sich anders ab, als er geplant war. Er enthielt zu viele Unsicherheitsfaktoren, mit denen auf See gerechnet werden mußte, und er hing zu sehr von dem Zusammentreffen günstiger Umstände ab, von denen sich der Landsoldat Napoleon keine Vorstellung machte. Nur die Touloner Flotte unter dem Admiral *Villeneuve* und die Rocheforter unter *Missiessy* konnten unter geschickter Ausnutzung vorteilhafter Wetterbedingungen aus den blockierten Häfen entweichen. Ihre Vereinigung aber in Westindien mißlang, da Villeneuve auf die bloße Nachricht von der Annäherung einer englischen Flotte sogleich nach Europa zurücksegelte. Die Brester Flotte unter *Ganteaume,* auf die es besonders ankam, kam nur bis zur Ausfahrt aus der breitgelagerten Hafenbucht. Die Engländer hatten eine so enge Blockade gelegt, daß die französische Flotte sich nicht entwickeln konnte; sie kehrte nach Brest zurück.

Allein getraute sich Villeneuve nicht, in den Kanal zu segeln, zumal dessen Eingang, ganz entgegen Napoleons Erwartung, scharf bewacht wurde. Die Admiralität in London hatte sich von ihm nicht verleiten lassen, die heimischen Gewässer zu entblößen. Wie wir heute mit großer Wahrscheinlichkeit annehmen, hatte London aus Spionageberichten von Napoleons weitgestecktem Plan erfahren. Villeneuve wollte die entscheidende Fahrt in den Kanal erst dann antreten, wenn die Vereinigung mit der Rochefort-Flotte gelungen war, von der er hoffte, sie noch auf hoher See zu treffen. Aber nun trat die verhängnisvolle Wende ein, die zur Trafalgarschlacht führte. Wie in Westindien verfehlte er die Rochefort-Flotte wieder. Als er von dem Kapitän eines dänischen Seglers erfuhr, daß 25 englische Linienschiffe in der Nähe seien, ging er mit seinen 29 in den Hafen von *Cadiz,* wo er sogleich blockiert wurde.
Dieser Entschluß des französischen Admirals hatte weitreichende Folgen. Fieberhaft hatte Napoleon in Boulogne auf sein Erscheinen gewartet. Als er die Nachricht erhielt, daß Villeneuve am 20. August in Cadiz eingelaufen war, rief er voller Entrüstung aus: „Welch eine Marine, was für ein Admiral!“ Zuvor hatte er schon geurteilt: „Alle Flottenoperationen, welche unternommen wurden, seit ich an der Spitze der Regierung stehe, scheiterten in jedem Falle, weil meine Herren Admirale nicht mehr klar sehen. Sie haben die Überzeugung gewonnen, wo, das weiß ich nicht, daß man Schlachten schlagen kann, ohne Risikos auf sich zu nehmen.“ Napoleon mußte nun erkennen, wie verhängnisvoll sich die über ein Jahrhundert langen Fehlplanungen in der französischen Marinepolitik und die psychologischen Folgen von La Hougue und Quiberon auswirkten. Er erkannte sofort, daß durch Villeneuves Verhalten der Invasionsplan gescheitert war. Am 24. August, also nur vier Tage später, gab er den Befehl zur Auflösung des Lagers in Boulogne. Am gleichen Tag setzte er seine Truppen nach Osten in Marsch, um sich der neuen Koalition, die England mit Österreich, Schweden und Rußland gegen ihn zusammengebracht hatte, zu erwehren. Daß Napoleon von nun an seine ganze Kraft der Landkriegsführung zuwandte und bald ganz Europa mit Kriegen überzog, um England vom Kontinent auszuschließen, war die strategische Folge des Trafalgar-Seezuges.

Auch die Vernichtung der vereinten französischen und spanischen Flotten zwei Monate später vor dem *Kap Trafalgar* muß in diesem Zusammenhang gesehen werden. Zur Unterstützung seines Feldzuges gegen Österreich von See her hatte Napoleon Villeneuve befohlen, die verbündete Flotte ins Mittelmeer zu führen. Ergeben anwortete dieser mit Bezug auf den geringen Kampfwert seiner Schiffe: „Da Seine Majestät der Ansicht ist, daß Kühnheit und Charakter allein für den Erfolg auf See ausreichend sind, werde ich nichts zu wünschen übrig lassen." Der englische Marinehistoriker Roskill bemerkt dazu: „Tatsächlich kann einem Villeneuve fast leid tun ..., der sich angesichts von Gegnern abmühen mußte, deren seemännische Geschicklichkeit und Erfahrung die seiner Leute ebenso überragte wie der strategische Überblick eines Lord Barham (damals Erster Seelord) und seiner Kollegen in der Admiralität die seines Herrn und Meisters."

Ende September ernannte die Admiralität den Vizeadmiral *Nelson* zum Befehlshaber der Blockadeflotte von Cadiz. Zweiter Befehlshaber wurde sein alter Freund *Collingwood*. Es wird mit viel Wahrscheinlichkeit vermutet, daß die Admiralität auch diesmal wieder von dem kaiserlichen Befehl an Villeneuve erfahren hatte. Nachdem Nelson das Kommando übernommen hatte, hob er sogleich die enge Blockade mit der Absicht auf, dem französischen Admiral Gelegenheit zum Auslaufen zu geben. Er wollte ihn dann zur Schlacht stellen. Am 19. Oktober stand der Wind für Villeneuve günstig, um auszulaufen und von der Küste freizukommen. In der ersten Morgendämmerung ließ er die Anker lichten, die französischen und spanischen Schiffe schoben sich aus dem Hafen. Es war eine gewaltige Flotte mit 33 Linienschiffen, 5 Fregatten, 2 Briggs, 62 000 Tonnen Schiffsraum, 2870 Geschützen und 27 500 Mann Besatzung. Sie nahm Kurs auf Gibraltar. Zwei Stunden später wußte Nelson, der sich bis etwa 40 Seemeilen nach See hin abgesetzt hatte, durch die Kette von sieben Signalfregatten, daß die ersehnte Begegnung ihren Anfang genommen hatte. Seine Flotte bestand aus 27 Linienschiffen, 11 Fregatten, 1 Schoner mit gesamt 54 200 Tonnen, 2230 Geschützen und 20 500 Mann Besatzung.

Bis es zur Schlacht kam, vergingen noch zwei Tage. Der Wind war abgeflaut, so daß sich die Flotten nur langsam fortbewegten. Villeneuve versuchte, die Gefechtslinie zu bilden; das gelang ihm nur mangelhaft. Das gemeinsame Operieren von Flotten verschiedener Nationalität bringt schon wegen der Befehls- und Signalgebung stets erhebliche Schwierigkeiten mit sich. Hier trat noch erschwerend hinzu, daß die Spanier überaus empfindlich waren und der Befehlshaber der spanischen Schiffe *Gravina* zwar Anweisung hatte, mit Villeneuve zusammenzugehen, ihm aber nicht ausdrücklich unterstand. Nelson hielt sich noch außerhalb der Sichtweite auf, er hatte ebenfalls den Kurs auf Gibraltar genommen. Ihm lag daran, Villeneuve sich möglichst weit von Cadiz entfernen zu lassen und ihn abzufangen, ohne daß der französische Admiral nach der ersten Gefechtsberührung in den Hafen zurückkehren konnte. Erst in der Morgendämmerung des 21. sichteten sich die beiden Flotten; die Entfernung betrug neun Seemeilen. Da der Wind von Westen wehte, stand Villeneuve in Lee von der englischen Flotte. Diese näherte sich ihm in zwei Kolonnen von Westen her. Zehn bis zwölf Seemeilen im Osten war das Vorgebirge von Trafalgar sichtbar.

Für Villeneuve war es nicht mehr möglich, unbehelligt die Straße von Gibraltar zu passieren. Da er sich bei dem schlechten Zustand seiner Schiffe und bei dem geringen Gefechtswert seiner spanischen Verbündeten — Napoleon hatte zwei bis drei Spanier einem Engländer gleichgetzt — nicht im unklaren über den Ausgang der Schlacht war, ging er auf Gegenkurs mit Richtung auf Cadiz. Das war das klügste, was er tun konnte; denn nur in Cadiz bestand die Möglichkeit, nach einer Schlacht die aufgetretenen Schäden an den Schiffen beheben zu können. Die Ausführung eines solchen Befehls verlangte schon unter normalen Umständen erfahrene Kommandanten und gut ausgebildete Seeleute. Um wieviel schwieriger mußte die Änderung auf Gegenkurs mit weniger disziplinierten Besatzungen im Angesicht eines sich unaufhaltsam nähernden Feindes sein. Nur unvollkommen gelang es, die Schlachtlinie wieder neu zu bilden. In der Mitte war sie tief eingedrückt; viele Schiffe standen weit in Lee, andere verdeckten sich gegenseitig das Schußfeld. Die Abstände zwischen den meisten waren unregelmäßig und zu weit auseinandergezogen, so daß die Engländer leicht die Linie durchbrechen konnten.

Kurz vor zwölf Uhr setzte Nelson sein berühmt gewordenes Signal: „England expects that every man will do his duty." In gänzlich unorthodoxer Weise hatte er seine Flotte in zwei Kolonnen aufgeteilt; die linke stand unter seinem eigenen Befehl, sie bestand aus 12 Linienschiffen; die rechte mit 15 Linienschiffen führte Collingwood. Beide Kolonnen steuerten fast östlichen Kurs auf die gegnerische Mitte zu. Taktisches Ziel war die Abtrennung und Vernichtung der feindlichen Schlußschiffe durch die Kolonne Collingwood, während Nelsons Kolonne verhindern sollte, daß die nördlich stehenden Schiffe, die die Hauptmacht und die Vorhut bildeten, zur Hilfe kamen. In dieser Formation verfuhr Nelson nach dem alten Grundsatz der Konzentration der Kraft auf den Teil des Feindes, dem von den anderen Teilen überhaupt nicht oder nicht schnell genug Hilfe gebracht werden kann. In Einzelmanövern sollte dann der Durchbruch durch Längsseitsgehen an das feindliche Schiff mit anschließendem Nahkampf erfolgen. Nelson und Collingwood waren fest überzeugt,

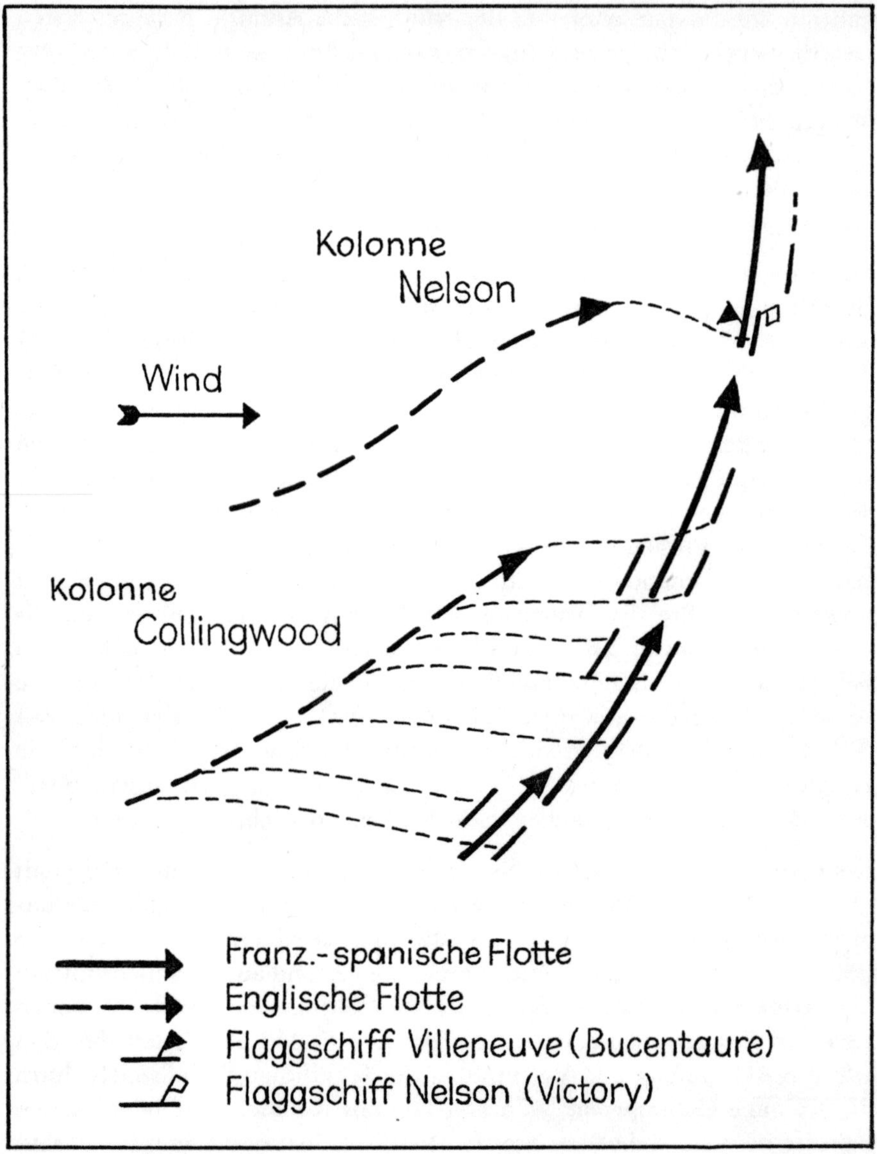

in dem sich entwickelnden Melee die bessere seemännische Tüchtigkeit der englischen Seeleute, ihren Kampfgeist und ihre artilleristische Überlegenheit am wirksamsten zur Geltung zu bringen. Es war z. B. bekannt, daß diese zwei- bis dreimal schneller schossen als die Franzosen und Spanier. In dem „Trafalgar-Memorandum" vom 9. Oktober hatte Nelson seine Absichten dargelegt. „Kein Kommandant handelt ganz falsch", heißt es darin, „wenn er sich mit seinem Schiff längsseits eines feindlichen legt."

Der Erfolg war durchschlagend. Gleich nach zwölf Uhr hatte Collingwood dicht hinter der Mitte die feindliche Linie erreicht und sie durchbrochen. Es waren gefährliche Minuten, die er bei der Annäherung durchlebte. Denn als seine Spitzenschiffe sich den feindlichen Schiffen näherten, waren sie dem konzentrierten enfilierenden Feuer ausgesetzt, das sie nicht erwidern konnten. Trotz dieses Risikos wollte Nelson, wie er sagte, „das Geschäft zum Abschluß bringen ... Ich bin kein Heißsporn, der bei eigener erheblicher Unterlegenheit ohne Aussicht auf angemessenen Erfolg zum Kämpfen bereit ist." Aber in seinem Memorandum heißt es auch: „Etwas muß dem Zufall überlassen bleiben. Im Seekrieg läßt sich niemals vorher alles mit Sicherheit berechnen."

Eine halbe Stunde nach Collingwood kam auch Nelson in Gefechtsberührung. Wieder die gleichen bangen Minuten, bis es ihm gelang, hinter dem französischen Admiralsschiff, der „Bucentaure", durchzubrechen und es von Lee her anzugreifen. Dabei kam es zwischen der „Redoutable", die dicht hinter der „Bucentaure"segelte, und der „Victory" zum Nahkampf. Da beide Schiffe fast Bord an Bord lagen und der Artilleriekampf nicht mehr möglich war, griff man auf beiden Seiten zu Gewehren. Die Franzosen kämpften mit größter Verbissenheit und Tapferkeit, aufs neue beweisend, daß die Demoralisierung in der ministerialen Marinepolitik keineswegs den einfachen Mann und die Frontoffiziere erfaßt hatte. In dem wechselseitigen Geschoßhagel wurde kurz vor 13.30 Uhr Nelson von der Gewehrkugel eines französischen Scharfschützen, der in der Takelage der „Redoutable" stand, tödlich getroffen. Als er drei Stunden später starb, war die Schlacht entschieden. Nelson erfuhr noch, daß 14 Schiffe der Franzosen und Spanier erobert worden waren oder die Flagge gestrichen hatten und daß Villeneuve mit seinem ganzen Stab gefangengenommen war.

Ein Teilnehmer an der Schlacht auf der englischen „Defence" berichtete einige Jahre später über die Erbitterung, mit der gekämpft worden war: „Es war eine schreckliche Schlacht, die größte zur See seit Bestehen der Erde. Von unserem Schiff allein wurden in jedem Augenblick 40 bis 50 Kanonen abgefeuert. Fast die gleiche Zahl schoß das französische Schiff zu unserer Linken und das spanische zur unserer Rechten. Da wir Bord an Bord auf Pistolenschußweite lagen, wurden in einem Quadrat von höchstens 500 Schritt Seitenlänge jede Minute über 100 Kanonen abgefeuert. In der ganzen Schlachtlinie war es ein unausgesetzes Feuern von mehr als 1000

Geschützen. Wie konnten in einem solchen Feuer, dessen Getöse den heftigsten Sturm übertönt, die Sinne der Menschen ruhig und umsichtig bleiben, umgeben von der fürchterlichsten Vernichtung, von Feuer, Pulverqualm, Leichen, Blutströmen über Deck — und das länger als drei Stunden. Was auch Schreckliches auf der ganzen Schlachtlinie geschehen mochte, wieviele Schiffe auch, gleich Vulkanen, aus dem Ozean in die Luft flogen, alles dies durfte uns nicht einen Augenblick in der Tätigkeit hemmen oder die Besinnung rauben. Alles, was nicht mit Wegschaffen der Gefallenen oder mit Aufräumen der zerschossenen Takelage beschäftigt war, mußte an die Geschütze. Das Sprachrohr des Kapitäns drang nicht mehr durch; aber jedermann wußte es, daß jetzt nur Schuß auf Schuß entscheiden konnte."

Wahrscheinlich wäre die Niederlage der Verbündeten nicht so durchschlagend gewesen, wenn Villeneuve rechtzeitig Hilfe von seiner Vorhut erhalten hätte, d. h. wenn deren Führer, der Konteradmiral *Dumanoir*, sofort gewendet und sich von der Flanke her auf Nelsons Kolonne geworfen hätte. Aber Dumanoir brachte den Mut zum selbständigen Handeln nicht auf. So lief er unberührt nach Norden weiter und meldete seinem Oberbefehlshaber nur, daß er keine Feindberührung habe. Erst als er gegen 14 Uhr den ausdrücklichen Befehl erhielt zu wenden, nahm er Kursänderung vor, um in die Schlacht einzugreifen. Doch es war schon zu spät, um Villeneuve zu retten. Der Wind war inzwischen so schwach geworden, daß Dumanoirs Manöver nahezu zwei Stunden dauerte. Dabei gerieten seine Schiffe so durcheinander und waren die meiste Zeit so hilf- und wehrlos, daß sie bis auf vier, mit denen Dumanoir schließlich die Flucht ergriff, Beute der Engländer wurden. Vergebens hatte Villeneuve in seiner Gefechtsanweisung geschrieben: „Mehr als die Signale seines Admirals es vorschreiben, ist es nötig, daß jeder Kommandant bei seinem Handeln seinen Mut und den Ruhm des Vaterlandes zu Rate zieht." Mangel an Initiative ist auf See der schlimmste Fehler.

Gesamt verloren die Verbündeten 22 Schiffe, die Menschenverluste sind niemals genau bekannt geworden. Man schätzt sie auf 3000 Mann. Nur 11 Schiffe entkamen unter der Führung des spanischen Admirals Gravina nach Cadiz, wo sie sofort von Collingwood eingeschlossen wurden. Die Engländer beklagten den Tod von 449 Mann, nicht ein einziges Schiff war verlorengegangen. In einer kleinen 1806 erschienenen Schrift eines unbekannten norddeutschen Verfassers, welche „die Seefahrten des Admirals Lord Viscount Nelson in den Jahren 1803, 1804 und 1805, sowie dessen vollständigen Sieg über die combinierte Französische und Spanische Escadre by Kap Trafalgar" zum Inhalt hat, heißt es bewundernd:

„Es ist auffallend und zu bewundern. wie Lord Nelson mit seiner schwächeren Flotte die combinierte Escadre so übel zurichten konnte, daß 19 ihrer Schiffe in der Schlacht die Segel streichen und wegen ihres schlechten Zustandes, worein er sie versetzt hatte, nachher beynah alle ihr Grab in des Meeres Wogen finden mußten; während seine Escadre weder in der Schlacht, noch in dem fürchterlichen Sturm auch nicht ein einziges Schiff verlor. Man kann sich dies wohl nicht gut anders erklären, als daß die Engländer weit richtiger und nachdrücklicher gefeuert haben müssen wie ihre Gegner; sonst müßte doch auch wohl ein oder anderes englisches Schiff dabey ruinirt oder so zugerichtet worden seyn, daß es nicht im Stande gewesen wäre, dem nachherigen heftigen Sturm zu widerstehen. Durch die Geschicklichkeit der englischen Seeleute aber sind ihre Schiffe nicht allein erhalten worden, sondern die beschädigten auch in den Häven Englands glücklich angekommen."

Die französisch-spanische Macht zur See war vernichtet. Das bedeutete für Napoleon, daß er nicht nur seinen Invasionsplan endgültig begraben mußte — das hatte er schon getan, als er nach Villeneuves Versagen am 20. August die Armee gegen Österreich marschieren ließ — der Ausgang der Schlacht hatte ihm auch die Unmöglichkeit gezeigt, England auf der See zu besiegen. Die Behauptung, Trafalgar habe den Zusammenbruch für ihn gebracht und zu seiner Verbannung auf St. Helena geführt, ist nicht ganz zutreffend. Aber es wurden dort die Weichen gestellt bzw. die Verhältnisse geschaffen, in deren Verfolgung am Ende sein Zusammenbruch stand. Um nach dem Verlust der Flotte England doch noch niederzuzwingen, nahm Napoleon seinen Weg nach Austerlitz, Jena und Berlin. Die Errichtung der Kontinentalsperre trieb Rußland in die Reihe seiner Gegner und leitete seine Katastrophe ein. Zu Recht besteht Windelbands Formulierung: „Trafalgar bedeutet also den Wendepunkt seines Glücks; am 21. Oktober 1805 beginnt sein Abstieg, so glanzvoll auch der Inhalt der nächsten Jahre noch nach außen hin gewesen ist."

Unter weltpolitischem Aspekt setzte Trafalgar den Schlußstein unter die letzte Auseinandersetzung zwischen Frankreich und England um die Weltherrschaft. Der Ausgang der Schlacht bestätigte, daß die Herrschaft der Engländer über die Ozeane gesichert blieb und daß England keinen Rivalen mehr hatte. Wie im Reich Karls V. die Sonne nicht unterging, so auch nicht im Imperium Britannicum.

Yalu-Mündung

1894

Über fünf Breitengrade vom chinesischen Festland nach Süden hinaus in das Japanische und Gelbe Meer reicht die Halbinsel Korea. Wie eine Barriere liegt sie zwischen China und Japan, zugleich aber bietet sie sich als ein Sprungstein zwischen diesen beiden Reichen an. Diese Lage erklärt, daß sich in Korea seit Jahrhunderten chinesischer und japanischer Einfluß rivalisierend gegenübergestanden haben. Das Land hatte sowohl von der einen wie von der anderen Seite mehrfach kriegerische Einfälle erlebt. Abwechselnd war es China oder Japan tributpflichtig gewesen. Noch kurz vor der Wende vom 16. zum 17. Jahrhundert hatte Japan es als Plattform und Sprungbrett für einen Angriff auf China benutzt. Erst nachdem Japan unter den harten Schlägen des koreanischen Admirals *Yisun* seine Eroberungspläne aufgegeben und begonnen hatte, sich von der Außenwelt abzuschließen, hatten die Koreaner, wenn auch mit einigen Unterbrechungen, eine gewisse außenpolitische Ruhe gewonnen, die sie zur Festigung der Verhältnisse im Innern benutzten. Mit dem Aufstreben Japans als Großmacht in der zweiten Hälfte des 19. Jahrhunderts wurde die Halbinsel erneut Streitobjekt im Spannungsfeld der beiden Mächte.
Im Sommer 1853 war in der *Yedo-Bucht* (Bucht von Tokio) ein kleiner amerikanischer Flottenverband von vier Schiffen erschienen. Er stand unter dem Befehl des Kommodore *Matthew Perry.* Perry hatte von seiner Regierung den Auftrag, Japan zur Öffnung einiger Häfen für amerikanische Schiffe zu bewegen und ein Abkommen über diplomatische und wirtschaftliche Beziehungen zwischen den beiden Ländern zu schließen. Schon seit längerer Zeit war es die Absicht der Vereinigten Staaten gewesen, sich auf dem langen Seeweg von der amerikanischen Westküste nach China einige Stützpunkte in Japan für Brennstoffergänzung und für die Überholung ihrer Schiffe zu sichern. Nachdem in Washington bekannt geworden war, daß auch Rußland mit ähnlicher Absicht seine Blicke auf Japan richtete, handelte die amerikanische Regierung schnell. Perry wurde entsandt. So kam es, daß in dem Sommer 1853 fast zu der gleichen Zeit nicht nur ein amerikanischer Flottenverband vor der

japanischen Küste ankerte, sondern auch ein russischer in den Hafen von *Nagasaki* einlief. Japan mußte das ohne Widerstand hinnehmen. Was es auf dem Verhandlungswege erreichte, war die vorübergehende Zurückziehung der Kriegsschiffe und die Verschiebung seiner Entscheidung auf das nächste Jahr.

Als Perry ein halbes Jahr später, es war im Februar 1854, wieder erschien, befehligte er zehn Schiffe. Die Stärke des Verbandes ließ diesmal keinen Zweifel zu, daß die Ablehnung der amerikanischen Wünsche Zwangsmaßnahmen zur Folge haben würde. Japan war nach schweren inneren Kämpfen, die in der Zwischenzeit in der Regierung voraufgegangen waren, bereit, sich zu fügen. Noch im gleichen Jahr wurde der Vertrag von *Kanagawa* geschlossen. Der Vertrag war die erste Vereinbarung größeren Umfanges, die Japan mit einer auswärtigen Macht traf. Danach sollten den amerikanischen Schiffen künftig zwei Häfen zur Verfügung stehen, Kohlenstationen durften von den Amerikanern angelegt werden; außerdem erhielten die USA die Erlaubnis, Konsulate einzurichten. Verträge ähnlichen Inhalts mit ähnlichen oder weitergehenden Handelsvorteilen wurden bald darauf mit England, Rußland und Holland geschlossen. 1861 erfolgte auch eine Vereinbarung mit dem Königreich Preußen.

Japan hatte sich der überlegenen Macht beugen müssen, es hatte dabei manche demütigende Behandlung erfahren. Reaktionen waren wie überall in der Welt mit alten Kulturen, wo die Europäer oder Amerikaner eindrangen, unausbleiblich. In Japan erfolgte sie nach zwei Richtungen: Eine mächtige Gruppe wandte sich gegen den eigentlichen Herrscher des Landes. Das war seit Jahrhunderten nicht der Kaiser, sondern der Shogun. Das Shogunat bestand als Dauereinrichtung schon seit 1192, als der damalige japanische Kaiser in einer Zeit innerer kriegerischer Auseinandersetzungen und äußerer Bedrohungen den mächtigsten seiner Lehnsfürsten mit der Würde des „die Barbaren züchtigenden Oberbefehlshabers“ belehnte. Das Amt wurde erblich. Die Shogune übten bald nicht nur die höchste militärische Gewalt aus, sondern auch die höchste politische, so daß sie die wirklichen Herren des Reiches wurden und dem Kaiser nur religiöse Verehrung blieb. In diesen Shogunen, die für das engstirnige Festhalten an der Politik der Abschließung verantwortlich waren, sahen viele Japaner die Hauptschuldigen für die vielen Demütigungen, die das Land hatte hinnehmen müssen. Man erkannte durchaus, daß unter den Umständen des 17. Jahrhunderts eine gewisse Berechtigung bestanden hatte, durch rigorose Abschließung Sicherheit zu gewinnen und die Einheit zu erhalten, daß das aber spätestens zur Zeit des beginnenden Imperialismus rückschrittlich und gefährlich geworden war. Nach einem kurzen, siegreichen Bürgerkrieg gegen die Shogunatsanhänger erhielt 1867 nach sieben Jahrhunderten Shogunatsherrschaft der Kaiser *Mutsuhito* die volle Regierungsgewalt zurück. Der Weg zu einer neuen Entwicklung war damit frei. Mutsuhitos Kaisername *Meiji,* gleich erleuchtete Regierung, ist als Bezeichnung für die nun folgende Ära in die Geschichte eingegangen. Das äußere Zeichen der Wandlung war die Verlegung des kaiserlichen Hofes von Kyoto nach Tokio.

Die zweite bedeutsame Reaktion äußerte sich in dem fanatischen Willen der Japaner zum Aufbau einer respektablen Machtstellung im Kreise der Völker. Es hatte sich gezeigt, daß Japan trotz der Insellage nicht weiterhin in seinem Dornröschenschlaf verharren durfte. Wollte es nicht dasselbe Schicksal wie China erleiden, nämlich Ausbeutungsobjekt des weißen Mannes zu werden, war eine starke Abwehrkraft erforderlich. Eine Gesandtschaft wurde nach Europa und Amerika geschickt, um die dortigen Verhältnisse zu studieren und um vor allem genauen Einblick in die Grundlagen und Elemente der nationalen Machtausübung zu gewinnen. Schon bald kamen die Mitglieder der Gesandtschaft zu der Erkenntnis, daß nur die völlige Annahme abendländischer Kenntnisse und technischer Errungenschaften Japan mit der Zeit die Voraussetzung geben könne, den fremden Mächten mit Aussicht auf Erfolg zu widerstehen. Äußerste Anstrengungen wurden bald auf allen Gebieten gemacht, um in kürzester Zeit die Versäumnisse der Shogunatsherrschaft aufzuholen. Die Verkehrswege im Lande waren immer noch mehr oder weniger die alten Saumpfade, die seit Jahrhunderten bestanden hatten; Eisenbahnen waren unbekannt. Die Meiji-Regierung ging sogleich daran, das Verkehrs- und Nachrichtenwesen zu modernisieren. Neue Bergwerke, Hochöfen, Fabriken, Schiffswerften wurden gleichsam aus dem Boden gestampft und nach dem neuesten Stand der Technik eingerichtet. Besonders die Industrien wurden forciert, die für die Landesverteidigung wichtig waren. Die allgemeine Wehrpflicht wurde eingeführt, ein Generalstab nach preußischem Muster aufgebaut und das gesamte Wehrwesen nach den modernsten europäischen Gesichtspunkten reformiert.

Diese Umwandlungen, die alle alten Verhältnisse erschüttern mußten, brachten naturgemäß manche Schwierigkeiten, Spannungen und neue Probleme im Innern mit sich. Wichtig in diesem Zusammenhang ist der Hinweis, daß schon damals die Industrialisierung zu einem umfangreichen Außenhandel und zum Aufbau einer Exportgüterindustrie zwang, um die Bedürfnisse der schnell wachsenden Bevölkerung zu befriedigen und die notwendigen Rohstoffe, in erster Linie waren das Erze und Kohle, von außen zu erhalten. Japan wurde dadurch fast zwangsläufig auf den Weg der überseeischen Ausbreitung gedrängt, zuerst wirtschaftlich, bald auch machtpolitisch.

In den ersten Jahrzehnten des Meiji-Zeitalters trat diese Expansionstendenz noch nicht augenfällig in Erscheinung. Alle Kräfte wurden vorerst für den inneren Aufbau und für die Festigung des Staates verzehrt. Daß aber mit einer japanischen Ausdehnung über die bisherigen Grenzen und mit Forderungen nach einem „Platz an der Sonne", wie das Schlagwort damals hieß, gerechnet werden mußte, war bei der Energie dieses Volkes vorauszusehen. Wohin der erste Stoß gehen würde, beleuchtete schlaglichtartig die 1874 unternommene Strafexpedition gegen das chinesische *Formosa.* Japan setzte mit diesem militärischen Unternehmen die Zahlung einer chinesischen Entschädigung für die Ermordung einiger japanischer Seeleute, die als Schiffbrüchige auf der Insel gestrandet waren, durch. Fünf Jahre später besetzte und annektierte es die *Ryu-Kyu-Inseln,* deren staatliche Zugehörigkeit lange umstritten war, über die aber, zum mindesten theoretisch, China die Oberhoheit beanspruchte. Zur großen Auseinandersetzung mit China kam es erst in den neunziger Jahren. Wie eingangs erwähnt, ging es wieder um Korea.

Korea stand damals unter der Obhut Chinas. Im Innern war es allerdings frei, seine Angelegenheiten selbst zu ordnen; nur in außenpolitischen Fragen hatte der Kaiser von China ein Einspruchsrecht. Der Streit zwischen Japan und China brach aus, als Japan die Berechtigung der außenpolitischen Oberhoheit Chinas in Korea in Frage stellte. Die ersten vortastenden Versuche hatten die Japaner schon in den siebziger Jahren gemacht, als sie mit dem massiven Druck einer Flottendemonstration die koreanische Regierung zwangen, einige Häfen für den japanischen Handel freizugeben. Sie stellten bei dieser Gelegenheit fest, daß sich China nicht schützend vor Korea stellte, und diese offensichtliche chinesische Gleichgültigkeit oder Schwäche nutzte Japan sogleich, indem es nachdrücklich versuchte, die Koreaner zur völligen Loslösung von China zu bewegen. Das Nahziel sollte die Isolierung Koreas sein; das Fernziel sah Japan in der Aneignung der Halbinsel, um sie als Basis für seine wirtschaftliche und machtpolitische Ausbreitung auf dem ostasiatischen Kontinent zu benutzen. Als die Verhandlungen nicht recht vorankamen, ging Japan 1894 militärisch vor.

Man weiß heute noch nicht, ob der äußere Anlaß zum Losschlagen von Japan selbst oder von der japanfreundlichen Partei in Korea provoziert worden ist. Zwischen letzterer und einer japanfeindlichen Partei im Lande war es im Sommer 1894 in der Hauptstadt *Seoul* zu heftigen Straßenkämpfen gekommen, die das ganze Land in Unruhe versetzten. Der koreanische König meinte, der Lage nicht mehr gewachsen zu sein. In Erinnerung an die vielhundertjährige Schutzherrschaft rief er *Peking* um Hilfe an. Die chinesische Regierung erklärte, zur Wiederherstellung der Ordnung in Korea Truppen schicken zu wollen, was Japan bewog, ohne Umschweife zu handeln. So traf ein japanisches Kontingent noch vor dem chinesischen in Seoul ein. China verlangte dessen Zurückziehung. Die Eskalation zum Krieg war unvermeidlich geworden. Am 1. August brachen China und Japan die Beziehungen ab, nachdem die Japaner in Seoul eine ihnen freundlich gesinnte Regierung eingesetzt hatten. Diese bat Japan um Hilfe gegen den chinesischen „Agressor".

Wohin Japans wirkliche Absichten gingen, ist aus der Größe des japanischen Expeditionskorps ersichtlich. Es war rein zahlenmäßig, ganz abgesehen von der überlegenen Kampfkraft jedes einzelnen Soldaten, fünf-sechsmal stärker als das chinesische. Japan war fest entschlossen, die koreanische Frage ausschließlich in seinem Sinne zu lösen. Der Erwerb Koreas sollte nach drei Jahrhunderten japanischer Selbstbeschränkung der erste Schritt zur Verwirklichung seines Traumes der Machtausweitung auf dem asiatischen Festland sein. Trotzdem war die sofortige Reaktion Japan überraschend. Was es bewog, so überaus schnell und entschlossen zu handeln, war das Auftreten einer neuen Machtkomponente im ostasiatischen Kräftespiel, die alles in Frage stellen konnte. Es war die Intensivierung der russischen Politik an den Ufern des Pazifiks und — das hatte die Japaner geradezu in Alarmzustand versetzt — der Versuch Rußlands, in Korea festen Fuß zu fassen.

Bis über die Jahrhundertwende hinaus waren die Hauptinteressensgebiete der russischen Außenpolitik der Balkan und Zentralasien gewesen; Sibirien und der Ferne Osten hatten weitaus weniger im Blickfeld gestanden. Das ändert sich nach dem für Rußland unglücklichen Ausgang des Krimkrieges. Der Prestigeverlust sollte ausgeglichen werden, die Gelegenheit dazu schien sich im Fernen Osten zu bieten. So wurde 1860 *Wladiwostok* gegründet, dessen Name „Beherrschung des Ostens" ein Programm bedeutete. Bald tauchten in Petersburg Pläne auf, nach denen aus strategischen und wirtschaftlichen Gründen eine durchgehende Eisenbahn Wladiwostok mit dem europäischen Rußland verbinden sollte.

1891 gab Zar *Alexander III.* den Baubefehl, ein Jahr später bereits begannen die Erdarbeiten.

Schon bei den Vorplanungen hatten Politiker darauf hingewiesen, daß dieser Vorstoß Rußlands an den Pazifik internationale Spannungen mit sich bringen würde. *Witte*, der rührige und vorausschauende Minister Alexanders III. und später auch Nikolaus' II. hatte richtungweisend erklärt, die Bahn nach Wladiwostok würde nach ihrer Fertigstellung erlauben, „Rußlands Hegemonie in den Gewässern des Pazifiks" zu begründen.

Zur Erreichung solcher ehrgeizigen Ziele aber war die Trace der Bahn allein nicht ausreichend. Der Hafen von Wladiwostok ist fast sechs Monate im Jahr von Eis blockiert, so daß jeglicher Schiffsverkehr in dieser Zeit ruht. Es mußte damit gerechnet werden, daß Rußland nach Wegen suchte, sich eine günstigere Position am Pazifik zu schaffen. In Tokio wurde bekannt, daß es unter der Ausnutzung der Schwäche Chinas plante, die Transsibirische Bahn mit einem südwärts gelegenen Hafen in der Mandschurei oder in Korea zu verbinden, wo es mehrere eisfreie Häfen gab. Als erstes Ziel hatte Rußland Korea im Auge. Japan hatte Grund genug, schnell eine Entscheidung über die Zukunft der Halbinsel zu erzwingen.

Der Verlauf des chinesisch-japanischen Krieges offenbarte bald die Schwäche Chinas; es zeigte sich auch, wieviel Japan in kurzer Zeit auf dem Gebiet der Kriegführung von Europa gelernt hatte. Weder zu Lande noch zu Wasser waren die Chinesen den Japanern gewachsen. Im Gegensatz zu Japan hatte China so gut wie nichts getan, sich den modernen Verhältnissen anzupassen. Wohl gab es in China Männer und Frauen, welche die Notwendigkeit von Reformen erkannten. Aber es war diesen nicht gelungen, sich gegen die konservativen Kreise, die sich um die Kaiserinwitwe *Tz'u-hsi* gesammelt hatten und die jeder Reform abhold waren, durchzusetzen. Trotz der Repressalien und der Demütigungen, die das chinesische Volk seit dem berüchtigten Opiumkrieg (1840 — 1842) laufend von dem weißen Mann hatte hinnehmen müssen, wurden die politischen und besonders die militärischen Fragen lässig behandelt. Neben der fortschrittsfeindlichen Starrheit der Regierung lähmte ein nicht zu überbietender Hochmut der Chinesen den Fremden gegenüber jeden Willen zur Erneuerung.

Die Folgen zeigten sich für China schnell. Ein Volk, das meinte, mit schlecht bewaffneten und außerdem verachteten Soldaten den Krieg gegen das moderne Japan führen zu können, oder das z. B. die Maschine oder gar das Zugtier ablehnte, weil Menschenkraft leichter und billiger zu haben war, hatte keine Chance, den Krieg siegreich zu führen. Bei ständigen chinesischen Niederlagen drangen die Japaner bis nach Nord-

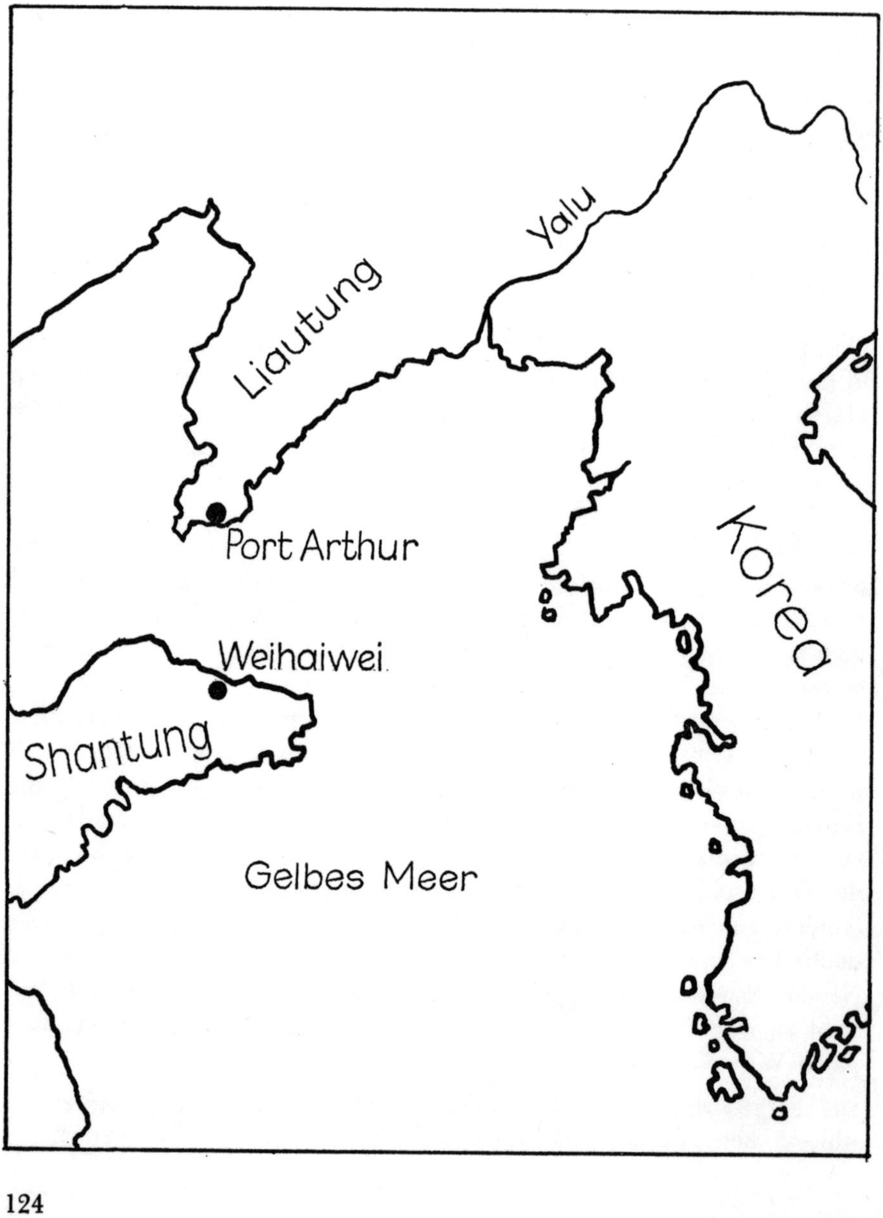

korea vor. Letztes Hindernis für den Einmarsch nach China war der *Yalu-Fluß*. Hier wollten die Chinesen die Entscheidungsschlacht schlagen. Zur Verstärkung des hart mitgenommenen Heeres war ein größerer Truppentransport vom chinesischen Festland über die Korea-Bai zur Yalu-Mündung unterwegs. Er wurde von der 12 Schiffe zählenden chinesischen Flotte begleitet. Ihr Befehlshaber war Admiral *Ting*, der früher Kavallerieoffizier gewesen war. Die Japaner verfügten über nur 10 Schiffe; aber Güte des Materials, Ausbildungsstand der Besatzung und Geschicklichkeit der Führung lagen weit höher als bei den Chinesen.

Der Nichtfachmann ist oft geneigt, Überlegenheit oder Unterlegenheit einer Flotte in der Hauptsache nach der Zahl und der Größe der Schiffe zu messen. Danach war die chinesische Flotte überlegen. Aber Zahl und Größe genügen zur Beurteilung keineswegs. Neben der materiellen Überlegenheit fallen weit stärker Kampfmoral und geübterer Waffengebrauch ins Gewicht ebenso wie eine bessere Taktik, worunter die Geschicklichkeit verstanden wird, die eigenen Kräfte im Angesicht des Feindes richtig zum Ansatz zu bringen. Die Seegeschichte zeigt, wie diese Eigenschaften oft die geringere Anzahl von Schiffen, bis zu einem gewissen Grade, ausgeglichen haben.

Zur Beurteilung des letzten Punktes ist es notwendig, sich zu erinnern, daß nach der Schlacht bei *Lissa* 1866 eine Zeitlang die Rammtaktik die Übungen der europäischen Marinen stark beeinflußt hat. Ting hatte offenbar in Anlehnung an die Keilformation *Tegetthoffs* bei Lissa als Gefechtsformation zwei hintereinander verzahnte Dwarslinien gewählt. Auf diese Weise hoffte er, am besten zum Rammstoß ansetzen zu können. Der japanische Flottenchef *Ito* hatte sich von derartigen Vorstellungen, die nur auf der Erfahrung einer einzigen Seeschlacht beruhten, die überdies noch unter ungewöhnlichen Umständen ausgefochten worden war, freigehalten. Er hatte sich für die bewährte Linienformation entschieden, um seine artilleristische Überlegenheit und seine größere Geschwindigkeit zur Geltung zu bringen. Seine Artilleristen feuerten sechsmal schneller als die Chinesen und in der Linienformation auch wirksamer. Die Japaner sollten der Welt zeigen, daß die Linie auch in der Zeit der dampfgetriebenen Schiffe nicht nur das Manövrieren erleichterte, sondern auch die bessere Entfaltung der Kampfkraft des einzelnen Schiffes begünstigte.

Die Schlacht war schon entschieden, kaum daß sie begonnen hatte. Denn von den chinesischen Kommandanten verstand keiner zu fahren. Gleich nach der ersten Gefechtsberührung verwandelte sich Tings Verbandsordnung in einen chaotischen Schiffshaufen, der der japanischen Flotte kaum Schaden zufügen konnte. Jedes chinesische Schiff kämpfte für sich allein, und jedes traf auf eine ihm überlegene Feuerkonzentration. Im Unterschied zu den Chinesen hatte Ito seine Schiffe fest in der Hand, so daß sie mit zusammengefaßtem Schießen die gegnerischen Schiffe einzeln zudeckten. Nur die beiden stärksten Chinesenschiffe, die in Stettin gebaut worden waren und die 7400 t verdrängten, konnten sich durch die Flucht retten. An ihren Panzern waren alle japanischen Granaten zerschellt. Ein angelsächsischer Marinetaktiker faßte, die Beweglichkeit und Ordnung der japanischen Flotte bewundernd, sein Urteil dahin zusammen: „Die Anordnung dazu stammte aus Nelsons Memorandum, dessen wesentliche Konzeption es war, die Flotte in der Hand des Admirals so beweglich zu machen, daß jeder Teil in kürzester Zeit dorthin gebracht werden kann, wo er am dringendsten benötigt wird."

Strategisch war der Ausgang der Schlacht ein voller Erfolg für die Japaner. Denn chinesische Truppennachschübe über das Meer waren nach dem Verlust der Flotte nicht mehr möglich. Die japanischen Schiffe kontrollierten alle Seewege an den Küsten Chinas. Einige Wochen später landete unter ihrem Schutz ein Invasionskorps auf der Halbinsel Liautung, *Port Arthur* wurde erobert. Um die gleiche Zeit wurde *Weihaiwei* besetzt und der Stoß auf Peking vorbereitet. Auch *Formosa* war in die Hände der Japaner gefallen. Als auch die chinesischen Truppen, die sich in der Mandschurei befanden, bei *Mukden* geschlagen wurden, bat China um Frieden. Am 17. April 1895 unterzeichnete es den Friedensvertrag von *Shimonoseki.*

Ohne Zweifel hatten die japanischen Landsoldaten die Hauptlast des Krieges getragen. Trotzdem hat der Sieg der japanischen Flotte an der Yalu-Mündung entscheidenden Anteil am Verlauf des Krieges. Was mit der Flotte erreicht werden konnte, war den fernöstlichen Völkern zum ersten Male seit den Zeiten Yisuns wieder vor Augen geführt worden. Hatte Yisun damals mit seinen Seesiegen Japan zur Aufgabe der koreanischen Pläne gezwungen, so hatten auch die Japaner ihr Ziel nur erreicht, weil es ihnen gelungen war, die chinesische Flotte unschädlich zu machen und die Seeherrschaft in den strategisch wichtigen Gewässern zu erringen. Nach Yalu lag die langgestreckte chinesische Küste frei für japanische Angriffe. Es ist als sicher anzunehmen, daß dieser Umstand wesentlich zur chinesischen Friedensbereitschaft beigetragen hat.

Die Niederlage wurde von vielen Chinesen als die bisher bitterste Demütigung empfunden. Vergrößert wurde sie noch dadurch, daß die europäischen Mächte die Schwäche Chinas, die dieser Krieg vor aller Welt gezeigt hatte, von neuem ausnutzten. Sie begannen bald, aus der Masse des offenbar sich im Niedergang befindenden Reiches der Mitte möglichst große Beutestücke für sich herauszuschneiden. Auch Deutschland streckte die Hand nach chinesischem Gebiet aus und nahm *Kiautschou* als Marinestützpunkt. Mit Pachtverträgen, Eisenbahnzonen, Enklaven, Aufteilung in Interessengebieten schien China der Verkolonisierung nahe. Wenn das damals nicht gänzlich gelang, dann nur deshalb, weil sich die europäischen Mächte untereinander mißtrauten und sich in ihren Absichten gegenseitig neutralisierten. Von den Großmächten haben nur die Vereinigten Staaten niemals chinesisches Gebiet besetzt oder besessen.

Die Niederlage bedeutete aber auch, daß die innere Gesundung des Reichs der Mitte von hier ihren Anfang nahm. Der Prozeß entwickelte sich vorerst nur langsam; viele Hindernisse und Rückschläge waren zu überwinden. Aber aufzuhalten war er von nun an nicht mehr. Die Reformpartei im Lande gewann größeren Einfluß und fand bei dem jungen Kaiser *Kuang-hsü* Gehör. In einer Denkschrift, die an ihn gerichtet war, hieß es: „Die westlichen Mächte verachten uns und gehen mit uns um wie mit Barbaren. Nachdem die Aufteilung Afrikas beendet ist, reden sie von der Teilung Chinas. Ihre Zeitungen behandeln das Thema ganz offen, sogar mit genauen Teilungsplänen." Die Reformkräfte forderten in der Hauptsache die Neuorganisation von Recht, Schule, Universität, Verkehr und Militärwesen. Zeitungen und Verlage sollten gegründet werden, die Einführung eines ordentlichen Staatshaushaltes mit Offenlegung der Unterlagen wurde gefordert. Noch aber waren die Mächte der Beharrung um die alte Kaiserwitwe zu stark. Nach einer sogenannten „Hundert-Tage-Reform" wurde der junge Kaiser gefangengesetzt, die Reformer wurden verfolgt, ihre Wortführer hingerichtet, so weit sie nicht geflohen waren, und die schon angelaufenen Reformen wieder aufgehoben. Historisch nachhaltiger wirkten sich zwei Ereignisse aus: das Erwachen nationaler Gefühle im „kleinen Mann", wie es sich zuerst im Boxeraufstand zeigte, und das Auftreten von *Sun Yat-sen,* dem nachmaligen ersten Präsidenten der Republik China. Aus der Reformbewegung hatte er eine bürgerliche revolutionäre Partei gemacht. 1904 veröffentlichte er seine aufrüttelnde Propagandaschrift „Die wirkliche Lösung der chinesischen Frage". China war fortan im Aufbruch. Der „schlafende Löwe", von dem Napoleon gesprochen hatte, begann sich zu recken.

In Japan wuchsen als Folge des Krieges, trotz des erzwungenen Zurückweichens vor dem Einspruch der europäischen Großmächte gegen den Vertrag von Shimonoseki (siehe Tsushima-Kapitel), mächtig das Selbstbewußtsein und das Vertrauen auf die eigene Kraft. Die Reformen in Japan, mochten sie noch so tiefgreifend gewesen sein und die japanische Tradition in Gefahr gebracht haben, waren durch die Ereignisse bestätigt worden. Der Aufbau eines modernen Staatswesens war in kürzester Zeit gelungen. In Tokio wurden bald Stimmen laut, daß den Japanern in Ostasien allein die Führung gebühre und daß sie die Vorkämpfer der Gelben Rasse gegenüber der Ausbeutung durch die Weißen seien. Diese Stimmen waren vorerst nur schwach, aber nicht zu überhören. Man wußte, daß Japan zu einer solchen Führungsrolle nur gelangen konnte, wenn es mit China zu einem Ausgleich kam. Damals sagte Sun Yat-sen zu einem bekannten japanischen Nationalisten: „Ich hoffe, daß Japan mächtig wird, um die Ketten der Angelsachsen zu brechen und alle Asiaten zu befreien. Die asiatischen Völker sollten sich fest zusammenschließen, um Groß-Asien zu bauen und eine neue gemeinsame ostasiatische Kultur zu schaffen." Der Japaner entgegnete: „Dazu muß sich in erster Linie China erneuern, um stark zu werden. Vorbedingung zum Bau Großasiens ist die chinesische Revolution. Sie wollen wir gemeinsam fördern, und sie soll das Symbol für die Zusammenarbeit der beiden ostasiatischen Völker sein." Und noch ein anderes Wort Sun Yat-sens, welches die Hoffnung vieler Asiaten damals widerspiegelte, soll hier folgen: „China muß mit Japan zusammengehen, um gegen die Feinde Asiens gemeinsam kämpfen zu können." Daß die Geschichte einen anderen Lauf nahm, wurde das Verhängnis der beiden Völker. Die Hoffnung Sun Yat-sens ist heute noch in Ostasien bei vielen Menschen lebendig.

Die amerikanischen Historiker Stevens und Westcott bezeichnen in ihrem Werk „A History of Sea Power" die Flottenschlacht vor der Yalu-Mündung als einen Markstein in der Geschichte Ostasiens. Das trifft nicht nur für den damaligen Aufstieg Japans zur Großmacht und für das Erwachen Chinas zu, es gilt auch für die Neuordnung des ostasiatischen Raumes bis in unsere Gegenwart hinein.

Tsushima

1905

Mit dem Frieden von Shimonoseki 1895 hatte ein neuer Abschnitt in der Geschichte des Fernen Ostens begonnen. Japan hatte Formosa und die Pescadores-Inseln erhalten, dazu für seine Staatsangehörigen das Recht der Exterritorialität in China, wie es die europäischen Großmächte schon besaßen. Außerdem hatte der Friedensvertrag die Unabhängigkeit Koreas erklärt.

Zu den japanischen Forderungen aber hatte auch der Erwerb der mandschurischen Halbinsel Liautung gehört mit dem Hafen *Port Arthur* und *Talienwan,* dem heutigen *Ta-lien.* Japan wollte mit Liautung einen Fuß auf dem chinesischen Festland haben und damit Zugang zur Mandschurei gewinnen. Das wehrlose China hätte auch diesen Verlust hinnehmen müssen, wenn ihm nicht unerwartet Hilfe gekommen wäre. Unter der Führung Rußlands, welches mit dem Bau der mandschurischen Eisenbahn deutlich gezeigt hatte, daß es nach einem „warmen" Hafen am Pazifik trachtete und die Mandschurei als sein Einflußgebiet ansah, intervenierten Frankreich und Deutschland in Tokio und verlangten von Japan, auf Liautung zu verzichten*. Eine Welle der Empörung ging durch das Land. Japan aber fühlte sich nicht stark genug, es zu einem offenen Konflikt mit diesen drei Großmächten kommen zu lassen. Es gab nach. Bei der Schwäche Chinas und der Nähe des russischen Machtblockes mußte dieser Verzicht zur Folge haben, daß in diesen nun machtpolitisch leeren Raum Rußland eindringen würde.

Die Geschichte ist, da sie den Ablauf des politischen Handelns der Menschen aufzeichnet, voller Zynismen. Im Dezember 1897, also kaum drei Jahre nachdem Japan Liautung hatte räumen müssen, damit, wie es geheißen hatte, „die Integrität des chinesischen Reiches gewahrt bleibe",

* Seit 1894 war Frankreich mit Rußland verbündet; Deutschland hoffte mit seiner Teilnahme an der Intervention als Gegenzug sich Rußlands Freundschaft zu erhalten. England hielt sich zurück, da es eine Stärkung Rußlands, seines alten Gegenspielers am Bosporus, in Persien, an der indischen Grenze und in Zentralasien, nun auch am Pazifik keineswegs wünschte.

lief ein russisches Geschwader in Port Arthur ein und erzwang von China die Abtretung des Hafens in Form eines „Pachtvertrages“. Port Arthur sollte russischer Flottenstützpunkt werden, Talienwan Endstation einer Zweiglinie der Transsibirischen Eisenbahn. Dieser Schritt kam fast der Besitznahme der Mandschurei durch Rußland gleich. Als Rußland nach der Niederschlagung der Boxerunruhen seine in der Mandschurei entsandten Truppen nicht wieder zurückzog, war die Besitznahme eine vollständige.

Nach dem, was vorausgegangen war, mußte die russische Flagge über Port Arthur wie ein Symbol der Demütigung für Japan wirken. Wenn es diesen neuen russischen Schritt hinnahm, war es von seinem Fernziel, der Mandschurei, abgeschnitten, die nach Tokioer Vorstellungen japanische Auswanderer aufnehmen und Rohstofflieferant wie landwirtschaftliches Zulieferungsgebiet für die schnellwachsende japanische Bevölkerung werden sollte. Der japanische Ministerpräsident eröffnete dem englischen Gesandten: „Eine dauernde Besitzergreifung der Mandschurei durch Rußland kommt einer ständigen Bedrohung Koreas durch diese Macht gleich, was wir als eine ausgesprochene Bedrohung für die Existenz Japans ansehen.“

Japan hatte schon in Shimonoseki in Rußland den eigentlichen Gegner erkannt, mit dem ein Waffengang vermutlich nicht zu vermeiden war. Man übte die Kultur des Lächelns und des Schweigens. Aber mit unermüdlicher Energie arbeitete ein ganzes Volk an der Stärkung der Wehrkraft des Landes. Um sich für den kommenden Krieg, über dessen Schwere Tokio sich keine Illusionen machte, Rückendeckung unter den europäischen Großmächten zu verschaffen, sah sich die japanische Diplomatie nach einem Bundesgenossen um. Sie fand ihn in England, das mit wachsender Sorge Rußlands Ausdehnung an den Ufern des Pazifiks beobachtet hatte. 1902 kam ein Bündnis zwischen Japan und England zustande. In ihm verpflichteten sich die beiden Vertragschließenden zur „Wahrung des Friedens im Fernen Osten“ und zur Neutralität, falls einer von ihnen von einem Gegner angegriffen würde; gegenseitige Hilfe sagten sie sich für den Fall zu, daß eine dritte Macht eingreifen sollte. Wieviel England an der Eindämmung Rußlands im Fernen Osten lag und wie sehr Japan aus dem Bündnis gewann, wird aus dem geheimen Zusatzabkommen ersichtlich, in welchem England den Einsatz der Flotte versprach, wenn Rußland den Versuch machen sollte, auf den japanischen Inseln zu landen.

Die Bedeutung dieses Bündnisses ist oft abgehandelt worden. Es beweist u. a., daß sich die europäische Geschichte zur Weltgeschichte erweitert hatte. Für Japan war der Tag der Vertragsunterzeichnung ein Augenblick hohen Triumphes. Trotzdem verfiel es nicht der Hybris des Machtrausches; es versuchte, auf dem Verhandlungswege von Rußland die Räumung der Mandschurei und die Abschirmung Koreas zu erreichen. Erst als die Verhandlungen zu keinem Erfolg führten und sie von Rußland auffällig hinhaltend geführt wurden unter gleichzeitiger Verstärkung der Ostasienarmee und der Ostasienflotte, brach Japan die Verhandlungen ab. Frank Thiess sagt in seinem Tsushima-Buch: „Fragt man sich, ob Japan den Krieg gewollt hat, muß man nein sagen. Es hat sich auf ihn vorbereitet, es hat seine Unausbleiblichkeit früher als alle anderen erkannt, das war das Genie seiner Führer."

Der Krieg begann am 8. Februar 1904 ohne offizielle Kriegserklärung mit dem Angriff japanischer Torpedoboote auf russische Schiffe, die ungesichert auf der Reede von Port Arthur lagen. Über seinen Ausbruch urteilt der Schweizer v. Salis in seiner „Weltgeschichte der neuesten Zeit", Bd. I: „Dieser Krieg brach aus, weil bedenkenlose russische Generäle und Admiräle, die die militärische Bereitschaft und Tüchtigkeit der Japaner völlig verkannten und unterschätzten, im Bunde mit einem in Korea finanziell interessierten Spekulanten und Abenteurer das Ohr des schwachen Kaisers Nikolaus gewonnen hatten ... Diese verhängnisvolle Wendung in der Politik, die die anderen Regierungen völlig überraschte und sie ausnahmslos entsetzte, war die unmittelbare Ursache des Krieges ... Diesmal wurden aber nicht China und die Herrschaft der Mandschu-Dynastie in ihren Grundfesten erschüttert, sondern Rußland und die Autokratie des Zaren aus dem Hause Romanow."
Seine entscheidende Wendung erhielt der Krieg durch den Sieg der japanischen Flotte in der *Straße von Tsushima* am 27. Mai 1905.
Die Anfangserfolge, mit denen sich die Japaner schnell günstige see- und landstrategische Positionen schufen, überraschten die ganze Welt ebenso wie die Desorganisation der russischen Mobilmachung, die mangelhafte Ausrüstung des russischen Soldaten und die Unfähigkeit seiner Führung. Zu diesen Mängeln kam zaristische Überheblichkeit. 1900 hatte der russische Militärattaché aus Tokio berichtet: „Es werden vielleicht Jahrhunderte vergehen, bis die japanische Armee die moralischen Grundlagen erwerben wird, auf denen die Organisation eines europäischen Heeres beruht, und bis sie auf der gleichen Stufe mit einer der schwächsten europäischen Armeen gestellt werden kann." Und der Chef des

Marinestabes in Port Arthur hatte noch 1903 zuversichtlich erklärt, daß im Angesicht der russischen Ostasienflotte die Japaner keine Aussicht hätten, auf Liautung oder Korea Truppen zu landen.

Schnell erwiesen sich diese Auffassungen als Illusion. Die russische Marineführung vertrat die Theorie der „Festungsflotte". Nach dieser Theorie sollten die Schiffe nicht zum Kampf auf hoher See eingesetzt werden, ihr bloßes Vorhandensein, so meinte man, würde die Japaner davon abhalten, Truppen zu landen. Dieser Ansicht kommt unter Umständen Berechtigung zu, wenn man an eine „fleet in being" dachte. Aber für deren Wirksamkeit war ständige Offensivbereitschaft erforderlich, die auf russischer Seite gänzlich fehlte. Die Marineführung hatte die Flotte geteilt, ein Teil lag in Port Arthur, der andere in Wladiwostok. Bald bestätigte sich die seestrategische Erfahrung, daß falsche Aufstellung oder Verteilung der Streitkräfte den Verlauf des ganzen Krieges von vornherein verhängnisvoll beeinflussen kann. In kurzer Zeit gelang es den Japanern, die russische Flotte durch empfindliche Schläge und durch Blockierung in den Häfen außer Aktion zu setzen und die Seeherrschaft im Gelben und Japanischen Meer zu gewinnen. Im Besitz der „ability to control and to make successfull use of the sea" nahmen die Japaner den Russen die Vorteile des ungestörten Seetransportes für die Truppen, während sie selbst diese Meeresgebiete für die eigenen Transporte freihielten. Auch gewannen sie durch die Seeherrschaft die Möglichkeit, durch Landungsoperationen im Rücken des russischen Heeres dessen Aufmärsche wirkungsvoll zu stören. Die japanischen Soldaten stürmten bald von Sieg zu Sieg.

Trotzdem blieb die Entscheidung aus, auch nicht nach dem Fall von Port Arthur und der Einnahme Mukdens. Der weite Raum schwächte offensichtlich die japanische Kampfkraft, je weiter die Japaner vorstießen. Japan mußte sich erschöpfen, wenn die russische Armeeführung nach dem Prinzip der Ermattungsstrategie verfuhr. Die Lage änderte sich erst mit dem Ausgang der Seeschlacht bei Tsushima.

Mit Besorgnis hatte die Regierung Seiner Majestät des Zaren die Entwicklung beobachtet. Machten sich im russischen Volk doch Anzeichen revolutionärer Gärung bemerkbar. Auch fürchtete man um Rußlands Ansehen in der Welt. Die Regierung beschloß daher, das Kriegsglück zu wenden, indem versucht werden sollte, den Japanern die Seeherrschaft zu entreißen. Gelang dies, dann waren die auf dem Festland kämpfenden japanischen Soldaten von ihren heimatlichen Häfen abgeschnitten; sie waren weder zu versorgen, noch waren ihre Verluste neu aufzufüllen. Die russische Übermacht zu Lande mußte sich dann in Kürze auswirken.

Die Aufgabe, den Kampf um die Seeherrschaft im Fernen Osten zu führen, fiel, da die Fernostflotte praktisch lahmgelegt war, der Ostseeflotte zu. Ihr Befehlshaber wurde der Admiral *Rojestvensky,* ein erfahrener Seemann, der wegen seiner Unbestechlichkeit, seines nüchternen Blicks und seines Mutes, die Schäden der Marine und deren Verantwortliche am Hof und in der Bürokratie offen zu nennen, in der Flotte und im Volk größte Achtung genoß. Schon die erste Überprüfung der Schiffe auf ihre Kampfbereitschaft ergab erschreckende Ergebnisse. Mannschafts- und Munitionsbestände und Materialreserven standen nur auf dem Papier. Vier eben erst fertiggestellte Linienschiffe waren kaum ausgerüstet, Kommandanten und Besatzungen hatten keine Gelegenheit gehabt, sie einzufahren. Überdies lagen sie zweieinhalb Fuß tiefer als die Konstruktionszeichnungen vorsahen, was auf den Grad ihrer Zuverlässigkeit schließen ließ. Zur Flotte gehörten weiter drei ältere Linienschiffe, zwei völlig veraltete Panzerkreuzer, alle von unterschiedlicher Geschwindigkeit und verschiedenem Gefechtswert, dazu eine Reihe von Torpedobooten, Hilfs- und Lazarettschiffen. Dieser zusammengewürfelte Haufen von 37 Schiffen sollte 18 000 Seemeilen über die Meere in sein Operationsgebiet geführt werden. Auf dem Weg dorthin gab es außer Madagaskar, das dem verbündeten Frankreich gehörte, nicht einen einzigen Stützpunkt.

Die Seeleute der Welt verfolgten mit atemlosem Interesse die Odyssee dieser Flotte. Sie wußten von den ungeheuren Schwierigkeiten, die zu überwinden waren, von den Energieleistungen, die den Besatzungen abverlangt wurden, und von der Schwere ihres Opferganges. Umsonst hatte der russische Fregattenkapitän *Ssemenoff* aus genauer Kenntnis der japanischen Überlegenheit zur See vor der Sinnlosigkeit des Unternehmens gewarnt. Seine Warnungen hatten kein Gehör gefunden, da sie nicht in die Konzeption der Politiker und ihrer Friedensadmirale paßten. Er hatte nur Mißtrauen und Verdächtigungen geerntet.

Rojestvenskys Auftrag wurde durch die Entsendung eines aus einem alten Linienschiff und drei kleinen, sehr langsamen Küstenpanzern bestehenden Verbandes, den er aufnehmen sollte, noch weiter erschwert. Laut wurden die Schiffe in Petersburg als Verstärkung angekündigt. Aber bei der Eigenart einer Flottenschlacht konnten sie nur eine gefährliche Behinderung sein. Es regt sich der Verdacht, daß die Regierung und die Admiralität für den Eindruck in der Öffentlichkeit alles getan haben wollten, um bei einem Mißerfolg dem unbequemen Befehlshaber die Schuld in die Schuhe schieben zu können. Wenn der russische Admiral unter diesen Umständen sein Ziel erreichte, ohne unterwegs ein Schiff zu verlieren, so verdient diese seemännische und militärische Leistung höchste Anerkennung für ihn wie für die Besatzungen seiner Schiffe.

Der deutsche Marineschriftsteller A. Schulze-Hinrichs hat in einem Aufsatz „50 Jahre nach Tsushima" (Marinerundschau 3/1955) darauf hingewiesen, daß Rojestvensky der letzte Flottenführer war, der operativ, wenn nicht gar strategisch, selbständig in voller Eigenverantwortlichkeit handeln konnte, nachdem die modernen Nachrichtenmittel die Zuständigkeit des Flottenführers eingeschränkt haben. Ganz sicher besaß er einen ungetrübten Blick. Als er die Nachricht von der Entsendung des sogenannten Verstärkungsgeschwaders „zur Wiedererkämpfung der Seeherrschaft" erhielt, lautete sein Antwortschreiben:

„1. Ich habe mit den mir unterstellten Seestreitkräften keine Aussicht, die Seeherrschaft wiederzugewinnen.

2. Die Nachsendung der Verstärkung aus ungeübten, veralteten und teilweise in ihrer Konstruktion verfehlten Schiffen wird die Flotte nur noch weiterhin behindern und damit schwächen.

3. Nach meiner Ansicht besteht nur die eine Möglichkeit, unter Einsatz aller Kräfte nach Wladiwostok durchzubrechen und von diesem Platz als Stützpunkt die feindlichen Verbindungen zu bedrohen."

Rojestvensky sah deutlich seine Möglichkeiten und Grenzen. Trotzdem wartete er das Eintreffen der nachgesandten Schiffe in Indochina ab und bewies, als er Kurs auf die Tsushima-Straße nahm, „seinen Vorgesetzten gegenüber volle Loyalität, obwohl sie es so erkennbar an einer verantwortungsbewußten Führung fehlen ließen." War es Pflichtauffassung, heroische Resignation oder slawischer Fatalismus? Nachdem der Verband zu ihm gestoßen war, verzichtete der Admiral auf eigene Entscheidungen, ohne die keine erfolgreiche Seekriegführung möglich ist. Man erzählt von ihm, daß er die Arbeit von zehn Admiralen getan habe. Aber wahrscheinlich nicht die Arbeitslast ließ ihn resignieren, sondern der hoffnungslose Kampf gegen ein Regime, das ihn und 12 000 Seeleute aus Dummheit oder Verantwortungslosigkeit in den sicheren Tod schickte.

Inzwischen war Port Arthur gefallen und der Rest der Ostasienflotte vernichtet worden, nur Wladiwostok blieb noch als Hafen. Aus navigatorischen Gründen konnte angenommen werden, daß die russische Flotte die Tsushima-Straße passieren würde. Der japanische Flottenchef *Togo* stand, die Straße flankierend, in der *Masampo-Bucht* in Südkorea. Seine Flotte war einheitlich zusammengesetzt. Die Schiffe waren, da sie in der Nähe der eigenen Stützpunkte operiert hatten, regelmäßig eingedockt worden, um den Schiffsboden vom Bewuchs zu säubern. Sie litten daher nicht unter Geschwindigkeitsverlust, eine Tatsache, die in der bevorstehenden Schlacht von größter Bedeutung werden sollte. Die russischen Schiffe dagegen hatten, da sie auf der siebenmonatigen Fahrt starken Bodenbewuchs angesetzt hatten, der nirgends zu beseitigen gewesen war, viel an Geschwindigkeit verloren. Die japanischen Seeleute waren gut ausgebildet und im Besitz wertvoller Kriegserfahrung. Vor allem aber, Togo war schon acht Jahre Flottenchef und hatte ähnlich wie Nelson seine Geschwaderchefs und Kommandanten zu selbständigem Handeln im Rahmen der von ihm befohlenen Konzeption erzogen.

Sein Schlachtplan war einfach. Er wollte vor allem seine größere Geschwindigkeit von 18 Knoten — die russische Flotte lief nur 11 — einsetzen. Da er durch weit vorgeschobene Aufklärungsschiffe genau über die Bewegungen seines Gegners informiert war, legte er seine Schiffe so, daß sie das gefährliche „Crossing the T" bilden konnten. Man versteht darunter, sich in der Weise quer vor die Spitze des Gegners zu setzen, daß die beiden Schlachtlinien das Bild eines großen lateinischen T bilden. Die Gefährlichkeit bestand darin, daß die vorbeiziehende Flotte ihre ganzen Breitseiten schießen konnte, während die anlaufende nur ihre vorderen Geschütze einzusetzen in der Lage war. Leicht auch konnten die schnelleren Schiffe einen Kessel bilden, aus dem es für den Gegner kaum ein Entweichen gab.

Mit einer an Sicherheit grenzender Wahrscheinlichkeit mußte Rojestvensky damit rechnen, daß Togo ihn am Eingang der Tsushima-Straße erwartete. Aber er dachte nicht daran, Togos Plan zu durchkreuzen. Weder schickte er Aufklärungsschiffe voraus, noch unternahm er Täuschungsmanöver. Bei dem niedrigen Ausbildungsstand der Besatzungen und der Unselbständigkeit der Kommandanten sah er darin nur eine gefährliche Verzettelung der Kräfte. Einer seiner Gründe, die Durchfahrt bei Tage zu nehmen, lag in dem berechtigten Mißtrauen gegenüber der Fähigkeit der Navigationsoffiziere für die Nachtfahrt. Im ersten Morgengrauen des 27. Mai 1905 sichtete ein japanischer Hilfskreuzer den russischen Verband. Wenige Minuten später lag die funkentelegraphische Meldung Togo vor. Um 6.30 Uhr ging dieser mit seiner Hauptmacht von sechs Linienschiffen und sechs Panzerkreuzern in See. Kurz vor 2 Uhr nachmittags sichteten sich die beiden Flotten. Auf der „Suworoff", dem

Flaggschiff Rojestvenskys, wehte das Signal „Kurs 23° nach Wladiwostok"; das Signal blieb während der ganzen Schlacht stehen. Togo hatte auf seinem Flaggschiff „Mikasa" das Signal gesetzt: „Aufstieg und Untergang unsres Landes hängen von dieser Schlacht ab. Jedermann möge seine ganze Kraft einsetzen."

Togo hatte schon einmal die Straße gekreuzt, als er sich mit südwestlichem Kurs näherte; das erweckte den Anschein, als wolle er den Kampf auf Gegenkurs beginnen. Aber plötzlich schwenkte er hart nach Norden, um mit einer großen Schleife auf Ostnordost-Kurs zu kommen und schräg vor den Russen zur Bildung des „Crossing the T" vorbeizulaufen. Mit dem Schwenkungsmanöver

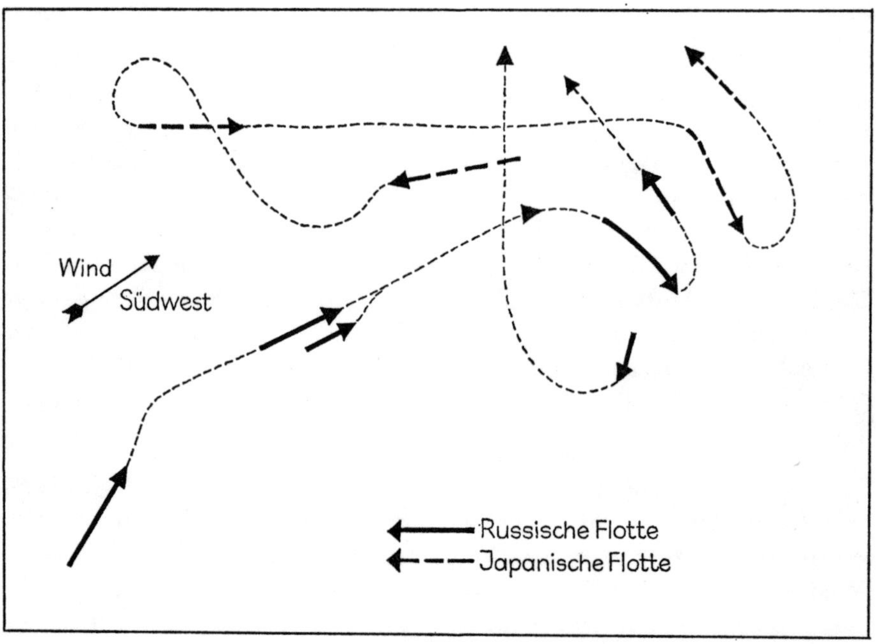

hatte der japanische Admiral ein außerordentliches Risiko auf sich genommen, da bei der Schleifenbildung viele seiner Schiffe für Minuten artilleristisch so gut wie wehrlos waren. Aber Togo wußte wie Hawke, Nelson und später Scheer, daß ohne Eingehen von Risiken keine Schlacht zu gewinnen war und daß man „etwas dem Zufall überlassen müsse". Erleichtert wurde ihm das Risiko durch eine unglückliche Formation der russischen Spitze. Auf Grund eines Mißverständnisses hatten sich zwei Kolonnen gebildet, die nebeneinander herliefen und sich artilleristisch gegenseitig behinderten. Als Rojestvensky die Kiellinie wieder zurückgebildet hatte, war die günstige Gelegenheit für die Russen vorbei. Togo lag mit der „Mikasa“ bereits auf dem Kurs, der zum „Crossing the T“ führen sollte. Acht Minuten nach zwei Uhr eröffnete Rojestvensky auf die Entfernung von 6700 m das Feuer. Togo wartete, um die russischen Schiffe näher herankommen zu lassen, einige Minuten mit der Erwiderung.

Moderne Seeschlachten dauern nur Stunden, die Entscheidungen fallen meistens in wenigen Minuten. In der Straße von Tsushima fiel sie gleich nach der japanischen Feuererwiderung, als die japanischen Schiffe die russischen mit einem Feuerhagel überschütteten, wie er bisher noch nicht gesehen worden war. Schnelligkeit und Wirksamkeit der Einschläge übertrafen weit das, was Ssemenoff einige Monate zuvor in Petersburg warnend berichtet hatte. Ein japanischer Marineoffizier gab seinen Eindruck von dieser entscheidenden Phase der Schlacht mit den Worten wieder: „Nach den ersten zwanzig Minuten schien es, als ob fast alle russischen Schiffe in Stücke flogen; ihr Feuer wurde schnell unregelmäßig und unwirksam.“ Was mag der russische Admiral im Gefechtsturm der „Suworoff“ empfunden haben, als er sah, wie er durch die sinnlose Zweikolonnenbildung einige seiner Kommandanten die für ihn so günstige Gelegenheit verpassen mußte? Und was mag er über die Trägheit und Korruption der Heimatbehörden gedacht haben, als er den Vergleich zwischen der Sprengwirkung der russischen und der japanischen Granaten zog? Ssemenoff schrieb später darüber: „Bei einem rohen Vergleich kann man sagen, daß eine unter günstigen Umständen krepierende japanische Granate eine ebenso große Zerstörung anrichtete wie zwölf der unsrigen, vorausgesetzt, daß sie überhaupt krepierten.“

Nach der Feuereröffnung folgte das Abschlachten eines russischen Schiffes nach dem anderen. Auch die „Suworoff“ wurde zum bewegungslosen Wrack zusammengeschossen, so daß Rojestvensky sie verlassen mußte. Er wurde viermal verwundet und verlor für den Rest der Schlacht die Besinnung. Da aber versäumt worden war, bei Ausfall des Oberkommandierenden die Befehlsverhältnisse zu regeln, und sein Vertreter, der Admiral *Fölkersahm*, zwei Tage vorher gestorben war, seine Flagge aber immer noch wehte, „um die Besatzung nicht zu entmutigen“, war das Chaos in der russischen Flotte unausbleiblich. Als die Dunkelheit einbrach, setzten die japanischen Torpedoboote das Zerstörungswerk fort. Von den 37 russischen Schiffen, welche die Tsushima-Straße hatten passieren wollen, entkamen nur drei Kreuzer nach Manila, ein Versorgungsschiff und ein Schlepper nach Shanghai, ein Kohlenschiff nach Madagaskar. Nur der schnelle Kreuzer „Almaz“ erreichte mit zwei Zerstörern Wladiwostok. Die Niederlage war vollkommen. Über 6000 russische Seeleute hatten sie mit ihrem Leben bezahlt. Sie hatten todesmutig gekämpft.

Im Hinblick auf Gegenwartsprobleme ist es — darauf weist Schulze-Hinrichs hin — von hohem Interesse, „wie weit sich die heutige sowjetische Kriegsmarine von dem Prinzip der Fesselung der Initiative gelöst hat und wie weit sie bereit ist, Persönlichkeiten von den Qualitäten eines Rojestvensky für eine freie Entwicklung ihrer Kräfte Raum zu geben. Der Ablauf eines halben Jahrhunderts mit zwei Weltkriegen brachte für die russische Marine in dieser Richtung ein negatives Ergebnis. Es bleibt die Frage offen, ob das System sowjetischer Führungsgrundsätze und die Erziehung der sowjetischen Seebefehlshaber Wandlungen erfahren.“

Die japanischen Verluste waren gering. Man zählte kaum mehr als 500 Gefallene. Drei Torpedoboote waren gesunken, schwere Beschädigungen hatte nur die „Mikasa“. Das Flaggschiff liegt, ähnlich wie Nelsons „Victory“ im Hafen von Portsmouth, heute als nationale Gedenkstätte im Hafen von Yokosuka, einer Marinebasis südlich von Yokohama. In der Phase der Entmilitarisierung Japans nach dem Zweiten Weltkrieg wurde sie demontiert. Seit 1961 ist sie mit amerikanischer Hilfe wieder instand gesetzt worden. Der Bug des Schiffes ist auf den kaiserlichen Palast in Tokio gerichtet, als wolle es noch heute dem Tenno seine Verehrung erweisen.

Die alte Erfahrung hatte sich neu bestätigt, daß erst langjährige, harte Ausbildung aus Schiffen und Besatzungen eine schlagkräftige Flotte machen. Japan hatte das Glück gehabt, in Togo einen unermüdlichen „Exerziermeister“ gefunden zu haben, und die politische Führung war klug genug gewesen, ihm die geforderte Unterstützung und notwendige Freiheit für seine Aufgabe gegeben zu haben. Was noch zu tun war, wenn eines Tages sein Land gegen einen besser gerüsteten und geführten Gegner kämpfen mußte, wußte Togo am besten. Die Schlußworte seines letzten Tagesbefehls lauteten: „Nach dem Sieg bindet den Helm fester!“

Der japanische Sieg ließ die Welt aufhorchen. Japan war durch einen der „beispiellosesten Siege der Weltgeschichte“ zu einer Macht in Ostasien geworden, deren Stimme nicht mehr zu überhören war. Die ersten, die reagierten, waren die Amerikaner. Die allzu unangefochtene Vorherrschaft Japans im pazifischen Raum schien ihnen für ihre eigenen Ziele bedrohlich. Schon während des Krieges hatte *Theodore Roosevelt*, von 1901—1909 Präsident der Vereinigten Staaten, verlauten lassen: „Ich glaube, daß in Zukunft unsere Geschichte in höherem Grade durch unsre Stellung im Pazifik gegenüber Japan als im Atlantik gegenüber Europa bestimmend sein wird." Amerika sah in Rußland, da damals mit China machtpolitisch nicht zu rechnen war, einen wesentlichen Faktor für das Gleichgewicht am Pazifik. Kurze Zeit nach Tsushima bot Roosevelt seine Friedensvermittlung an.

Zur See war Rußland geschlagen und der Krieg insofern entschieden, als es keine Aussicht mehr hatte, die Nachschubverbindung zwischen den japanischen Truppen auf dem Festland und der Heimat zu unterbinden. Im Landkrieg hätte Rußland noch lange Widerstand leisten können; die Japaner hätten sich wahrscheinlich verblutet. In diesem Augenblick bestätigte sich die geschichtliche Erfahrung von der psychologischen Fernwirkung des Ausgangs einer Seeschlacht. Die Nachricht von der Niederlage brachte in ganz Rußland die revolutionären Gärungen zum offenen Ausbruch. Es bedurfte aller Anstrengungen der Regierung, die Ordnung im Innern wieder herzustellen. Der Krieg gegen Japan war äußerst unpopulär gewesen. Die Regierung war nicht in der Lage, das Volk zur Fortsetzung des Krieges zu bewegen. Rußland war deshalb zum Frieden bereit. Im Friedensschluß zu *Portsmouth (USA)* fielen Korea, die russischen Besitzungen auf Liautung mit Port Arthur und Südsachalin an Japan. Die Südmandschurei wurde zum japanischen Interessengebiet erklärt.

Für die Weltpolitik kann die Bedeutung der Tsushima-Schlacht kaum überschätzt werden; sie gehört zu den folgenreichsten der Geschichte. Bisher schlummernde Kräfte traten an die Oberfläche, für die Völkerwelt bahnten sich Wandlungen und Wenden mit neuen Problemen an, welche die Geschichte des zwanzigsten Jahrhunderts maßgeblich bestimmt haben. Die russische Außenpolitik wandte sich, nachdem ihr im Fernen Osten ein Halt geboten war, verstärkt Europa, besonders dem Balkan, zu. Das führte zu Frontbildungen gegen Österreich-Ungarn, Deutschland und gegen die Türkei und wurde der Auftakt zum Ersten Weltkrieg. Die Vereinigten Staaten, die Japans Erwachen und seinen Aufstieg mit Sympathie verfolgt hatten, begannen von nun an, in diesem Land eine Gefahr zu sehen. Als eine amerikanische Flotte bald nach dem Friedensschluß Japan anlief, war dieser Besuch eine deutliche Warnung an die japanische Adresse. Die unheilgeladene pazifische Rivalität zwischen Japan und den USA nahm ihren Anfang. Auch von dem „Erwachen

Asiens" konnte von nun an gesprochen werden. Mit Erstaunen und Befriedigung hatten die asiatischen Völker gesehen, daß die „weißen Teufel" nicht unbesiegbar waren, wenn man sich ihre Techniken und Institutionen zu eigen machte. Der Weg zur Verwirklichung des Rufes „Asien den Asiaten" schien geöffnet zu sein.

Skagerrak

1916

Als der deutsche Leichte Kreuzer „Elbing" am frühen Nachmittag des 31. Mai 1916 den kleinen dänischen Frachter „N. J. Fjord" am westlichen Horizont auf ungefähr 56°30′ Nord und 6° Ost sichtete und ein Kommando zur Untersuchung des Schiffes schickte, war diese Begegnung der Auftakt zur Skagerrak-Schlacht. Zur gleichen Zeit machte der englische Leichte Kreuzer „Galathea" den Dänen im Osten aus; er lief auf ihn zu, so daß sich die „Elbing" und „Galathea" in Sicht bekamen. „Galathea" gab auf 13000 Meter den ersten Schuß ab. Es war 15.32 Uhr Sommerzeit.

Die Salven leiteten eine Schlacht ein, die im Völkerringen des Ersten Weltkrieges keine Entscheidung gebracht hat. Diese wurde durch den Würgegriff der englischen Seeblockade herbeigeführt. Aber sie machte zum ersten Male Symptome sichtbar und schuf unter den führenden Nationen psychologische Voraussetzungen und Wandlungen, die in der zeitgenössischen Geschichte tiefe Auswirkungen nach sich gezogen haben. Die Schlacht gehört somit in die Reihe der Seeschlachten, die Wendepunkte in der Geschichte setzten.

Die beiden genannten Kreuzer gehörten zur vorgeschobenen Aufklärung und Marschsicherung des deutschen und englischen Schlachtkreuzerverbandes unter der Führung der Vizeadmirale *Hipper* und *Beatty.* Hinter ihnen standen in 40 bis 50 Seemeilen Abstand die beiden gegnerischen Hauptflotten, die Hochseeflotte unter Admiral *Scheer,* die Grand Fleet unter Admiral *Jellicoe.* Scheer war in der Frühe des gleichen Tages aus Wilhelmshaven ausgelaufen; Jellicoe hatte am Vorabend kurz vor Mitternacht seine Stützpunkte Scapa Flow und Invergordon verlassen. Die eigentliche Schlacht begann, als um 15.48 Uhr die „Lützow", Hippers Flaggschiff, das Feuer auf die „Lion", auf der Beatty seine Flagge zeigte, eröffnete.

Das Treffen vor dem Skagerrak ist als eine Zufallsschlacht anzusehen. Für keine der beiden Parteien bestand ein strategischer Zwang, sie zu schlagen. Die deutsche Marine hatte zu Beginn des Krieges erwartet, daß England die Schlachtentscheidung herbeiführen wollte. Aber nichts geschah von dort, abgesehen von einigen kleinen Vorstößen. Im Besitz der Ausfalltore zum Weltmeer, der Dover-Straße und der Norwegen-Enge, verhielt sich die englische Flotte operativ defensiv. Offensives Vorgehen war für sie nicht notwendig, da sie den deutschen Überseehandel von ihren Stützpunkten aus ohne eine Schlacht unterbinden konnte. Jellicoe hatte in seiner Denkschrift vom 30. Oktober 1914 niedergelegt, daß er nicht beabsichtige, das Schlachtenrisiko einzugehen. Warum auch? Wohl hätte die Vernichtung der Hochseeflotte die Niederlage Deutschlands beschleunigt. „Aber das mit dem Versuch verbundene Risiko war nicht gerechtfertigt, wenn die Blockade langsam, aber mit tödlicher Sicherheit zum selben Ziel führte. Was die deutsche Flotte als Rückhalt für den Einsatz der U-Boote bedeutete, konnte die britische Flottenführung zu dieser Zeit noch nicht ermessen“ (Forstmeier). England brauchte die Schlacht nicht, um schließlich den Sieg zu erringen.

Nur wenn ein strategischer Zwang vorlag, war Jellicoe bereit, die Schlacht zu suchen. Das war bei einem deutschen Invasionsversuch der Fall, oder wenn die deutsche Flotte versuchen sollte, in die englische Blockadestellung einzudringen, um sie aufzurollen und damit die Ausgänge zu den Weltmeeren zu öffnen. Aber das eine ist von dem deutschen Generalstab, der in der Schule der Landkriege erzogen war, nie geplant worden, das andere verbot der Aktionsradius der Hochseeflotte. Nur für kurze Zeit konnte sich diese im Blockadegebiet aufhalten. Die Blockade brechen konnte sie nicht.

Auch für die deutsche Hochseeflotte lag nach Beurteilung der Lage in den ersten Kriegsjahren keine Veranlassung vor, die Schlacht zu suchen. Erstrebt wurde vorläufig nur die Schwächung der englischen Flotte durch gelegentliche Vorstöße oder Mittel des Kleinkrieges, um bei der starken englischen Überlegenheit einen gewissen Kräfteausgleich zu erzielen. Die Gefahr des Wirtschaftskrieges wurde zwar gesehen. Aber niemand ahnte, daß der Krieg sich so in die Länge ziehen würde, obgleich doch ein Studium der Seekriegsgeschichte jeden eines anderen belehrt hätte. Bei der deutschen Marineführung galt ebenfalls: Wozu ein Risiko eingehen, wenn nicht dringende Umstände dazu zwangen, wie z. B. bei einem englischen oder russischen Landeversuch in der Nord- oder Ostsee oder bei Unterbindung des lebensnotwendigen deutschen Ostseehandels. *Winston Churchill*, damals Erster Lord der Admiralität, umriß die deutsche Lagebeurteilung, wenn er an Jellicoe schrieb: „Der Feind verfolgt meiner Ansicht nach eine weise Politik, wenn er die Schlacht ablehnt. Dadurch, daß er seine Flotte im Hafen zurückhält, sichert er Deutschlands Seeherrschaft in der Ostsee mit allem, was auf ihr ruht, indem er den russischen Flügel bedroht, die deutsche Küste schützt und die Zufuhr aus Schweden und Norwegen sichert. Das ist ein ungeheurer Vorteil für Deutschland und die zweckmäßigste Art, die Flotte unter den bestehenden Verhältnissen zu verwenden."

Bis zum Mai 1916 aber waren in den politischen und militärischen Verhältnissen Änderungen eingetreten, die sich diesseits und jenseits der Nordsee auf die Vorstellungen hinsichtlich des Einsatzes der Flotten auswirkten. Deutsche Schiffe hatten Städte an der englischen Ostküste unter Feuer genommen, Bomben deutscher Marineluftschiffe waren auf englischen Boden gefallen. Mit der Ernennung des Admirals Scheer zum Flottenchef im Januar 1916 wurde die deutsche Flotte aktiver. Im März erfolgte ein Vorstoß in die *Hoofden,* um mit den Engländern, die dort gemeldet waren, ins Gefecht zu kommen. In Abstimmung mit der Ende April ausgebrochenen irischen Revolution waren erneut englische Küstenstädte beschossen worden. Obgleich die englische Funkaufklärung über die Bewegungen der deutschen Streitkräfte recht gut informiert war, war es der Grand Fleet nicht gelungen, dies zu verhindern. Die englische Öffentlichkeit, die in die Gedankengänge Jellicoes und der Admiralität naturgemäß wenig Einblick hatte, verlangte endlich den Einsatz der Flotte.

Ein weiterer Umstand kam für Jellicoe hinzu, aus seiner bisher geübten Zurückhaltung herauszutreten: die Lage des russischen Verbündeten. Die russischen Heere hatten in den vorhergehenden Kriegsjahren Schläge erhalten, von denen sie sich nicht erholen konnten. Das Volk war enttäuscht, Mißstimmung in allen Schichten über das autoritäre Regime und revolutionäre Umtriebe machten sich bemerkbar. Petersburg forderte von seinen westlichen Verbündeten dringend Entlastung. Unter den gegebenen Umständen war diese, nachdem das politisch an sich richtige Dardanellenunternehmen Churchills gescheitert war, nur an der deutschen Nordseeflanke möglich. Der Grand Fleet fiel dabei die Hauptaufgabe zu.

Scheers Ernennung zum Flottenchef war ein Zeichen für die Wandlung in den Ansichten der deutschen Seekriegsleitung. Die Kritik an dem bisherigen Verlauf des Kleinkrieges und an der Zurückhaltung der Hochseeflotte war nicht mehr zu überhören gewesen. Das Heer, das in schweren Stellungskämpfen im Westen verblutete, forderte Entlastung. Auch

machten sich seit 1915 die Auswirkungen der Hungerblockade bemerkbar. Rohstoffe und Lebensmittel wurden empfindlich knapp. Das mußte den Zusammenbruch des Reiches durch Erschöpfung zur Folge haben, wenn die Lage nicht gebessert wurde. Es gab zwar einen Weg, England empfindlich zu treffen, wenn man seine Wirtschaft durch den uneingeschränkten U-Boot-Krieg zerstörte. Doch dazu wollte sich die Reichsführung wegen der Gefahr des möglichen Kriegseintritts der Vereinigten Staaten nicht entschließen.
Scheer konnte bei der englischen Übermacht nicht daran denken, die große Schlacht zu wagen. Wenn er seine Verbände trotzdem aktiver werden ließ, dann geschah es in der Hoffnung, nur mit Teilen der englischen Flotte die Begegnung herbeizuführen. Auch war es seine Absicht, „durch Kombination von Luftschiff- und U-Boots-Unternehmungen mit Flottenvorstößen den Feind in Atem halten und ihn im Ungewissen lassen, was beabsichtigt sei und wo. Eine Entscheidungsschlacht an der englischen Küste wollte er nicht suchen, da die Verhältnisse dort für uns zu ungünstig seien; aber auch dann würden wir nicht besonders gut dran sein, wenn die Engländer sich aus irgendwelchen Gründen entschließen sollten, in die deutsche Bucht zu kommen mit der Absicht, uns die Entscheidungsschlacht dort anzubieten.“ Sollte es dabei allerdings, das war Scheers ausdrückliche Meinung, zu einem massierten Zusammentreffen der beiden Flotten kommen, wollte er die Schlacht annehmen, „weil er es für ganz unmöglich und dem Volk wie der Marine gegenüber für unverantwortlich hält, die Schiffe in den Flußmündungen zurückzuhalten, wenn die englische Flotte Helgoland und unsere Küste beschießt“ (zitiert nach Forstmeier aus einem Brief des damaligen Kapitäns z. S. Zenker).

Die Wandlungen der beiderseitigen Ansichten über den Einsatz der Flotten haben am 31. Mai 1916 zur Schlacht vor dem *Skagerrak* geführt. Jellicoe hatte für den 2. Juni einen Vorstoß zum Sund und Belt geplant. Scheer wollte die befestigten Häfen bei Sunderland beschießen. Wegen unzureichender Luftaufklärung auf Grund schlechten Wetters sah er jedoch davon ab. Da er aber einige U-Boote zur englischen Küste vorausgesandt hatte, beschloß er, mit der Hochseeflotte wenigstens einen Vorstoß nach Norden zu unternehmen. Er versprach sich davon eine Störung des englischen Handelsverkehrs an der norwegischen Südküste und vielleicht ein Treffen mit dem zum Schutz detachierten englischen Streitkräften. Als Termin des Vorstoßes hatte er den 31. Mai gewählt.
Voraussetzung für das Gelingen von Scheers Plan war die Überraschung. Scheer hatte für den Marinefunk gewisse Sicherheits- und Täuschungs-

maßnahmen angeordnet, da er aus früheren Vorkommnissen hatte schließen müssen, daß der englischen Funkaufklärung der Einbruch in das deutsche Schlüsselsystem gelungen war. Trotz dieser Vorsichtsmaßnahmen zog die Nachrichtenabteilung der britischen Admiralität aus mehreren Anzeichen den Schluß, daß ein größerer Vorstoß der Hochseeflotte bevorstand. Jellicoe lief darauf schon am 30. Mai aus, um in der Nordsee eine Bereitschaftsstellung einzunehmen, die sowohl den englischen Handelsverkehr deckte, wie ihm selbst die Möglichkeit gab, den Gegner nach dessen Vorstoß auf dem Rückmarsch abzufangen. Der Zufall, bei dem die obengenannte „N. J. Fjord" eine Rolle spielte, ließ es schon vorher zum Zusammentreffen der beiden Flotten kommen.

Über das beiderseitige Kräfteverhältnis gibt die nachstehende Tabelle Auskunft.

	Hochseeflotte	Grand Fleet
Schlachtschiffe	16	28
Schlachtkreuzer	5	9
ältere Linienschiffe	6	—
Panzerkreuzer	—	8
Kleiner Kreuzer	11	26
Flottillenführerschiffe	—	5
Torpedoboote bzw. Zerstörer	61	74

Die Schlacht gliedert sich in drei Abschnitte: das einleitende Gefecht der Schlachtkreuzer, die Hauptschlacht und die Nachtkämpfe. Die folgende Darstellung zeichnet die wesentlichen Ereignisse nach; sie folgt in erster Linie der minutiösen Arbeit des amerikanischen Korvettenkapitäns Holloway H. Frost „The Battle of Jutland", in deutscher Übersetzung erschienen 1939 unter dem Titel „Grand Fleet und Hochseeflotte im Weltkrieg".

Die erste Fühlungnahme war durch die weit vorauslaufenden Leichten Kreuzer erfolgt. Das eigentliche Zusammentreffen begann mit dem Kampfe der Schlachtkreuzer, die ihren im Gefecht befindlichen Kreuzern zur Hilfe eilten. Beatty war auf Südkurs gegangen, um Hipper anzugreifen. Dieser schwenkte in der Weise, daß beide Verbände fast parallel liefen. 16.48 Uhr eröffnete „Lützow" das Feuer auf 15 000 Meter. Die Engländer schossen 20 Sekunden später. Nachteilig für sie war, daß bei der herrschenden Windrichtung ihr eigener Schornstein- und Geschützrauch auf ihre Ziele zuwehte, was ihnen die Sicht erschwerte. Dagegen hoben sich die Silhouetten der englischen Schiffe für Hipper klar am westlichen Horizont ab. Das deutsche Feuer war so wirkungsvoll, daß fünf Minuten nach Feuereröffnung der englische Schlachtkreuzer „Indifatigable" in die Luft flog, nach weiteren 23 Minuten die „Queen Mary".

Inzwischen hatte sich für den deutschen Verband die Lage gefährlich verschlechtert. Denn vier neue englische Großkampfschiffe, die schnellsten und mit 8 — 38,1 cm Geschützen die mächtigsten der Flotte, waren unvermutet auf dem Kampfplatz erschienen. Acht englische Großkampfschiffe standen nun gegen fünf deutsche. Gegenüber dieser Übermacht war Hippers Lage unhaltbar. Um seinen Verband aus dem gegnerischen Feuer herauszuziehen, ging er auf 122 Grad. Zugleich verfolgte er mit diesem Kurswechsel die Absicht, Beatty hinter sich herzuziehen und ihn auf das deutsche Gros, dessen genauen Standort und Kurs Hipper gerade funkentelegraphisch von Scheer erfahren hatte, auflaufen zu lassen.

Dieser Funkspruch Scheers hatte aber nicht nur Hipper erreicht, er war auch vom englischen Funkbeobachtungsdienst aufgefangen und entziffert worden. Aus nicht geklärten Gründen erhielt Jellicoe diese wichtige Nachricht erst um 18 Uhr, als er schon seit 20 Minuten aus einer Sichtmeldung des Leichten Kreuzers „Southampton" wußte, daß die deutsche Hauptmacht im Anmarsch war. Während er sich auf den großen Zusammenstoß vorbereiten konnte, lief Scheer, bisher nur über den Schlachtkreuzerkampf informiert, nichtsahnend nach Norden weiter. Die ersehnte Gelegenheit, Teile der englischen Streitkräfte, wie er meinte, zu erfassen, schien gekommen zu sein.

Auch Beatty hatte die Sichtmeldung der „Southampton" erhalten. Er machte sogleich kehrt auf das englische Gros. Scheer und Hipper folgten ihm. Mit höchster Fahrt entwickelte sich ein Verfolgungsgefecht, in dessen Verlauf ein weiterer englischer Schlachtkreuzer und ein Panzerkreuzer in die Luft flogen. Bei diesen Begegnungen wurde der Leichte Kreuzer „Wiesbaden" so schwer zusammengeschossen, daß er in den Abendstunden mit der ganzen Besatzung sank. Unter ihr befand sich der Finkenwerder Seeschriftsteller *Gorch Fock*.

Schnell näherten sich die beiden Hauptflotten. Scheer lief in Kiellinie, Jellicoe mit sechs Kolonnen von je vier Schlachtschiffen nebeneinander in Dwarslinie. Diese Formation war für eine Schlacht die denkbar ungünstigste. Aber der englische Flottenchef hatte mit der Bildung der Gefechtskiellinie solange warten wollen, bis er über Standort, Kurs, Geschwindigkeit und Zusammensetzung der deutschen Flotte genau informiert war. 19.16 Uhr ließ er die Kiellinie hinter der Backbordkolonne mit Kurs Südost zu Ost bilden. Er schob sich damit quer vor die Marschrichtung der deutschen Flotte. Beatty erhielt den Befehl, sich vor ihn zu setzen und die Spitze einzunehmen. 19.30 Uhr war das Manöver beendet. Am nordöstlichen Horizont stand vor der deutschen Flotte eine endlose Linie von schweren Schiffen des Gegners.

Noch wehte auf dem Flaggschiff des deutschen Flottenchefs „Friedrich der Große" das Signal „Feind verfolgen". Scheer war bisher im unklaren gewesen, in welche Gefahr seine Schiffe hineinrannten. Ihr Kurs führte sie genau in die Mitte der feindlichen Schlachtlinie. Bewußt wurde ihm seine gefahrvolle Situation erst mit dem Aufblitzen der englischen Mündungsfeuer von 240 schweren und schwersten Geschützen aus dem Dunst gerade vor ihm und mit dem Beschuß seiner Spitze von drei Seiten. Jellicoe hatte das gefürchtete „Crossing the T" bilden können, das den Russen bei Tsushima zum Verhängnis geworden war. Auch für Scheer schien es kein Entrinnen zu geben.

Der deutsche Flottenchef rettete die Flotte durch ein Manöver, das in den Marinen der Welt als unausführbar galt und das so überraschend kam, daß die Engländer bei dem Dunst der Rauchschleier lange nicht genau zu sagen vermochten, was geschehen war. Es war die Gefechtskehrtwendung 19.36 Uhr um 180 Grad, ein Manöver, das immer wieder geübt worden war und das hervorragende Fahrkunst und sichere Signalgebung der Besatzungen voraussetzte. Von achtern beginnend, wendete in der Linie ein Schiff nach dem andern auf Gegenkurs. Alexander Meurer urteilt darüber: „Die Wendung gelang: auf südwestlichem Kurse entgleitet die deutsche Flotte der Umfassung, während gleichzeitig ein Torpedobootsangriff aller in der Nähe befindlichen Boote das Feuer des Feindes ablenkt und seine Aufmerksamkeit völlig in Anspruch nimmt. Mindestens die am Schluß der langen englischen Gefechtslinie stehenden beiden Geschwader hätten sogleich folgen müssen, denn sie standen der deutschen Linie näher als die Spitze, von der viele Schiffe den Gegner kaum länger als auf Augenblicke gesehen haben. Aber die Engländer waren wie im achtzehnten Jahrhundert in der Linie „erstarrt", und unter den englischen Geschwaderchefs war kein Drake oder Nelson, der auf eigene Verantwortung, wie jener bei Gravelines, dieser bei St. Vincent, zu handeln gewagt hätte."

Scheer hätte, da die englische Flotte weiter nach Osten lief, den Kampf abbrechen können. Daran aber dachte er nicht. Er befahl um 19.50 Uhr eine zweite Kehrtwendung, diesmal auf den Feind zu, mit gleichzeitigem

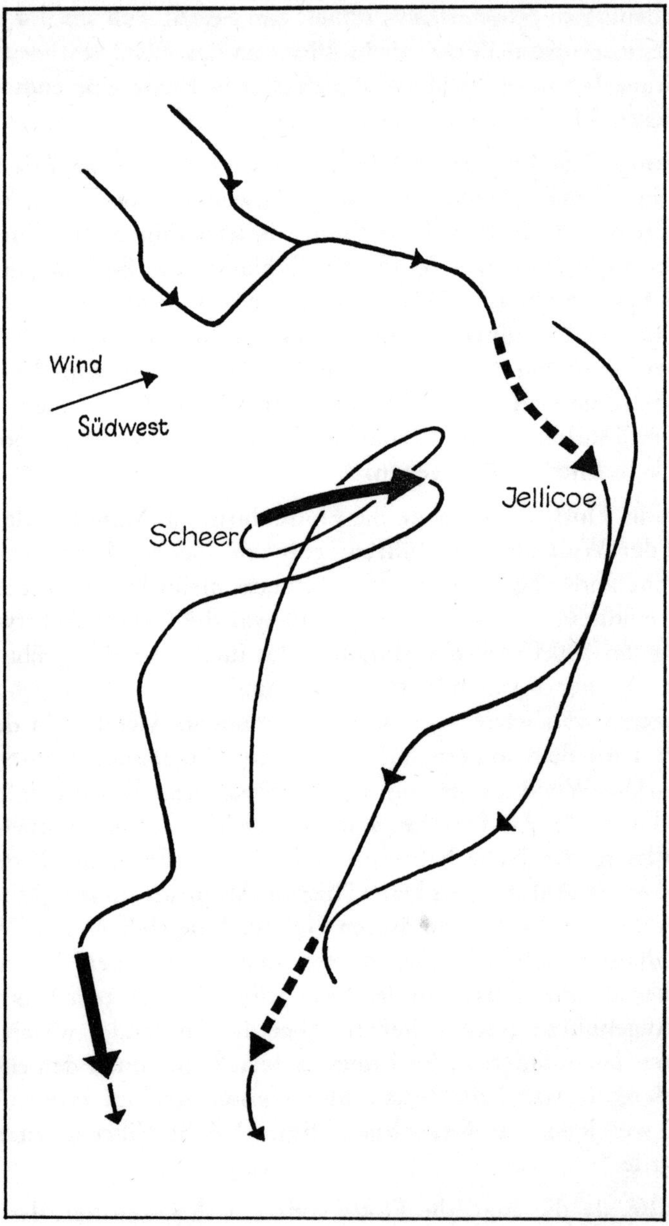
Wind
Südwest
Scheer
Jellicoe

Vorstoß der Schlachtkreuzer und Torpedoboote. In der englischen Linie entstanden in Erwartung der todbringenden Torpedos Unruhe und Verwirrung, so daß Jellicoe das Signal zum Abdrehen gab. Inzwischen wendete die deutsche Flotte zum dritten Mal, wieder vom Gegner weg. Die beiden Flotten verloren sich schnell aus Sicht. Die Hauptschlacht war zu Ende.

Auf Scheers Gründe für die Erneuerung des Angriffs mit der zweiten Kehrtwendung 19.50 Uhr hat Frost hingewiesen. Scheer „war zwar eine Kampfnatur, aber kein heißblütiger, stürmischer Nelson, sondern äußerst kühl und beherrscht wie unser Landsmann Grant. Im Gegensatz zu Jellicoe war er der Überzeugung, daß Vorsicht oft größte Gefahr bedeutet. Kühnheit und überraschendes Handeln schienen ihm größere Sicherheit zu gewährleisten als einfaches Davonlaufen. Er war im Gegensatz zu Jellicoe entschlossen, auch dem Zufall etwas zu überlassen. Der Versuch, die Schlacht zu vermeiden, schien ihm den sicheren Verlust von „Wiesbaden" und wahrscheinlich auch von „Lützow" zu bedeuten. Die Briten, so ging seine Überlegung, würden ihm bei einem Versuch, die Schlacht abzubrechen, von Einbruch der Dunkelheit eine zweite Schlacht aufzwingen und der Hochseeflotte den Rückzug abschneiden."

Mit Bezug auf die beiden genannten wundgeschossenen Schiffe bemerkt der Amerikaner Frost: „Entgegengesetzt der furchtbaren Greuelpropaganda, die gegen die deutsche Marine während des Krieges von ihren Feinden geführt wurde, bestand zwischen ihren Offizieren und Mannschaften aufrichtige Kameradschaft, die das höchste Lob verdient. Im schärfsten Gegensatz zu der oft wiederholten Behauptung, die deutschen Offiziere, zu Wasser und zu Lande, hätten ihre Leute zwecklos zur Schlachtbank getrieben, offenbarte sich bei Skagerrak der wahre Sachverhalt. Treue Anhänglichkeit, Zusammenhalt und Selbstaufopferung beherrschten den Geist von Offizieren und Mannschaften. Wieder und wieder und mit unerschütterlicher Tapferkeit eilten Befehlshaber und Kommandanten ihren bedrängten Kameraden zur Hilfe. Oftmals gingen sie in ihrem Bestreben, Kameraden zu retten, sogar zu weit und setzten für ein einzelnes Schiff oder ein paar Leute zu viel aufs Spiel. Offensichtlich bauten sich Geist und Moral der Hochseeflotte auf den Grundsatz kameradschaftlichen Zusammenhaltens und der gegenseitigen Hilfsbereitschaft auf. In dieser Beziehung stand die deutsche Marine groß da."

Was sich in den Nachtgefechten abspielte, hat den Ausgang der Schlacht nicht mehr beeinflußt. Beide Flotten liefen auf konvergierenden Kursen nach *Horns Riff — Feuerschiff*, um möglicherweise bei Tageslicht den

Kampf von neuem aufzunehmen. Dabei geriet die deutsche Flotte bei der Dunkelheit in die englische Nachhut, deren Kurs sie kreuzte. Diesen Zeitabschnitt kommentiert Frost: „In der ganzen Seekriegsgeschichte läßt sich sicher nicht wieder eine derart günstige Gefechtslage finden, wie sie den höheren britischen Führern und Kommandanten in jener ereignisreichen Nacht buchstäblich aufgezwungen wurde.“ Aber Jellicoe wollte die Schlacht nicht fortsetzen. „Der Gedanke an eine Nachtschlacht der schweren Schiffe wurde von mir von vornherein abgelehnt; sie hätte möglicherweise ein Desaster herbeigeführt.“ Als der Morgen graute, war der englische Flottenchef durch den Funkbeobachtungsdienst genau über Kurs und Standort der deutschen Flotte informiert. Trotzdem gab er den Befehl, auf nördlichen Kurs zu gehen, d. h. die Schlacht endgültig abzubrechen. Er hatte während der Nacht seine Schiffe nicht zusammenhalten bzw. in den ersten Morgenstunden noch nicht wieder sammeln können. Die Welt horchte auf; sie hatte ein Trafalgar erwartet.

Über Sieg oder Niederlage ist viel gestritten worden. Geblieben sind vor dem Skagerrak 6094 englische Seeleute, 2551 deutsche. England verlor 14 Schiffe mit 115 025 t, darunter drei Schlachtkreuzer und drei Panzerkreuzer. Das Reich verlor 11 Schiffe mit 61 180 t, darunter einen Schlachtkreuzer. Ohne Zweifel hatte die junge deutsche Marine mit allen ihren Dienstgraden glänzend ihre Bewährungsprobe bestanden. Der Amerikaner Arthur J. Marder bezeichnet in seinem 1968 erschienenen Werk „From the Dreadnought to Scapa Flow“ Skagerrak taktisch als einen deutschen Sieg, strategisch als einen englischen. Für manche deutsche Leser mag in diesem Zusammenhang auch sein Urteil aufschlußreich sein, daß der deutsche Flottenbau kaum die Beziehungen zwischen Deutschland und England beeinflußt habe. Es war, wie stets vorher in der Geschichte, wesentlich die Furcht vor dem Emporkommen einer starken Macht auf dem Kontinent und vor der Störung des europäischen Gleichgewichts, die England zum Krieg gegen Deutschland trieb.

An der Kriegslage änderte der Ausgang der Schlacht nichts. Wohl erfüllte die Hochseeflotte weiterhin ihre Funktion als „fleet in being“, indem sie Pläne der Alliierten vereitelte, amphibische Operationen gegen die deutschen Küsten zu unternehmen. Sie sicherte allein durch ihr Dasein die wichtigsten Erzzufuhren aus Schweden und verhinderte, daß Dänemark und Holland gegen das Reich in den Krieg eintraten. Die Brechung der englischen Seeblockade jedoch, auf die es ankam, erwies sich als nicht möglich. Für Jellicoe bestand kein Grund, ein erneutes Risiko auf sich zu nehmen und sich noch einmal zur Schlacht zu stellen. Das reine Seeschlachtdenken hatte hier seine Begrenzung gezeigt.

Trotz des nicht durchgeschlagenen Verlaufs hat die Skagerrak-Schlacht einen Wendepunkt in der Geschichte gesetzt. Jellicoe ist wegen seines vorsichtigen Verhaltens heftig kritisiert worden. Mit Drake, Hawke oder Nelson kann er sicher nicht in eine Reihe gesetzt werden. Aber vergessen werden sollte nicht, daß Jellicoe in Übereinstimmung mit der politischen Führung seines Landes handelte, die Flotte für die Hauptaufgabe, die Blockade gegen Deutschland, intakt zu halten. Mit Recht hat Churchill behauptet, daß Jellicoe der einzige Mann gewesen sei, der den Krieg an einem Spätnachmittag hätte verlieren können.

Aber diese zögernde Haltung allein war es nicht, die die Welt aufhorchen ließ. C. Barnett legt in dem Buch „The Swordbearers", 1964, überzeugend dar, daß bei Skagerrak sich das Symbol englischer Macht- und Weltstellung, die Flotte, vor aller Augen als brüchig erwiesen habe. Während Nelson seine Kommandanten und Besatzungen zur Initiative und Eigenverantwortlichkeit erzogen hatte und bei seinen Entschlüssen auf diese Qualitäten sicher rechnen konnte, war Jellicoe nüchtern genug, um nicht zu wissen, daß die meisten seiner Unterführer weder den Mut besaßen, noch die Fähigkeit hatten, in kritischen Augenblicken selbständig zu handeln. Es rächte sich, daß es vor dem Ersten Weltkrieg im englischen Seeoffizierskorps als „destruktiv" und „unloyal" galt, auf Mißstände in der Marine hinzuweisen, Verbesserungsvorschläge zu erörtern und eigene Meinungen gegenüber Vorgesetzten und Politikern zu vertreten. Auch die Zusammensetzung des Offizierskorps, zumindest in den höheren Rängen, entsprach nicht den modernen Forderungen. Die Führungsstellen wurden in der Mehrzahl auf Grund politischer oder gesellschaftlicher Protektion vergeben. Der Fachmann und der Sucher nach neuen Wegen galten in diesen Kreisen nur wenig. Es war eine billige Äußerung Beattys, als sein zweiter Schlachtkreuzer in die Luft flog: „Heute scheint mit unseren Schiffen etwas nicht in Ordnung zu sein." Es erwies sich, daß in der Konstruktion der Schiffe, besonders in der Munitionssicherung, die Engländer weit hinter den Deutschen lagen. Auch war die Sprengwirkung der englischen Granaten wesentlich geringer als die der deutschen. Barnett sieht daher in Skagerrak auch eine schwere Niederlage der englischen Technologie. Wie konnte bei diesen Versäumnissen Jellicoe ein neues Trafalgar herbeiführen!

In der Weltöffentlichkeit hatte The Battle of Jutland die Desillusionierung Englands zur Folge. England war offensichtlich alt und rückständig geworden. Zerbrochen war vor aller Welt der Nimbus der Unbesiegbarkeit seiner Flotte und der Anspruch seiner Vorherrschaft auf See. Skagerrak bedeutet somit der Anfang vom Ende englischer Seeherrschaft und Weltgeltung. Als die Insel 1939 zum zweiten Mal gegen Deutschland in den Krieg eintrat, beschleunigte sie rapide den eigenen Verfall.

Midway

1942

Im Jahre 1850 hatte einer der Hauptvertreter des beginnenden amerikanischen Imperialismus, Seward mit Namen, den Pazifik als „den Thronsitz des Empires“ bezeichnet und schon auf die kommende Rivalität zwischen Rußland, China, Japan und den USA in diesem Raum hingewiesen. Nachdem um die Jahrhundertwende im japanisch-chinesischen Krieg China als Wettbewerber ausgeschieden war und im japanisch-russischen Krieg auch Rußland, blieben nur Japan und die USA als die beiden Mächte am Pazifik, die sich eines Tages anschicken konnten, den „Thronsitz“ zu besteigen. Die Entscheidung, wer Erfolg haben sollte, fiel am 4. Juni 1942 bei den *Midway-Inseln.*

Nennenswerte Schwierigkeiten hatte es zwischen Japan und den Vereinigten Staaten, wenn man von der gewaltsamen Öffnung des Inselreiches durch den US-Kommodore *Perry* absieht, lange Zeit nicht gegeben. Im Gegenteil, mit fairem Sinn für wirtschaftliche und technische Leistungen hatten die Amerikaner den Aufstieg des Inselvolkes seit der *Meiji-Ära* mit viel Sympathie beobachtet und ihm manche Hilfestellung gegeben. Diese Einstellung änderte sich jedoch nach den japanischen Siegen über China und Rußland. Es schien, als ob Japan ein ernstzunehmender Konkurrent am Westufer des Pazifiks zu werden drohte, eine Besorgnis, die von Tokio durch die laut propagierte Idee vom japanischen Führungsanspruch unter den Völkern Asiens genährt wurde. Der Verdacht war nicht von der Hand zu weisen, daß Japan die Periode nach dem Frieden von Portsmouth als Warte- und Vorbereitungszeit nutzte mit dem Ziel, seinen Führungsanspruch zu verwirklichen. 1907 schon hatte daher der amerikanische Präsident *Theodore Roosevelt* dem Oberbefehlshaber der Streitkräfte die Weisung erteilt, Verteidigungsmaßnahmen gegen einen möglichen japanischen Angriff zu treffen.

In Japan waren viele Menschen mit den Ergebnissen des Friedensschlusses von 1905 unzufrieden. Nach den Opfern, die der japanische Soldat gebracht hatte, hatten sie mehr erwartet. Als sie bald nach der Beendigung des Krieges feststellten, daß die amerikanische Wirtschaftswelt mit Hilfe der Regierung versuchte, in der Mandschurei beherrschenden Einfluß zu gewinnen, begann man den Hauptschuldigen, der Japan um einen größeren Siegeslohn gebracht habe, in Amerika zu sehen. Der Besuch der US-Flotte im Winter 1907/08, der die amerikanischen Bestrebungen in der Mandschurei offenbar absichern sollte, bestärkte die Japaner in ihrer Auffassung. Zwar stellte man während des Ersten Weltkrieges noch die Rivalität zurück; sie lebte aber mit Nachdruck wieder auf, als Japan als Siegesbeute das Mandat über die deutschen Kolonien in der Südsee nördlich des Äquators, die Karolinen, die Marianen und die Marshallinseln, erhielt. Der erste Zusammenstoß erfolgte, als die Japaner auf amerikanischen Druck hin die Gebiete in der Mandschurei und Ostsibirien räumen mußten, die sie beim Ausbruch der russischen Revolution besetzt hatten. Der Präsident *Wilson* hatte gedroht, die riesigen Baumwoll- und Stahllieferungen, die Japan in den USA abgeschlossen hatte und auf die es dringend angewiesen war, zu sperren. Ähnliches wiederholte sich 1932, als die Japaner aus Wirtschaftsgründen Shanghai besetzten. Wieder mußten die Japaner zurückweichen, und zwar wieder auf amerikanischen Einspruch. Das führte erneut zur amerikafeindlichen Stimmung in Japan. Diese wurde noch gesteigert durch die „Imigration Restriction Act", in welcher die amerikanische Regierung bestimmte Einwanderungsquoten aufgestellt hatte; die Japaner waren als „unerwünschte Orientale" grundsätzlich von der Einwanderung ausgeschlossen. Diese Bestimmung mußte jeden Japaner zutiefst verletzen.

Nach diesen Erfahrungen konnte es nicht wundernehmen, daß jetzt auch jeder einzelne Japaner den Hauptgegner in den Vereinigten Staaten sah. Wie weit sich die Spannungen hinaufgesteigert hatten, geht aus einer Generalstabsarbeit hervor, die der Chef der amerikanischen Luftwaffe 1934 veröffentlichen ließ und in der es hieß: „Japan ist unser gefährlichster Feind." Die Arbeit war als Antwort auf die Äußerung eines japanischen Kriegsministers gedacht: „Der Krieg gegen die Vereinigten Staaten ist unsere nationale Pflicht." 1937 schreckten amerikanische Flottenmanöver, die sich bis auf 600 Seemeilen der japanischen Küste näherten, das ganze Land auf. Im Herbst 1940 erklärte der Ministerpräsident *Fürst Konoye:* „Die Frage, ob der Pazifik Kriegsschauplatz zwischen den beiden pazifischen Mächten werden wird, hängt allein von der amerikanischen Anerkennung der japanischen Stellung in Ostasien ab."

Zur Information über die einzelnen Schritte, die zum Kriegsausbruch führten, wird auf Wolter/Meurer „Die See — Schicksal der Völker" verwiesen.

Wie in Deutschland ein bis zwei Jahre vorher hatte auch in Japan die Marineführung vor dem Krieg gewarnt. So hatte der japanische Flottenchef *Yamamoto* noch im Sommer 1940 mahnend und scharf gegen die Kriegspolitik seiner Regierung protestiert mit der Begründung: „Im ersten Jahr werde ich Erfolg haben; vom zweiten ab bin ich nicht mehr von unserem Sieg überzeugt.“ Aber in beiden Ländern hatten sich die besonnenen Männer nicht gegen die Politiker, denen die Fähigkeit zum maritimen Denken abging, durchsetzen können. Die politische Führung schob die Warnungen beiseite. Der Marineführung blieb nur die Pflicht, die Waffe der Flotte so scharf zu machen und so wirksam einzusetzen wie nur möglich.

Nach der geographischen Lage der beiden kriegführenden Mächte mußte das Schwergewicht der Auseinandersetzung auf dem Seekrieg liegen. Für einen Angriff auf die USA war die japanische Marine nicht stark genug. Der Krieg konnte von ihr strategisch nur defensiv geführt werden. Dabei kam es, ähnlich wie 1894 und 1904/05 darauf an, schon im ersten Angriffsschwung möglichst viel Raum zu gewinnen, und zwar nicht nur, um in den Besitz kriegswirtschaftlich notwendiger Rohstoffbasen zu kommen, sondern auch solche vorgeschobenen Plätze zu erreichen, deren Rückgewinnung den Amerikanern zu schwierig und opfervoll wurde. Japan hoffte, daß Amerika, wenn es das erkannte, zu einem Ausgleich bereit war.

Bei dieser Planung unterliefen der japanischen Führung zwei verhängnisvolle Fehler:

1. Sie unterschätzte den fanatischen Willen des amerikanischen Präsidenten *Franklin Delano Roosevelt,* Japan nicht nur am weiteren Vordringen im Pazifik zu hindern, sondern es als ostasiatische Führungsmacht überhaupt auszuschalten.

2. Sie täuschte sich in der Bewertung des Flugzeugträgers gegenüber dem Schlachtschiff.

Nach Clausewitz kommt „alles, was durch fehlende Energie in der Organisation eines angegriffenen Landes unvollständig geblieben ist, einem Kampfzuwachs des Angreifers gleich“. Diese Erkenntnis gilt auch für mangelhafte oder fehlerhafte Bereitstellung der Kriegsmittel. In der maritimen Rüstung ist die Wahl des Schiffstyps, der entsprechend den strategischen Planungen und geographischen Gegebenheiten das Hauptkampfinstrument sein muß, kriegsentscheidend. Die japanische Regierung hatte durchweg genügende Mittel für den Flottenbau zur Verfügung gestellt; sie hatte sich aber bei der Planung nicht von der traditionellen

Auffassung gelöst, die im Schlachtschiff den Kern der Kampfflotte sah. Zwar waren auch einige Flugzeugträger gebaut worden, aber das Schwergewicht lag eindeutig bei den Schlachtschiffen. Noch kurz vor Ausbruch des Krieges hieß es in einer dienstlichen Verlautbarung: „Das Wesen des Flottenkampfes liegt darin, daß die Schlachtflotte die Grundeinheit bildet und alle anderen Einheiten mit ihr zusammenarbeiten müssen. Die Schlachtschiffsformation übernimmt im Flottenkampf als Hauptmacht den Angriff auf die Hauptgruppe des Gegners."

Es lag ganz im Rahmen dieser Anschauung, daß Japan nach dem Ablauf der Flottenabkommen von Washington aus dem Jahre 1921/22 und von London aus dem Jahre 1930, die sowohl die maritimen Rüstungen allgemein beschränken als auch besonders Japans Anstrengungen einen Riegel vorschieben sollten, den Bau von Schlachtschiffen forcierte. Um die numerische Unterlegenheit gegenüber den Amerikanern auszugleichen, entschloß man sich in Tokio auch zum Bau von Superschiffen. So standen bei Kriegsausbruch die „Yamato" und die „Musashi" kurz vor der Vollendung. Mit 63 700 t, in voller Ausrüstung 75 000 t, neun 46 cm Geschützen und einer Geschwindigkeit von 28 Knoten waren diese Schiffe damals die größten Kriegsschiffe der Welt.

Anders als in Japan dachte man in den USA über Flugzeugträger. Schon früh war dort deren Wert erkannt worden. Zu Beginn der zwanziger Jahre hatte die Abteilung für Marineluftfahrt bereits festgestellt: „Die Konsequenz, die wir aus Versuchsbombenangriffen zu ziehen haben, ist der beschleunigte Bau von Flugzeugträgern." Es dauerte nicht lange, daß sich nach Mänövererfahrungen noch stärker ihr großer Wert für weiträumige ozeanische Kriegführung herausschälte und man in ihnen bald den Kern eines Flottenverbandes sah, mehr als in den Schlachtschiffen. Vorerst bewilligte der Kongreß keineswegs ausreichende Mittel für den Aufbau einer Trägerflotte. Aber die amerikanische Marine hatte sich schon, als der Krieg 1942 gegen Japan ausbrach, von dem Schlachtschiffdenken gelöst und eingehende operative und taktische Richtlinien für den Einsatz von Flugzeugträgern erarbeitet. Bei Kriegsbeginn standen sechs Träger bereit. Die Entscheidung bei Midway führten nur drei herbei. Sie fiel innerhalb von knapp fünf Minuten.

Die raumgewinnende japanische Strategie zur Bildung eines Gürtels von weit vorgeschobenen Stützpunkten und zur Abschirmung wichtiger Rohstoffgebiete im Süden und Südwesten wurde schon erwähnt. Admiral Yamamoto war sich darüber klar, daß bei der Weite des Raumes die

Operationen nur dann Erfolg haben konnten, wenn die amerikanische Flotte vorher ausgeschaltet oder zumindest weitgehend geschwächt worden war. Nachdem Roosevelt 1940 den Hauptteil der Flotte von der amerikanischen Westküste nach *Pearl Harbor,* d. h. zweitausend Seemeilen näher an Japan heran, hatte verlegen lassen und in Tokio Besprechungen zwischen amerikanischen und englischen Marinestäben über ein gemeinsames Vorgehen gegen Japan bekannt geworden waren, schlug Yamamoto vor, den Krieg mit einem Überraschungsschlag zu beginnen. Am 8. Dezember 1941 (japanische Zeit) in der Frühe erfolgte der Überfall auf die amerikanische Flotte in Pearl Harbor. 19 US-Kriegsschiffe wurden versenkt oder schwer beschädigt.

Dieser Schlag gab Japan ein solches Übergewicht, daß es bereits nach einem Vierteljahr seine gesteckten Ziele erreicht hatte. Da es bei seinen Vorstößen nicht auf größeren Widerstand gestoßen war, wurde der ursprüngliche Plan der Raumgewinnung erweitert. Zugleich wurden Maßnahmen erwogen, mit denen die amerikanische Flotte gezwungen werden sollte, sich zur Schlacht zu stellen. Erobert werden sollten *Port Moresby* an der Nordküste Neu-Guineas, die kleine Insel *Tulagi* aus der Salomonen-Gruppe, einige westliche *Alëuten-Inseln* und *Midway.* Mit diesen Orten wollte Japan nicht nur seine strategische Position verbessern, sie sollten bei späteren Friedensverhandlungen auch als politische Pfänder gelten. Port Moresby und Tulagi waren als Luft- und Flottenstützpunkte zur Abdeckung der Südflanke und zur Neutralisiernug Australiens bestimmt. Nach der Meinung Tokios kam Australien als einziges mögliches Sprungbrett für eine angelsächsische Operation gegen Japan in Betracht. Die Inseln der Alëuten-Gruppe sollten einen besseren Schutz der Nordflanke verbürgen, gegebenenfalls als Stützpunkte zur Unterbrechung der Verbindung zwischen Rußland und den USA dienen. Midway sollte genommen werden, um einen weit vorgeschobenen Stützpunkt gegen mögliche amerikanische Einbrüche in den japanischen Herrschaftsraum zu haben. Vor allem — das war die zweite Überlegung — erwartete die japanische Führung, bei dieser letzteren Operation die amerikanische Flotte zur Schlacht stellen zu können. Von dieser Schlacht erhoffte sie, daß sie die Kriegsentscheidung bringen würde.

Yamamoto drängte zum Handeln. Nach den schweren Verlusten, welche die amerikanische Flotte in Pearl Harbor erlitten hatte, fühlte er sich stark genug, ihr bei einer Begegnung die entscheidende Niederlage beizubringen. Zugleich aber war er sich, wenn er drängte, der ungeheuren Gefahr bewußt, die in dem Faktor Zeit lag. Die Amerikaner hatten inzwischen ihre gewaltige Rüstungsindustrie mobilisiert. Vergleichende Berechnungen hatten ergeben, daß die Stärke der japanischen Flotte, trotz aller personellen und industriellen Anstrengungen, 1943 auf 50 Prozent der amerikanischen und Ende 1944 sogar auf 30 Prozent zurückfallen würde. Schnelles Handeln war daher dringend erforderlich.

Zufälle haben den Lauf der Geschichte oft beeinflußt, manchmal entscheidend bestimmt. Das zeigte sich auch jetzt. Trotz der überragenden Persönlichkeit Yamamotos, der in der gesamten Marine höchste Achtung genoß, gab es Gegner dieses Planes. Sie argumentierten, daß es keineswegs sicher sei, die amerikanische Flotte zur Schlacht stellen zu können, daß zweitens die Eroberung Midways und die Bedrohung Hawaiis kaum den Kampfwillen eines Roosevelt brechen würden und daß drittens bei der großen Entfernung von Japan keine ausreichende Versorgung und wirkungsvolle Verteidigung Midways möglich seien. Auch wandten die Skeptiker ein, daß nur dann die Unternehmung Erfolg verspräche, wenn die absolute Geheimhaltung gewährleistet sei, das sei aber bei einer Operation solchen Umfanges, wie Yamamoto sie plane, kaum möglich.

Im Admiralstab, der in der Hauptsache die Vorbehalte machte, gingen die Meinungen hin und her. Da gab ein Überraschungsangriff amerikanischer Flugzeuge am 18. 4. 1942 auf Tokio den Ausschlag. Die Flugzeuge waren von einem Trägerverband, der sich bis auf 600 Seemeilen der japanischen Küste genähert hatte, gestartet. Die Schäden, welche die Flugzeuge angerichtet hatten, zählten kaum. Der Angriff aber hatte eine offenkundige Lücke in der östlichen japanischen Verteidigungslinie bloßgelegt. Unter dem Druck der öffentlichen Meinung konnte sich der Admiralstab nicht mehr den Forderungen des Flottenchefs entziehen. Die möglichst schnelle Durchführung des Midway-Planes wurde befohlen.

Als Termin der Landung auf der Insel wurde der 6. Juni bestimmt. Innerhalb weniger Wochen also mußten die Bereitstellung der Mittel und die Abstimmung der Kommandostellen für die „gigantischste Operation in der siebzigjährigen Geschichte der japanischen Marine“ (Fuchida und Okumiya) erfolgen. Der Admiralstab hatte nun hinsichtlich der kurzen Zeit der Vorbereitungen Bedenken. Aber Yamamoto wußte auch diese zu überwinden ebenso wie die Vorbehalte, die einige Verbandsbefehlshaber bei den Beratungen und den Übungskriegsspielen machten. Regelmäßig wurden dabei die für die japanischen Schiffe günstigsten Lagen angenommen. Fuchida, japanischer Kapitän z. S. während der Midway-Schlacht an Bord des Flugzeugträgers „Akagi“, und der Korvettenkapitän Okumiya, Admiralstabsoffizier einer Trägerdivision, urteilen in ihrem

Buch „Midway“ darüber: „So endeten Kriegsspiele und Besprechungen damit, daß viele Offiziere der Verbände mit verschiedenen Punkten des Plans nicht einverstanden waren. Zudem blieben zahlreiche wichtige Probleme ungelöst. Heimlich aber wurde geflüstert, das Oberkommando schiene die Fähigkeiten des Feindes gefährlich zu unterschätzen. Während der Besprechungen hatte keiner gewagt, derartige Vorwürfe laut werden zu lassen ... Wir waren unserer Stärke so sicher, daß wir fest glaubten, die Feindflotte mit einer Hand zerschmettern zu können.“

Während der Vorbereitungen gegen Midway wurde, wie der oben gezeichnete Gesamtplan vorsah, Anfang Mai ein Verband in Marsch gesetzt, mit dem Auftrag, Port Moresby zu nehmen. Ihm waren die beiden modernsten japanischen Träger „Shokaku“ und „Zuikaku“ zugeteilt. Doch das Unternehmen stand unter einem Unstern, da das Moment der Überraschung ausfiel. Dem amerikanischen Funkbeobachtungsdienst war es inzwischen gelungen, zu dem japanischen Diplomatenfunk auch den Flottenfunk zu entschlüsseln. Der Oberbefehlshaber der amerikanischen Pazifikflotte, Admiral *Nimitz,* war genau über die Absichten der Japaner und über die japanischen Schiffe, die bei dem Unternehmen beteiligt waren, informiert, so daß er geeignete Gegenmaßnahmen treffen konnte. Er entsandte die Flugzeugträger „Lexington“ und „Yorktown“. Im Korallenmeer kam es zum Zusammentreffen der beiden Verbände. Es wird hier genannt, da es in unmittelbarer Beziehung zum Midway-Unternehmen steht und für die Seekriegsgeschichte insofern allgemein von Bedeutung ist, als sich aus diesem Treffen die erste Seeschlacht entwickelte, die allein zwischen Trägern ausgefochten wurde. Die begleitenden Kreuzer und Zerstörer bekamen nicht ein einziges feindliches Schiff zu Gesicht.
Der Ausgang dieses Treffens hatte schwerwiegende Folgen für den Angriff auf Midway. Den Japanern war es zwar gelungen, die „Lexington“ zu versenken und der „Yorktown“ schweren Schaden zuzufügen. Aber ihre „Shokaku“ war so stark beschädigt worden, daß die Reparatur Monate dauerte. Die „Zuikaku“ hatte keine gefährlichen Treffer erhalten, jedoch hatte sie fast ihr gesamtes fliegerisches Personal und fast alle Flugzeuge verloren, so daß auch sie ausfallen mußte. Für den Befehlshaber der Großträgergruppe, Vizeadmiral *Nagumo,* bedeutete das die Reduzierung seiner Kampfkraft um ein Drittel. Statt sechs Großträger hatte er später bei Midway nur noch vier zur Verfügung. Es waren die „Akagi“, „Kaga“, „Soryu“ und „Hiryu“.

Yamamoto selbst führte den Oberbefehl. Das gesamte Midway-Unternehmen war so weiträumig, daß alle früheren Seeoperationen dagegen eng erscheinen. Drei Aufgaben waren zugleich zu lösen: Eroberung der Alëuten-Inseln Attu, Kiska, Adak, Besetzung Midways und die Vernichtung der amerikanischen Flotte, falls sie sich stellte. Für das Unternehmen standen zur Verfügung 11 Schlachtkreuzer und Schlachtschiffe, 4 große Flugzeugträger, 4 Hilfsträger, 13 Schwere Kreuzer, 5 Leichte Kreuzer, 61 Zerstörer und 21 U-Boote. Dazu kamen Transporter, Öltanker, Werkstattschiffe, Minensucher, U-Jäger. Nach einem gestaffelten Zeitplan verließ diese Armada vom 26. bis 29. Mai ihre Häfen.

Daß die dreifache Zielsetzung und der weiträumige Anmarsch der einzelnen Verbände große Gefahren in sich bargen, war nicht von der Hand zu weisen. Sie wurden von Yamamoto und seinem Stabe gering erachtet. Die nachträgliche Beurteilung des Schlachtausgangs sieht in der Verkoppelung des Hauptzieles mit Nebenzielen und in der Zersplitterung der Flotte die Hauptursachen für die japanische Niederlage. So war der Angriff auf die Alëuten völlig nebensächlich. Yamamoto war mit seinen Schlachtschiffen dreihundert Seemeilen von Nagumos Trägerverband entfernt, als diesen der vernichtende Angriff der amerikanischen Trägerflugzeuge traf. Und Nagumo sollte nicht nur den Luftstützpunkt Midway lahmlegen, sondern in Kombination mit dieser Operation die amerikanische Flotte zur Schlacht stellen und schlagen.

Gerade der letzte Auftrag sollte sich am verhängnisvollsten auswirken. Der Flottenbefehlshaber steht häufig vor der Wahl zwischen mehreren Zielen und deren Vorrangigkeit. Er darf sich nicht verführen lassen, mit gleichem Kräfteaufwand und ohne klare vorherige Festlegung des Hauptzieles beiden Zielen zugleich nachzustreben. Die Geschichte lehrt, daß Unklarheit über die Vorrangigkeit häufig ein ganzes Unternehmen zum Scheitern bringt. Vor allem aber, das Studium des Werkes „Some Principles of maritime Strategy“ des englischen Seekriegstheoretikers Corbett hätte die japanische Führung über die Gefahr einer derartigen Zweiteilung des Auftrages und über die Schwächemomente, die sich daraus ergeben, belehren können. Nur verhängnisvolles Wunschdenken oder Unterschätzung des Gegners mögen Yamamoto und seinen Stab dazu verführt haben, alte Seekriegslehren zu mißachten.

Wie war die Lage auf der amerikanischen Seite? Wenn man das Kräfteverhältnis betrachtet, schien die Lage des amerikanischen Oberbefehlshabers hoffnungslos. Er hatte nur 3 Träger, die „Yorktown“, die „Enterprise“ und die „Hornet“, dazu 8 Schwere Kreuzer, 3 Leichte Kreuzer, 28 Zerstörer und 25 U-Boote. Auf die nach der Katastrophe von Pearl Harbor noch vorhandenen Linienschiffe hatte Nimitz verzichtet. Trotz

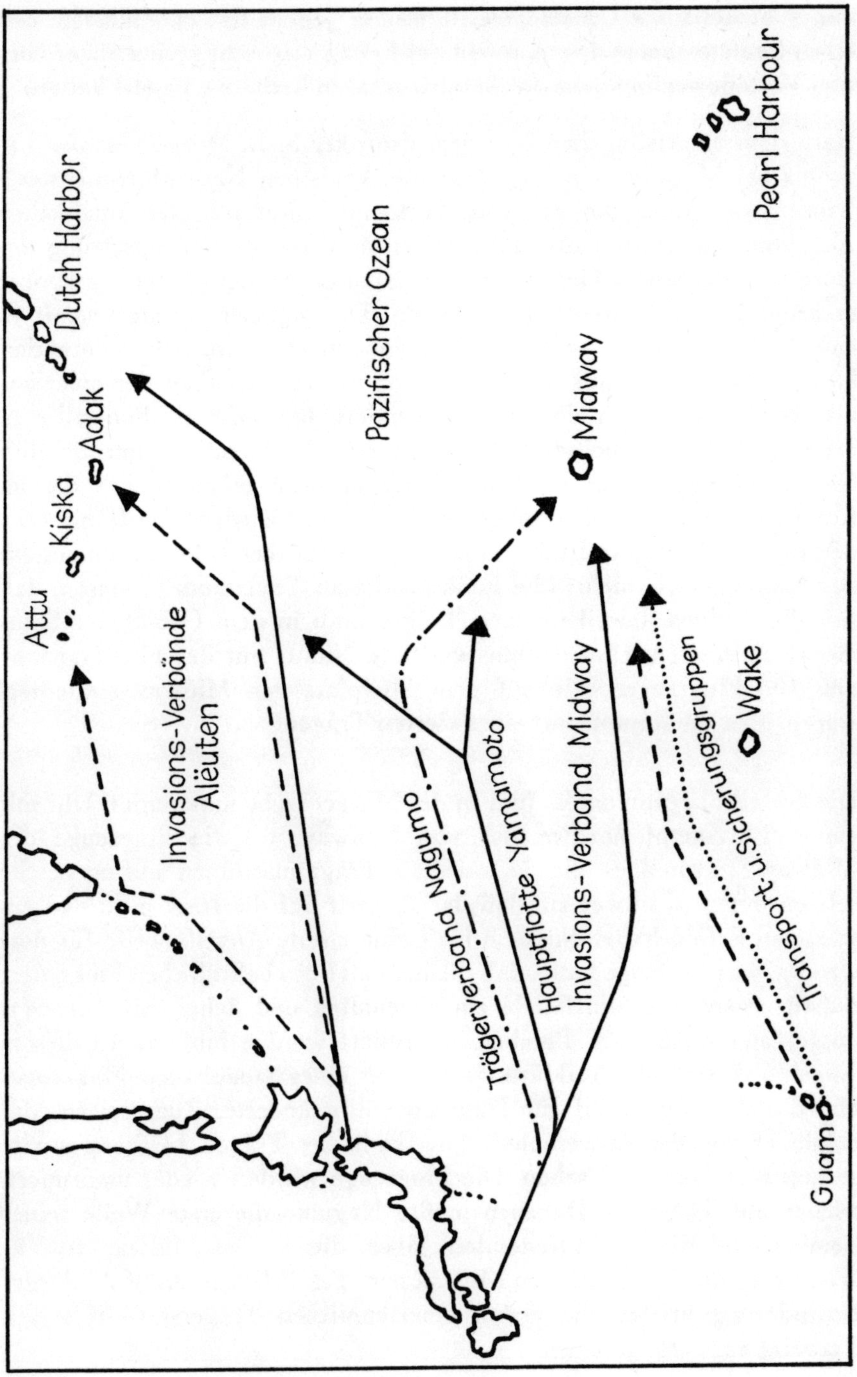
Attu
Kiska
Adak
Dutch Harbor
Pazifischer Ozean
Pearl Harbour
Invasions-Verbände
Aleüten
Midway
Trägerverband Nagumo
Hauptflotte Yamamoto
Invasions-Verband Midway
Transport-u. Sicherungsgruppen
Wake
Guam

seiner numerischen Unterlegenheit war er jedoch fest entschlossen, den Kampf aufzunehmen. Die Aussicht auf Erfolg war nicht gering, da er über drei Vorteile verfügte, die die Japaner nicht in Rechnung gesetzt hatten:

Nach dem amerikanischen Seekriegshistoriker S. E. Morison ist das Ergebnis bei Midway „ein Sieg des amerikanischen Nachrichtendienstes". Nimitz war durch ihn gewarnt, er kannte nicht nur die japanischen Absichten und Anmarschwege, sondern auch die Zusammensetzung der einzelnen Verbände. Gegenüber der japanischen Zersplitterung konnte er seine Kräfte konzentriert einsetzen. Die Japaner rannten somit in eine Falle. Am längsten tappte Nagumo im Dunkeln. Sein Flottenchef hatte, als er endlich aus Meldungen von der Anwesenheit der amerikanischen Träger erfuhr, ihn nicht informiert, um nicht die Funkstille zu brechen. Zweitens arbeitete der japanische Nachrichtendienst unzulänglich bis irreführend. Denn nicht nur hatte er nicht erkannt, daß die im Korallenmeer schwer angeschlagene „Yorktown" wieder kampffähig war, der japanische Admiralstab war auf Grund falscher Informationen auch der Meinung, wie mehrfache Funksprüche an Yamamoto beweisen, daß sich die übrigen amerikanischen Träger noch in dem Gebiet der Salomonen aufhielten. Und drittens verfügte Nimitz mit der Fliegergruppe von 105 Flugzeugen, die auf dem Flugplatz von Midway stationiert waren, über die Kampfkraft eines vierten Trägers.

Die Schlacht begann am 4. Juni in der Morgenfrühe kurz nach 6 Uhr mit einem Luftkampf nordwestlich von Midway, wo die Flugzeuge des Midway-Stützpunktes die japanischen Trägermaschinen abfingen. Sie setzten ihnen so schwer zu, daß der Angriff auf die Insel nicht den erwarteten Erfolg hatte. Nagumo hielt eine zweite Angriffswelle für notwendig, was zur Folge hatte, daß die noch an Bord befindlichen Flugzeuge, die für eventuelle Schiffsziele zurückgehalten und daher mit Torpedos ausgerüstet waren, auf Bomben umarmiert werden mußten. In diesem Augenblick traf die Aufklärungsmeldung eines japanischen Flugzeuges ein, die das Kampfbild für Nagumo völlig änderte. Zum ersten Mal erfuhr er von der Anwesenheit amerikanischer Träger. In ihnen mußte er nun sein Hauptziel sehen. Die Flugzeuge wurden wieder umarmiert, wieder auf Torpedos. Daneben mußte Nagumo die erste Welle seiner Bomber und die sie begleitenden Jäger, die er von Midway zurückerwartete, an Bord nehmen. In diesem gefährlichen Augenblick der Behinderung griffen die ersten amerikanischen Trägerstaffeln seinen Verband an.

Der Angriff kam von dem Konteradmiral *Spruance,* der die Kampfgruppe „Enterprise“ und „Hornet“ befehligte. Er hatte auf Anregung seines Stabschefs für diesen Schlag den Augenblick gewählt, in dem nach den Berechnungen gerade die von der Bombardierung Midways zurückkehrenden japanischen Flugzeuge an Bord der Träger genommen werden mußten. Für den Zweck dieser Darstellung ist es nicht nötig, die Angriffe der amerikanischen Flieger und die verbissene Abwehr der Japaner im einzelnen darzustellen. Die Amerikaner erlitten sehr hohe Verluste. So wurden einige Angriffswellen ganz oder bis auf einen Bruchteil der Flugzeuge aufgerieben. Trotz der mißlichen Lage Nagumos schien der Angriff für die Amerikaner ein Fehlschlag zu werden. Da brachte ein Zufall die Wendung. Spruance hat später bekannt, daß er „mehr als je von der entscheidenden Rolle, die Glück oder Unglück bei taktischen Problemen spielen, beeindruckt sei.“ Während der Luftkämpfe war es den Stukas der „Enterprise“ und auch der „Yorktown“, die weit hinter ihr stand, gelungen, unter dem Schutz hoher Wolkendecken den japanischen Verband zu erfassen. Sie setzten zum Angriff an, als die ganze Aufmerksamkeit der Japaner den Abwehrkämpfen mit den amerikanischen Torpedoflugzeugen galt.

Fuchida beschreibt diesen Augenblick aus eigenem Erlebnis: „Die Angreifer hatten ungehindert anfliegen können, weil unsere Jäger, die noch wenige Augenblicke zuvor mit der vorangegangenen Welle von T-Flugzeugen gekämpft hatten, noch nicht wieder genug Höhe gewonnen hatten. Mit Recht darf man also sagen, daß der Erfolg der amerikanischen Stukas durch den vorangegangenen Märtyrertod ihrer Kameraden in den T-Flugzeugen möglich wurde. Auch hatten unsere Träger keine Zeit zum Ausweichen, da Wolken den Anflug des Feindes verbargen, bis er zum Sturzflug ansetzte. Hilflos waren wir in der denkbar verwundbarsten Lage erwischt worden, unsere Decks mit Flugzeugen vollgestopft, die mit Brennstoff und Waffen für einen Angriff ausgerüstet waren.“

Die Wirkung des Angriffs war verheerend. Innerhalb von fünf Minuten, von 10.25 Uhr bis 10.30 Uhr, entschied sich das Schicksal des japanischen Trägerverbandes. In diesen Minuten wurden „Akagi“, „Kaga“ und „Soryu“ getroffen. Die Bomben fielen mitten in die mit Auftanken beschäftigten Fugzeuge und in deren Besatzungen, die sich gerade für einen Angriff auf die amerikanischen Träger bereitmachten. Riesige Explosionen erschütterten die Schiffe, Benzinbrände breiteten sich im Nu aus. Löschversuche waren hoffnungslos; bald waren die Träger nur noch Wracks. Auch die „Hiryu“ war nicht zu retten. Sie hatte weit vor dem

Verband gestanden, wo sie unter dem Schutz einer Wolkendecke vorerst nicht erfaßt worden war. Aber vor Anbruch der Nacht wurde auch sie schwer getroffen, so daß sie nicht mehr kampffähig war. Am nächsten Tag versenkte ein japanisches U-Boot den Träger. Die Besatzung hatte wenigstens die Genugtuung zu erfahren, daß ihre Bordpiloten die „Yorktown" kampfunfähig geschlagen hatten. In der gleichen Nacht noch gab der Flottenchef den Befehl zum Abbruch des Unternehmens und zum Ablaufen nach Westen.

Die Japaner hatten 4 Flugzeugträger, 1 Schweren Kreuzer, 332 Flugzeuge und 3500 Seeleute und Piloten verloren; die Verluste der Amerikaner beliefen sich auf 1 Träger, 1 Zerstörer, 147 Flugzeuge und 307 Mann. Friedrich Ruge urteilt in seinem Buch „Entscheidung im Pazifik": „Midway war der Wendepunkt des Seekrieges im Pazifik. Yamamoto hatte versucht, den Gegner zu überraschen, aber Nimitz war es, dem die Überraschung gelungen war. Mit unterlegenen Streitkräften hatte er den Kern der japanischen Flotte zerstört. Die unzureichende japanische Aufklärung, eine gewisse Großzügigkeit nach all den vielen Erfolgen und eine nicht ganz klare Zielsetzung der Japaner hatten ihm dabei geholfen. Kein Schiff, abgesehen von U-Booten, hatte ein Schiff des Gegners unter Feuer genommen oder auch nur gesichtet. Die elf japanischen Schlachtschiffe hatten keinen Schuß ihrer schweren Artillerie gefeuert." Von nun an verdrängte der Träger das Schlachtschiff als Kern der Flotte. Es begann die Reihe der Trägerschlachten, die mit den Namen, wie Guadalcanal, Salomonen, Philippinen, den Begriff des Inselspringens und mit der schließlichen Niederlage Japans verbunden sind.

In Japan und in den Vereinigten Staaten waren es anfangs nur wenige, die die ganze Tragweite der japanischen Niederlage bei Midway erkannten. In Deutschland war die Schlacht lange nicht einmal dem Namen nach bekannt. Aber es schälte sich bald heraus, daß sie das Ende der japanischen Überlegenheit auf See bedeutete und damit zum Wendepunkt des pazifischen Krieges wurde. Der Zeitpunkt des Sieges für Japan war verpaßt. Was Yamamoto gefürchtet hatte, traf nun ein. Nach dem Verlust der vier modernsten Träger war Japan nicht in der Lage, mit Neubauten auch nur einigermaßen das Gleichgewicht mit den Amerikanern zu halten. Schnell wuchs die Überlegenheit der Amerikaner zur erdrückenden Übermacht. Auch der Verlust der Flugzeugbesatzungen war durch Japan nicht mehr aufzuholen. Eine falsche Personalpolitik — wahrscheinlich im Überschwang enthusiastischer Siegeszuversicht — hatte es versäumt, für ausgebildete Personalreserven zu sorgen. Statt die besten und erfahrensten

Piloten als Ausbilder einzusetzen, waren sie im falschen heldenhaften Ehrgeiz verheizt worden. Das Fehlen von frontreifem Flugzeugpersonal hatte schon nach der Schlacht im Korallenmeer dazu geführt, daß die „Zuikaku" nicht an der Midway-Unternehmung teilnahm. Jetzt wurde der Mangel katastrophal. Die Amerikaner dagegen verfügten durch das rechtzeitige Umdenken auf die Trägerwaffe über genügend Fachkräfte.

Es dauerte nicht lange, da beherrschte die amerikanische Flotte den Pazifik. Da sie nun alle Verbindungswege des Gegners abschneiden konnte, wurde der japanische Verteidigungsgürtel bald eingedrückt. Das Heranarbeiten an das Inselreich in der Weise der amphibischen Kriegführung begann. Die letzte große Flottenschlacht des Krieges bei der Philippinen-Insel *Leyte,* bei der die Japaner nur vier Träger gegen 18 amerikanische einsetzen konnten, war der Schlußstein der Entwicklung, die bei Midway begonnen hatte.

Die Schlacht bei Midway steht als letzte in der Reihe der großen überlieferten Seeschlachten, die Entscheidungen von weltgeschichtlicher Bedeutung herbeiführten. Dort entschied sich, daß in der zweiten Hälfte des 20. Jahrhunderts der „Thronsitz" des neuen Empires vorerst unangefochten den Vereinigten Staaten von Nordamerika zufiel.

Literaturnachweis

K. Assmann: Deutsche Seestrategie in zwei Weltkriegen. 1957.
Auphan: La Marine dans l'Histoire de France. 1955.
C. Barnett: The Swordbearers. 1964.
G. Bidlingmaier: Seegeltung in der deutschen Geschichte. 1967.
H.-E. Busch: Rom als Seemacht, MOV-Nachrichten. 1969.
H.-E. Busch: Themistokles — Staatsmann, Stratege, Admiral. Marinerundschau, 1969.
G. Callender: Sea Kings of Britain. 1911.
J. Corbett: England in the Seven Years' War. 1907.
J. Corbett: Some Principles of Maritime Strategy. 1911.
J. Corbett: Drake and the Tudor Navy. 1898.
H. G. Dahms: Der zweite Weltkrieg. 1960.
L. Dehio: Gleichgewicht oder Hegemonie. 1948.
M. Edwardes: Asien im europäischen Zeitalter. 1961.
F. Forstmeier: Die Schlacht am Skagerrak. Marinerundschau, 1966.
H. Frost: Grand Fleet und Hochseeflotte im Weltkrieg. Deutsch, 1939.
Fuchida und Okumiya: Midway. Deutsch, 1957.
A. Heuss: Römische Geschichte. 1960.
Jacobsen/Rohwer: Entscheidungsschlachten des zweiten Weltkrieges. 1960.
A. A. Köster: Studien zur Geschichte des antiken Seewesens.
S. Latourette: Geschichte des Fernen Ostens. 1959.
Löpelmann: Heihachiro Togo. Marinerundschau, 1966.
A. Th. Mahan: Der Einfluß der Seemacht auf die Geschichte.
A. J. Marder: From the Dreadnought to Scapa Flow. 1968.
A. Meurer: Seekriegsgeschichte. 1925.
F. Miltner: Des Themistokles Strategie. 1963.
J. Mordal: 25 Jahrhunderte Seekrieg. Deutsch, 1963.
S. E. Morison: History of U.S. Naval Operations in World War II. 1955.
L. Pfandl: Philipp II. 1948.
C. G. Reynolds: Die Entwicklung des Flugzeugträgers in Amerika 1919—1945. Marinerundschau, 1963.
J. Rohwer: Das Funkbild als Grundlage der amerikanischen Lagebeurteilung. Marinerundschau, 1956.
S. W. Roskill: Der Seekrieg im Wandel der Zeiten. 1964.
Rostovzeff: Geschichte der alten Welt. 1924.
F. Ruge: Entscheidung im Pazifik. 1951.

F. Schachermeyer: Griechische Geschichte. 1960.
Schulze-Hinrichs: 50 Jahre nach Tsushima. Marinerundschau, 1955.
A. M. Shepard: Sea Power in Ancient History. 1924.
A. E. Sokol: Die Schlacht bei Lepanto. Marinerundschau, 1963.
R. Southey: Life of Nelson. 1953.
F. Taeger: Das Altertum. 1940.
F. Thiess: Tsushima. 1936.
Toshikazu Ohmae: Die strategische Konzeption der japanischen Marine im 2. Weltkrieg. Marinerundschau, 1957.
G. Toudouze: La Bataille de la Hougue. 1899.
O. Troude: Batailles navales de la France. 1867.
D. Viereck: Rom als Seemacht. MOV-Nachrichten, 1969.
O. Warner: Große Seeschlachten. Deutsch, 1963.
Stevens and Westcott: A History of Sea Power. 1920.
W. Windelband: Die auswärtige Politik der Großmächte. 1935.

Verzeichnis der Orts- und Personennamen

Abukir 40
Actium 31 ff., 45
Ägatische Inseln 21, 46
Agrippa 35 ff.
Ägusa 28
d'Albuquerque 66
Alderney 83
Alëuten 157
Alexander III. 123
Alexandria 34, 40
Ali Pascha 45 ff.
Andrea Doria 45 ff.
Antonius 32 ff.
Armada 53 ff.
Äschylos 17
Athen 13 ff.
Attika 14
Augustus 31 ff.
Barbarigo 45 ff.
Barham 112
Barnett 151
Barras 104
Beachy Head 79
Beatty 141 ff
Beaumarchais 99
Belle-Isle 91
Bonaparte, siehe Napoleon
Bosporus 12
Boulogne 109
Boyne 79
Brest 89, 110
Brueys 102
Busch 18
Byzanz 30
Cadiz 55, 111 ff.
Calais 59
Callender 106
Cartier 95
Casale 76
Cäsar 31
Catulus 27
Cervantes 42, 51
Chaireddin-Barbarossa 43
Champlain-See 87
Cherbourg 83
Chesapeake-Bucht 96 ff.
Chinhai-Bucht 65 ff.
Choiseul 88 ff.
Churchill 142 ff.
Cicero 33
Clausewitz 155
Colbert 75
Collingwood 112 ff.
de Conflans 90
Corbett 160
Cornwallis 96, 101
Dardanellen 18, 143
Dover 109
Drake 53 ff., 147, 150
Drepanum 27
Dumanoir 116
Dünkirchen 88
Elizabeth I. 53 ff.
Etaples 109
Firth of Forth 62
Fock 146
Fölkersahm 137
Formosa 121, 126
Forstmeier 142, 144
Franklin 87, 99
Friedrich d. Große 86 ff.
Frobisher 53 ff.
Frost 145, 149
Fuchida 158, 163
Fusan/Pusan 69 ff.
Ganteaume 110
Geiserich 30
Gibraltar 78
Gracchen 31
de Grasse 100 ff.
Gravelingen 58
Graves 103 ff.
Gravina 112, 116
Hamilkar Barkas 26
Hannibal 26
Hastings 109
Hawaii 158
Hawke 90, 151
Hawkins 53 ff.
Heinrich IV. 63
Hellespont 14
Herbert 79
Hideyoshi 66 ff.
Hipper 141 ff.
Hood 103 ff.
Hoofden 143
Hornsriff 149
La Hogue 75 ff.
Howard 58 ff.
Ito 125 ff.
Jakob II. 75 ff.
Jellicoe 141 ff.
Juan d' Austria 44 ff.
Kalkutta 88
Kanagawa 119
K'ang-hi 73
Kap Barfleur 81
Kap Françis/Haiti 101
Kap de la Hague 83
Kap Hatteras 104
Kap Henry 102
Kap Trafalgar 111
Kap St. Vincent 89
Karthago 22 ff.
Kiautschou 127
Kleopatra 34 ff.
Konoye 153
Konstantinopel 42
Korsika 88
Kuang-hsü 127
Kublai Khan 66
Kunersdorf 88
Lagos 89
Lepanto 42 ff.
Lepidus 33
Leyte 165
Lilybaeum 27
Liselotte v. d. Pfalz 77
Lissa 125
Lope de Vega 57
Ludwig XIV. 73, 79 ff.
Lynnhaven-Bucht 102
Macao 66
Mahan 81
Malakka 66
Manila 66
Marius 31
Marathon 13
Marder 150
Maria Stuart 54
Martinique 101
Medina Sedonia 57 ff.
Meiji 120
Messana/Messina 21, 42
Meurer 147
Midway 153 ff.
Miltiades 13
Minorka 87
Missiessy 110
Mohammed II. 42
Mohammed Sirocco 45 ff.
Mokpo 73
Mommsen 22 ff.
Montcalm 88
Morbihan 88
Mordal 89
Morison 162
Mukden 126, 132
Mutsuhito 120
Mykale 13, 19
Mylae 24 ff., 46
Nagumo 159
Napoleon Bonaparte 40, 107 ff.
Nelson, 112 ff., 147, 150
Nikolaus II. 123
Nimitz 159 ff.
Octavia 34
Octavian 31 ff.
Odoaker 30
Okumiya 158
Ostende 88
Herzog v. Parma 57
Pearl Habor 157 ff.
Peloponnes 16
Perry 74, 118, 153
Philadelphia 98
Philipp II. 43 ff., 53 ff.
Pitt 88
Pius V. 44, 51
Platäa 19
Plutarch 14 ff., 32, 38
Plymouth 59
Pompadour 88
Pontchartrain 80 ff.
Port Arthur 126, 129 ff.
Port Moresby 157
Portsmouth (England) 107
Portsmouth (USA) 139
Priskos 30
Quiberon 86 ff.
Ramses III. 11
Richelieu 85
Rijswijk 80, 84
Rochambeau 101 ff.
Rochefort 93, 110
Rojestvensky 133 ff.
Romulus Augustulus 30
Rooke 78
Roosevelt, Franklin 155 ff.
Roosevelt, Theodore 139, 153
Roskill 112
Ruge 164
Russel 81
de Ruyter 76
Ryu-Kyu-Inseln 121
Salamis 12 ff.
v. Salis 131
Santa Cruz 49, 54 ff.
Saratoga 98 ff.
Scheer 141 ff.
Schulze-Hinrichs 134, 138
Seoul 69, 72, 122
Seymour 58
Shakespeare 32, 39
Shimonoseki 126, 128 ff.
Skagerrak 141 ff.
Sparta 14
Spruance 163
Ssemenoff 133
v. Steuben 100
Stevens und Westcott 27, 128
Straßburg 76
Suleiman d. Prächtige 43
Sulla 31
Herzog v. Sully 63
Sun-Yat-sen 127 ff.
Syrakus 21
Talienwan 129 ff.
Tatihou 75
Tegetthoff 125
Themistokles 14 ff, 68
Thermopylen 14
Thiess 131
Ting 125 ff.
Togo 134 ff.
Torbay 77, 90
Toulon 89, 110
Tourville 79 ff.
Trafalgar 107 ff.
Tsushima 69 ff., 129 ff.
Tulagi 157
Tz'u-hsi 123
Uluch Ali 45 ff.
Vannes 90
Venedig 44 ff.
Vilaine 93
Villeneuve 110 ff.
Washington 98 ff.
Wei-hai-wei 126
Wilhelm III. v. Oranien 75 ff., 107
Wilson 154
Wimereux 109
Windelband 77, 117
Witte 123
Wladiwostok 122 ff., 132 ff.
Xerxes 13 ff.
Yalu 118
Yamamoto 155 ff.
Yisun 68 ff., 118, 126
Yorktown 96, 102
Zypern 44, 51